U0118746

TATSR

臺灣第三部門
研 究 叢 書

本書由台灣第三部門學會、政治大學第三部
門研究中心及巨流圖書公司共同策劃出版

感謝創世社會福利基金會贊助本書稿費

3S
TATSR
臺灣第三部門
研究叢書

書寫台灣
第三部門史 II

蕭新煌　主編

巨流圖書公司印行

臺灣第三部門研究叢書

書寫台灣
第三部門史 II

國家圖書館出版品預行編目（CIP）資料

書寫臺灣第三部門史 II／蕭新煌主編. -- 初版. --
　高雄市：巨流，2015. 04
　面；　公分
　ISBN 978-957-732-500-6（平裝）

　1.非營利組織 2.歷史 3.文集 4.臺灣

546.70933　　　　　　　　　　　　　104002561

主　　　　編	蕭新煌
責 任 編 輯	沈志翰
封 面 設 計	毛湘萍
封 面 藝 術	Yu Hyang Lee Hsiao

發 　行 　人	楊曉華
總　編　輯	蔡國彬

出　　　　版　巨流圖書股份有限公司
　　　　　　　80252 高雄市苓雅區五福一路 57 號 2 樓之 2
　　　　　　　電話：07-2265267
　　　　　　　傳真：07-2264697
　　　　　　　e-mail：chuliu@liwen. com. tw
　　　　　　　網址：http://www.liwen.com.tw

編　輯　部　23445 新北市永和區秀朗路一段 41 號
　　　　　　　電話：02-29229075
　　　　　　　傳真：02-29220464

劃 撥 帳 號　01002323 巨流圖書股份有限公司
購 書 專 線　07-2265267 轉 236

法 律 顧 問　林廷隆律師
　　　　　　　電話：02-29658212

出 版 登 記 證　局版台業字第 1045 號

ISBN　978-957-732-500-6
初版一刷 · 2015 年 4 月

定價：450 元

編者序

　　長期觀察和研究台灣的社會運動及其組織和非政府組織運作的我，一直很想有系統地讀到不同類型 NPO、NGO 或統稱第三部門組織的發展歷史。只是苦苦等不到一本充實的第三部門史，確實有點失望。

　　於是，在我創立和擔任台灣第三部門學會理事長（2009）以後，就很想以學會的力量去推動編寫台灣第三部門史的計畫。終於在 2012 年的學會年會上以「書寫台灣第三部門歷史」為主題召開一個圓桌討論會，接著又在當年底正式執行編著相關專書的出版計畫，而且暫以出版兩冊為第一階段構想。

　　本書為第二冊，身為主編，我首先要感謝這十一章的作者群，沒有他們的熱心響應和支持，本書不可能問世。其次我要特別感謝創世社會福利基金會的慷慨贊助本書稿費，沒有該基金會的支助，本書恐怕也不容易順利竟其功。此外，在編輯過程中，官有垣和李元貞教授協助審稿，我也心存感激。最後，我要謝謝彭雪莉小姐，因為她協助了催稿、校稿和部分編輯的工作，對本書的出版確有貢獻。

　　本書得以列為巨流與台灣第三部門學會共同策劃出版的台灣第三部門叢書第六號，巨流圖書公司的全心配合也是功不可沒。

　　最後，我誠心期待本書的出版可以有助於各界讀者多認識台灣第三部門組織的精采歷史，從而能多支持台灣第三部門的未來發展。

作者簡介

導論
蕭新煌

蕭新煌教授，1971 年國立台灣大學社會學系畢業，1976 年和 1979 年分別取得美國紐約州立大學（水牛城）社會學碩士和博士學位，現任中央研究院社會學研究所特聘研究員兼所長、國立台灣大學和國立中山大學社會系教授及國立中央大學客家學院講座教授。研究專長：公民社會與亞洲新民主、亞太中產階級、環境運動、地方永續發展以及客家族群比較研究。

第 1 章
李伸一

法鼓山人文社會基金會秘書長。國立台灣大學法律學系學士、中國文化大學中山與中國大陸研究所博士。曾任消費者文教基金會董事長；第二屆及第三屆監察委員，於 2009 年獲頒「國家公益獎」。

歐陽莉

《消費者報導》雜誌總編輯。文化大學大眾傳播系學士，曾任消基會執行秘書。

第 2 章
王俊秀

清華大學通識教育中心／社會學研究所／學習科學研究所教授，曾任清華大學清華學院執行長；聯合大學副校長／校長；「地球高峰會議」臺灣代表；南非「世界永續發展高峰會」臺灣非政府組織代表團團長；2012 年 Rio+20 地球高峰會臺灣非政府組織代表團團長；台灣環保聯盟會長。現借調擔任天主教輔仁大學講座教授兼全人教育課程中心主任。

第 3 章
黃珉蓉

身心障礙專科社會工作師。國立臺灣大學社會學系社會工作組學士，國立臺北大學社會工作研究所碩士。曾任中華民國殘障聯盟研發組長；臺北市社會工作師公會理事。

第 4 章
吳豪人

天主教輔仁大學法律系副教授。日本國立京都大學法學博士，曾任台灣人權促進會會長與執行委員；小米穗原住民文化基金會董事長及董事。

第 5 章
范雲

台大社會系副教授，婦女新知基金會董事。耶魯大學社會學博士，曾任婦女新知基金會董事長；女學會理事；民主平台理事。

周雅淳

台灣大學社會所博士候選人。東華大學通識中心兼任講師，清華大學社會所碩士，曾任清華大學人文社會學院學士班兼任講師；婦女新知基金會數位典藏計畫專員。

第 6 章
馮喬蘭

財團法人人本教育文教基金會執行長；台灣廢除死刑推動聯盟監事。台灣大學社會系學士，曾任教育部人權教育諮詢小組委員；行政院青少年事務促進委員會委員；人本教育基金會與台北縣教育局合作之「台北縣國中生生活教育輔導工作計劃」專案負責人；人本教育基金會與台中縣政府合作之「校園支援系統專案」總督導；人本教育基金會青少年活水工程總負責人；人本教育基金會教育諮詢專線負責人。

第 7 章
黃柏睿

國立臺灣師範大學社會教育學系碩士；國立中正大學社會福利學系博士生，曾任國科會研究計畫研究助理。

第 8 章
黃琢嵩

財團法人伊甸社會福利基金會執行長。經國管理暨健康學院健康產業研究所碩士。曾任衛生福利部身心障礙權益保障推動小組委員；行政院主計處社會福利補助經費設算制度小組委員；行政院勞委會就業安定基金管理會委員；中華民國殘障聯盟常務理事。

潘若琳

財團法人伊甸社會福利基金會專業督導團團長。政治大學公共行政研究所博士，曾任台灣社會福利總盟監事；新北市勞工局勞工大學講師；政治大學第三部門研究中心研究助理。

第 9 章
紀惠容

財團法人勵馨社會福利事業基金會執行長；公視有話好說——NGO 觀點主持人；衛福部家庭暴力及性侵害防制推動小組委員；台灣少年權益與福利促進聯盟理事；公益自律聯盟常務理事；復興廣播電台希望花園節目主持人；布農文教基金會董事；新故鄉基金會董事；財團法人基督教芥菜種會董事；台灣沙遊治療學會理事；教會人權促進聯盟理事。國立師範大學社會教育系新聞組學士，Master of Arts in Liberal Studies concentration in Music，Valparaiso University。曾任中時報系記者、主編、專欄記者，勵馨基金會專案主任、副執行長。協助創設 1.布農基金會；2.新故鄉文教基金會；3.台灣沙遊治療學會；4. 勵馨柬埔寨分會；創設愛慈基金會；台灣少年權益與福利促進聯盟，並擔任第一屆創會理事長；美國勵馨紐約分會。

第 10 章

陸宛蘋

海棠文教基金會執行長，兼任震災基金會董事、台灣公益團體自律聯盟理事、88 水災服務聯盟社工組召集人、臺北大學公共行政與政策系助理教授。澳門科技大學管理學博士。曾任實踐大學社會工作系講師；中華社會福利聯合勸募協會秘書長；台灣社會工作專業人員協會秘書長；亞洲協會「台灣非營利部門發展」專案；聲寶文教基金會執行秘書；臺北縣政府社會工作員、督導員。

第 11 章

財團法人仰山文教基金會

成立於 1990 年，是宜蘭第一個匯聚民間文教力量的公益組織，希望透過各類活動，為蘭陽發掘、培育並獎掖人才；保存整理及發揚蘭陽文化；探索蘭陽文教趨勢、研究發展策略，結合政府施政，建設宜蘭縣成為健康、美麗、富裕、民主的新社會。

目 次

導論：勾勒與定位台灣第三部門發展史 II

蕭新煌

一、前言

　　大概是從 1980 年後期，尤其是「後解嚴」時代，台灣學界、政界和出版界開始興起書寫戰後台灣歷史。比較令人矚目的系列套書有「台灣經驗 40 年系列叢書」（包括戰後經濟、教育、美術、農業、政治、文學、議會、民主運動、報業及工業經驗歷史的書寫）和「台灣全志」（包括社會、政治、文化、土地、住民、教育、職官等各卷重點書寫 1980 年代以來的台灣發展史）。此外，在同一段時間又有更多的政治人物和企業家紛紛自己寫回憶錄，或由作家為他們寫書立傳。如果再加上各類社會運動和若干企業體的歷史專書，那就更可多采多姿地呈現台灣的多元、進步發展變貌。至少我個人收集到的上述當代台灣史、政治人物、商人傳記、企業史和個別社運史大概就可陳列幾層書架。可見，1980 年以來的確是台灣社會的大轉型時代。

　　然而在上述這些有意義的歷史、傳記、大事記和回憶錄當中，惟獨明顯缺席的卻是另一項 1980 年代以來，在台灣社會也浮現、茁壯和活耀的非政府組織、非營利組織或第三部門發展歷史。所謂缺席指的是有系統的撰寫台灣第三部門組織的發展史。雖然個別組織每逢週年慶就會出版的特刊倒是不少，但有系統和整體寫史者卻鳳毛麟角。在其間，也有少數幾本值得一提的歷史書寫，如洪健全基金會、台灣亞洲協會、台灣家扶基金會等。但與上述其他歷史比較起來，第三部門史實在是太少了。這背後的原因之一，就是大多數的非營利組織不但人力單薄、財力物力更稀少，平時所有人力都忙於服務或倡議，時光歲月過了數十年，也沒想到為自己留紀錄或寫歷史，當然更沒有財力請寫手替自己的組織立傳。

　　編這一系列「書寫台灣第三部門歷史」的初衷，就是要補全這段自 1980 年代以來台灣社會變遷與發展全史，畢竟少了第三部門發展史，三

十多年來的台灣全志就不能說是完整。目前有兩冊正式列在出版計畫中，已出版的第一冊共收集十四個第三部門組織的歷史，本書為第二冊，也有十一個組織發展史，也就是說這一年內已有兩冊台灣第三部門史問世，共二十五個歷史比較長的台灣非營利組織公開了它們的歷史。

在第一冊的十四段歷史當中，寫史的作者除了嘉邑行善團史是由研究者執筆外，其他十三段歷史全都是由組織的內部人士親自操刀，本冊則有九章都是由組織內同仁執筆。對很多組織工作同仁來說，其實也是很新鮮的經驗，不少執筆同仁還說替自己的組織寫史，沒想到竟是莫大的挑戰。也因為是自己人寫自己的歷史，所以難免會有主觀成分參雜在字裡行間，或是在下筆之處就有一些期待或保留的情緒，這就讓讀者去發掘和判斷。

一如第一冊，本書十一個第三部門組織也可分為三大類型，一是倡導型、二是服務型、三是社區型。前兩類依其宗旨活動區分，前者是以倡導改革為主，後者是以服務慈善為主，第三類型則是以明確的「所在地」做為組織成立和運作的標的，但大多也是以服務為主旨，但也不排除有部分改革的訴求。這一冊的倡導組織收有七個，服務組織收有三個，社區組織則收有一個。收錄三類型歷史的多與少，並不能做為推論台灣第三部門組織在三類型當中分布的多寡或比例大小。

以下就分別簡述和勾勒這三大類型第三部門組織發展史的內容和特色。

二、倡導型第三部門的七段簡史

1. 消基會（1980～）

消基會在 1980 年的成立，可以說豎立了台灣第三部門史的里程碑。自那以後，台灣的第三部門組織如雨後春筍陸續冒出，而卓然有成。消基會的出現當然是因應著當時的多氯聯苯和假酒導致消費者受害事件，而由一批典型的都市中產階級菁英出面號召組織。成立之後，消基會又以所屬的各類專業委員會向外廣邀更多的自由派大學教授投入專業貢獻，進而掀

動另一波的 NPO 組織漣漪，如後來成立的台灣環境保護聯盟、主婦聯盟、新環境，都多少與重要成員的消基會經驗有關。此外，消基會的組織和領導結構特色，是義工團龐大和律師陣容齊全。可謂時勢造英雄，然後英雄再造時勢。

　　四十年來，消基會自認最大的成就，是倡議消費者意識的形塑和提升，消費者保護法的立法成功和國際消費者組織的肯定。至於它必須面對的挑戰，則包括台灣消費者問題的多樣變形和重覆發生，似乎是永遠做不完的消費者保護志業。

2. 台灣環境保護聯盟（1987～）

　　如果說消基會是台灣倡議型第三部門組織的鼻祖，那麼台灣環境保護聯盟就是開倡導環境權和環境正義的先河。與消基會相比，環保聯盟的核心組成分子，集中在環保陣營的大學教授，而且以理工背景居多；成立的背景很像消基會，也有一時引人矚目的社會問題，如美國三浬島事件、台灣各地反公害自力救濟和反杜邦、反五輕汙染受害者抗爭事件。但環保聯盟自成立以來，念茲在茲的都是反核（四），堪稱台灣反核社會力的橋頭堡。歷屆會長以台大教授占多數，可謂「台大因素」。

　　環盟大力培養大學生的反核力量，在諸多正統的反核運動訴求和手段之外，環盟也擇機投入選舉活動，包括直接參選、評鑑候選人政見，或擔任大選提問人，以宣揚訴求。環盟也聲援各地的環保運動，知名的包括反國光石化、反五輕、反美麗灣渡假村等，以及搶救十三行遺址、惠來遺址和碧潭吊橋等，還帶頭罷免擁核立委，並在立法院前靜坐抗議長達一百八十天。

　　反核運動是一波波迄今未止靜的長期抗爭，環盟也從未歇息。事實上，二十七年來的環盟史就等於台灣反核運動史。

3. 殘障聯盟（1990～）

　　殘障聯盟的成立，是受到 1980 年代其他社會運動的啟發，它代表身心障礙者福利運動團體集結的制度化，也帶動另一波不同障礙類別團體或

社會福利團體起而效尤，紛紛成立全國性的聯合會。它是創議改革的社會福利團體，本身不提供直接服務，但訴求政府預算合理分配、要求無障礙環境、就業安全和社會接納等。創辦人劉俠是傳奇人物，她與殘盟在草創時期採取鮮明抗爭色彩的策略息息相關。殘盟要為不同障礙類別代言，又要設法給不同殘障者賦權，的確是雙重的艱苦任務。

二十多年來，殘盟的成績有目共睹，包括公共空間無障礙設施的落實，總統大選啟用視障者投票輔助器、手語翻譯、復康巴士、推動住宅法反歧視專章（亦即後來的居住權平等專章）等增訂案；而最大的挫折，是認定視障者專屬按摩權違憲的大法官解釋。

4. 台灣人權促進會（1984～）

台權會以人權作為倡導核心價值，是台灣倡導型第三部門組織中，另一個具有指標意義的 NGO，至 2014 年剛走完三十年，每十年都有發展主軸。從 1980 年代的政治人權的覺醒，到 1990 年代的個案救援、倡議制度改革，再到 2000 年代以來的轉型不義、重新定位。值得警惕的是，台權會在 2004 年到 2014 年這十年，卻自評是「最疲於奔命的時期」，最令人感到迷惘和無力的，是檢視馬政權提出的「人權治國」的真偽後，卻發現馬政權的「人權治國」到頭來是空言和作假。對台權會來說，國民黨的「復辟」不啻是一個夢魘。

類似前冊所載的民間司改會，台權會的最核心分子是律師搭配法學教授。前者的角色重在個案的實務救援，法學教授則重在人權知識的倡導和更新。自許為「極端分子」的台權會，也定位自己是永遠在野的公民團體。

5. 婦女新知基金會（1987～）

婦女新知基金會的前身，是 1982 年成立的婦女新知雜誌社，它是為了承襲 1979 年因美麗島案入獄的本土女性主義先驅者呂秀蓮未竟之功。婦女新知的早期成員，主要來自都市中產階級女性菁英，繼而擴及律師、教授、建築師、文化工作者等中產階級女性。

六、社區型第三部門的一段簡史

1. 仰山文教基金會（1990～）

仰山文教基金會在 1990 年創於宜蘭，是由一群在地、具有「反六輕」環保運動集體經驗的高中教師，向甫當縣長的游錫堃建議，由其捐出四百萬元選舉補助款所創設而成。其四大宗旨是為蘭陽培育與獎掖人才；保存、整理及發揚蘭陽文化；探索蘭陽趨勢；共創蘭陽前景。

仰山的在地經營成績很多，如籌辦「宜蘭社區大學」和「羅東社區大學」；推動「宜蘭厝」的設計；辦理開蘭一百九十五週年和兩百週年紀念活動；創設「宜蘭國際童玩藝術節」；「千人移廟二結埕」；「白米木屐館」；設置「噶瑪蘭獎」；推展和獎勵「宜蘭學」。仰山還制定「宜蘭歷史空間政策綱領與歷史空間解說系統規劃」、出版《蘭陽百景》，帶動「社區營造」，也因上述豐富而深具宜蘭色彩的在地發展構想和活動，仰山乃博得「社區的後頭厝」的美名。

除了推動上述的社區教育、文化與活動，仰山也兼具社會改革的自我期許，在地不少社會運動均可看到仰山的身影。仰山未來的展望是推動「有機農業」，進而推展「有機鄉」和「有機縣」，甚至擴大到「有機台灣」的雄心。

仰山的主要組織決策者，是在地的知識分子和企業界人士，可說是宜蘭的地方中產階級和菁英分子。

七、社區型第三部門的特色

一如第一冊的觀察，社區型第三部門的最大特色，是它的「在地性」、「鄉土性」，以服務鄉梓和重建故鄉為目標。

本冊所書寫的仰山基金會，也是一個頗有特色的社區 NPO，兼具服務和倡議兩大功能，與第一冊的新港文教基金會可說是一北一南，各有千

秋。由於它的成立與當年民進黨籍縣長當選人有關，其色彩多少被認定具有特定政治立場，但鑑諸這二十多年來的業績，仰山其實早已超越藍綠政治分野，是一個宜蘭在地人的 NPO。

八、結語

在前言中，定位了書寫台灣第三部門歷史，是要比較完整呈現 1980 年代以來的台灣（社會）發展（全）史，讓「台灣經驗」也能全記錄。台灣第三部門史的定位，不但要在台灣史有一席之地，更要從第三部門史去貫穿、連結透視政治史、經濟史、文化史、住民史、政黨史、學術史、階級轉型史、社會福利史、社會運動史等。

談到第三部門發展史，精確地說是指所有重要的第三部門組織，服務型和倡導型的非營利組織，或非政府組織的興起、組成、演變、社會政治績效和衝擊等。歷史的主角是各式各樣的第三部門民間組織，以對照政府的第一部門和企業的第二部門。從台灣的經驗來看，在 1980 年代民主化以前，時下流行的「三部門分工論」其實非常脆弱，嚴格來說只有「兩部門對立論」，亦即黨政軍和其他所有部門對立。雖說在 1950 年代到 1970 年代，也有私營企業和人民社會團體，但不是看黨國臉色做生意（企業），就是黨國外圍的附庸（人民團體）。以人民團體而言，幾乎完全被宰制，當然沒有自主性，也不會有自己獨立的組織議程，更遑論有什麼影響力去平衡改變與政府的權力關係。這種情況在相當程度上，可以解釋本書的所有倡導型第三部門組織，為什麼都成立於 1980 年代及其後；甚至早期存在於台灣的服務型第三部門組織，也只限於從國外移植進來台灣的慈善（宗教）團體。它們被視為只是來台灣行善、救濟，不應、也不會涉及任何國內的改革議題，對當時的威權政體來說，它們是安全無虞的外來組織。其他在 1980 年代以前出現的服務型組織，也清一色只標榜行善或宗教傳道。

就台灣第三部門起源論述來說，本書十一個組織和前一冊十四個組織的發展史，都印證了從「兩部門對立」到「三部門分工」的歷史分析，亦

即一旦進入民主化，所謂第三部門分工的態勢才逐漸明朗，也因此才從威權時代的兩部門對立關係，演變到民主時代的分工關係，而非一開始就能引用西方民主國家經驗的分工論述，來理解台灣的第三部門歷史[1]。

除了要記取上述的本土歷史分析論述外，如果要引述現存於西方的第三部門（非營利組織）相關理論[2]，也必須在嚴謹檢視後，才能引述得當、解讀成理。就台灣第三部門史的經驗，較能用來說明台灣第三部門出現上述「兩對立、三分工」轉型的理論，大概是下述兩個既有的西方理論：

1. 政府失靈論：第三部門的興起，是回應政府的第一部門所提供的「權力」，效能不足以因應新興的各種社會經濟問題，乃取而補之或代之。政府失靈論都適用於解釋本書所列的倡導和服務兩類型第三部門的出現。

2. 市場失靈論：第三部門的興起，也是在因應市場企業的「市場」功能失效，無法提供最佳效率的境界，導致人民資訊不對稱和經濟福祉受損的後遺症。第三部門的「非營利本質」和「不分配盈餘限制」，可以更凸顯擴大累積第三部門組織的「公益性格」。此一市場失靈論，適用於說明本書所列的服務慈善型第三部門的興起和發展。

最後，從這兩冊共二十五個組織的簡史中，亦可清楚看到這二十五段歷史，共同訴說了第三部門對台灣社會發展和進步的貢獻，具體而言，這二十五個第三部門組織，在過去三十年為民主化的台灣，倡導了自由、民主、平等、福利、人權和永續等六種新價值、新典範；同時也確立社會改革的正當性，形塑社會服務的新作法，並重建社會信任的無私性。

1　參閱蕭新煌，2011，頁 35-45。
2　參閱官有垣、王仕圖，2005；王仕圖、官有垣、李宜興，2011。

｜參｜考｜文｜獻｜

王仕圖、官有垣、李宜興，2011，〈非營利組織的相關理論〉，收錄於蕭
　　新煌、官有垣、陸宛蘋主編，《非營利部門：組織與運作》（精簡
　　本）第一章，頁 15-34，台北：巨流圖書公司。

官有垣、王仕圖，2005，〈非營利組織的相關理論〉，收錄於蕭新煌主
　　編，《非營利部門：組織與運作》第二章，頁 43-74，台北：巨流圖
　　書公司。

蕭新煌，2011，〈第三部門在台灣的發展特色〉，收錄於蕭新煌、官有
　　垣、陸宛蘋主編，《非營利部門：組織與運作》（精簡本）第二章，
　　頁 35-45，台北：巨流圖書公司。

倡導篇

PART

CHAPTER **1**

堅持不輟的消費者保護運動
消費者文教基金會發展史

李伸一、歐陽莉

▌一、消基會的成立

消費者保護運動是一種社會運動，而社會運動不會無中生有，它總是先存在一個不良的社會現象，然後透過群體力量公開問題，進而推動立法，改善社會問題。

依社會學家 Mauss 指出，每個消費者保護運動，都會經過發端、集結、制度化、分化及消失等階段。因此，各國消費者保護運動的開端，都有共同的故事及個別的故事。1973 年的能源危機，導致台灣全國通貨膨脹，引發第一階段消費者保護運動，但影響不大。直到第二次消費者保護運動，成立了「財團法人中華民國消費者文教基金會」，消費者保護的觀念，才在我國生根發展。

中華民國消費者文教基金會的成立背景，是國內第二次社會危機。這次危機的原因，分別是 1979 年夏天的「多氯聯苯」事件，以及 1980 年 2月的「假酒事件」，受害者達兩千多人。由於事態嚴重，沉寂已久的消費問題再度掀起社會輿論的重視，也有越來越多的知識分子、學者專家和民間團體，意識到消費者保護的重要，保護消費者的聲浪響遍社會各角落。

有鑒於社會的迫切需要，時任「台北市國際青年商會」會長的筆者，乃結合學者專家發起消費者保護運動，並於 1980 年 11 月 1 日成立財團法人中華民國消費者文教基金會，簡稱消基會。消基會以教育消費者，增進消費者地位，以及保障消費者權益為宗旨，迄今走過三十四年，期間曾有波瀾萬丈、驚濤拍岸，但全體同仁始終一本初衷，奮鬥不懈。

1970 年代以後，由於經濟迅速成長，社會結構急劇變遷，教育及生活水準大幅提高，科技突飛猛進，大眾傳播無遠弗屆。由於企業大量銷售產品，受害案件也隨之增加，受害者遍及國內外；然而，與此同時，消費水準同樣提高，消費者也產生維護權利的意識。

在國外紛紛成立消費者保護組織時，政府在 1964 年即請中國生產力及貿易中心，推動組織「消費者協會」的計畫，但是國人觀念較為保守，沒有引起迴響，所以無疾而終。國內第一個消費者組織，出現於 1969年，卻因消費者漠不關心，以致工作推展困難。直到 1973 年能源危機，全國通貨膨脹，才成立台北市國民消費協會。

　　筆者在 1980 年擔任「台北市國際青年商會」會長，有感於國人聚餐時常有勸酒乾杯的習慣；正好同年 2 月又發生假酒事件，有位教授喝到假酒，導致失明，筆者因此在青商會發起「不乾杯運動」，用意除了勸人喝酒不乾杯，還有「不強人所難」。運動推行後引起社會廣大迴響，活動單位因此製作「不乾杯卡」，一張售價三十元，除了作為別人勸酒時的擋箭牌，所得也能作為活動基金。

　　活動進行期間，時任台灣省政府主席的林洋港先生，卻表示不贊成「不乾杯運動」，因為會減少公賣收入，影響政府財政。當時省政府主席說話很有影響力，因此媒體不再報導，活動頓時受挫，於是決定結束運動，並將已募得的十萬元捐給台大醫院，作為戒除酗酒之用。但因捐款金額偏低，還得向青商會作成果報告，台大醫院覺得太麻煩，所以拒絕。

　　「不乾杯運動」結束後，台灣中部地區發生「多氯聯苯」案件，彰化縣的彰化油脂公司及台中豐香油行銷售的米糠油，含有多氯聯苯，購買食用的民眾發生中毒現象，受害者超過兩千人。由於事態嚴重，沉寂已久的消費者問題，再度引起社會輿論的重視及學者的討論。

　　筆者有鑒於社會對消費者保護的迫切需要，乃於 1980 年 5 月 11 日母親節當天，與青商會的張紹文先生、劉炳森先生、白省三先生、侯西泉先生等人為班底，結合學者專家柴松林先生、蕭新煌先生、城仲模先生、黃俊英先生、黃良平先生、邱清華先生、章樂綺女士等人，發起消費者保護運動。參與者皆有共同的體認，「消費者保護運動」必須走向一種長期的、有組織的、有策略的「社會運動」，並積極進行各方面的溝通。當時立即召開包括消費者、政府、廠商、學者專家及新聞界的多方面座談，籌劃成立一個長期的消費者組織，推動消費者保護運動。

　　人民團體分為社團法人與財團法人。社團法人是招募會員組成的團體；財團法人則依捐助章程，募集基金。消基會原來欲籌組社團法人，但當時已有中華民國消費者協會，依人民團體組織法規定，相同或類似的組織不能並存，所以無法申請成立相同的消費者團體，只好改為成立財團法人。

　　經過努力，由三商行翁肇喜先生捐款一百萬元，作為申請成立財團法人的最低款。原先向內政部申請的名稱為「財團法人中華民國消費者基金

會」，卻在一位楊姓女立委施壓下，內政部駁回設立申請；改向教育部申請亦遭駁回。在走投無路下，筆者想到教育部政務次長施啟揚先生是台大的學長，於是硬著頭皮去找施次長。說明來意後，施啟揚先生把教育部承辦人員找來，詢問駁回的理由。

承辦人員告訴施次長，教育部主管『教育文化』方面的業務，消費者保護的業務不在主管範圍內。聽他這樣說，我向施次長說：「我們的章程也有消費者教育，基金會的名字可否加上『文教』二字，改成『財團法人中華民國消費者文教基金會』。」施啟揚次長聽了覺得有道理，便指示承辦人讓我們通過立案。

消基會的成立大會和成立過程一樣一波三折。消基會成立大會訂於11 月 1 日舉行，大會貴賓透過董事、行政院研考會副主委黃俊英先生，邀請當時的行政院副院長徐慶鐘先生。10 月 31 日下午，徐副院長來電，表明隔天不能參加成立大會，原因是某立法委員告訴他，消基會的成立大會是非法集合，請他不要參加。後來央請黃俊英董事持核准立案書向徐副院長說明，他才答應只參加、不致詞。

大會訂於上午 9 點 30 分舉行，卻在 9 點左右突然出現三名警察，說有人檢舉這是非法集合，要他們前來取締。幸好我是學法出身，知道當時的集會遊行要事前申請，於是我出示隨身攜帶的核准函給這三名警察看，他們才倖倖然離去。

籌組消基會的對外募款並不順暢，所幸翁肇喜先生捐款一百萬元，也是唯一一筆大款項，才讓消基會得以登記成立。成立的第一屆董監事，包括董事長柴松林、副董事長翁肇喜、董事兼秘書長李伸一。董事蕭新煌、侯西泉、梁許春菊、孫鳴、章樂琦、邱清華、顏伯勤、黃俊英、黃良平、白省三。監事林晉章、郭惠吉。會所設在台北市漢口街，從一張桌子，一支電話及一名祕書開始運作。

圖 1.1　消基會成立之初，即以一人一桌一電話開始，接受並協助消費者申訴，目前一年電話接聽量約有八萬通。

▌二、消基會的運作與成效

　　消基會是「財團法人」，內部以董事會為決策中心，下設專職日常運作的祕書處，並設有「會務發展」、「公共政策」、「綠色消費」、「法律」、「食品」、「日用品」、「房屋」、「汽機車」、「旅遊」、「交通」、「衛生保健」、「醫療糾紛處理」、「保險」、「媒體消費」、「編輯」、「檢驗」、「財金」、「電信通訊」等委員會，邀請各機關的專家學者擔任委員，是非常重要的人才庫。

　　此外，消基會還成立了律師團，提供法律諮詢並協助訴訟；也招募義工成立義工團，協助接聽申訴及繁忙的會務電話。所以，消基會正職的工作人員不多，但義務的委員及義工卻有數百人。而為了提供消費資訊，公布商品檢驗報告及籌措經費，則特別出版了《消費者報導》雜誌。

　　消基會依該會章程規定，主要的基金來源有：

(1) 原始捐贈人捐助
(2) 捐助人捐助
(3) 廠商捐贈
(4) 消費者捐助或捐贈
(5) 政府撥款

　　然而，消基會實際上不接受廠商大額捐款，成立後因為被評定為優良消費者團體，才獲得政府小額補助，並爭取一些政府標案。消基會的收入，絕大部分仰賴《消費者報導》雜誌的銷售與民間捐款，所以財務情況一直不是很好。

　　依消基會捐助章程第六條規定，消基會的工作項目共有十項：

(1) 從事保護消費者問題之研究
(2) 推廣消費者教育
(3) 研擬保護消費者法令
(4) 獎助教育學術團體有關保護消費者問題之研究
(5) 協助消費者申訴
(6) 協助消費者訴訟之進行
(7) 救助受害消費者
(8) 提供檢驗服務
(9) 發行消費者刊物
(10) 其他保護消費者有關事項

　　消基會成立以來，比較重要以及受到重視的工作成果，有下列幾件：

（一）協助消費者申訴

　　該會從成立之初，就開始接受並協助消費者申訴，第一個申訴案為過期食品問題。消基會請義工進行市場調查以了解真相，結果發現未標示的食品及過期食品相當多，揭發後引起朝野重視，並促成《商品標示法》的立法與實施。

　　消基會接到的申訴案件，每年都在五千件以上，如係消費者個案申訴，則協助向所屬主管機關尋求解決；如係眾多消費者就同一事件提出申訴，則列為重大問題，以專案處理。申訴案的內容亦隨年代不同而有變化，1981-1990 年申訴最多的是食品、藥品及購屋問題；1991-2000 年則為購屋、保險、汽機車；2001-2010 年則以郵購、旅遊及保險為申訴案前三名。

　　在協助消費者申訴方面，令人矚目的案件包括：

(1) 推動成立「多氯聯苯受害者救助基金」。消基會於 1980 年組成醫療服務團及法律服務團，協助受害者醫療救助、生活照顧及向加害廠商索賠。

(2) 代「汽水爆炸案」受害者訴訟獲得勝訴。1983 年間，桃園退役老兵申訴，其獨子參加國中畢業典禮後，到學校旁的商店買一瓶仙露沙士，因一時找不到開瓶器，就用牆角開瓶，沒想到導致汽水瓶爆炸，一隻眼睛被炸瞎。

　　申訴人對汽水公司老闆提出刑事告訴及附帶民事訴訟，豈料刑事判決汽水公司老闆無罪，附帶民事也被駁回。依照申訴人所檢附的地院刑事判決，法官判決無罪的理由是，喝汽水要用開瓶器，為公知的事實，而這名學生喝汽水沒用開瓶器，為使用不當，既然使用不當，就不是汽水公司的過失。

　　消基會研究後，認為原判決有可議之處，乃幫申訴人提出上訴，主要理由有二：其一，原案判決認為原告使用不當，但廠商也沒有「打開汽水瓶，要用開瓶器」的警告標示。其二，廠商使用的汽水瓶皆為回收瓶，因長期使用產生裂縫，裝含有二氧化碳的汽水容易爆炸。

　　高院法官接受所提理由，經半年審理並委外試測，終於改判汽水公司老闆六個月有期徒刑，得易科罰金，並判賠原告五十萬元賠償金。此案並促使汽水同業公會決議，將原玻璃瓶改為寶特瓶。

(3) S-95 事件。1984 年，多名消費者申訴，S-95 嬰幼兒成長奶粉號稱國外進口，價格又高，但品質不好，可能造假。消基會查證後發

現，確實不是進口奶粉，而是以劣質奶粉重新包裝，以 S-95 之名，讓人誤認為與當時流行的進口高級嬰兒奶粉 S-26 為同級品。消基會了解後，請義務律師研究法律問題，並接受消費者登記，協助索賠。

(4) 味全 AG-u 奶粉事件。1984 年時，許多消費者向消基會申訴，他們的嬰兒喝味全 AG-u 奶粉，發生低血鈣現象，經了解是鈣磷比偏低，因此消基會組成醫療顧問小組及法律顧問小組，向味全公司爭取醫療協助及合理賠償，結果有一百四十多個嬰兒獲得醫療費、慰問金及其他損失補償。

(5) 沙士含黃樟素事件。有消費者在 1984 年時，申訴黑松沙士「氣」特別強，消基會檢驗後發現，其中含有致癌物黃樟素。經披露後，促使廠商改變含致癌物的沙士配方。

(6) 麻油不純問題。1984 年，有消費者向消基會申訴，榮冠麻油的廣告號稱為純麻油，而且售價高，但食用後麻油香味不濃，可能造假。消基會檢驗後發現，是摻雜大豆油的混合麻油。在對外發布後，引起廠商不滿，要求法院宣告消基會沒有檢驗權，並告消基會檢驗不實、毀謗名譽，請求損害賠償。經台北地方法院及台灣高等法院審理後，消基會皆勝訴，並確認消基會有檢驗權。

(7) 日亞航老舊飛機案。1985 年，日亞航國內線發生墜機慘劇，不少消費者向消基會申訴，飛航台日航線的七架班機，使用時間都在十五年以上，已經相當老舊，有安全顧慮。消基會查證屬實，發起要求日亞航汰舊換新的活動，聯合全國消費者與日本消費者團體，並邀國內航空專家組成航空顧問小組，自 1985 年 8 月起，鍥而不捨的行動，迫使日亞航於 1986 年 2 月提出舊機汰換計畫，而且在三年內更換老舊飛機。

(8) 南陽實業公司出售泡水車案。1987 年，有消費者購買南陽實業公司出售的喜美車，發現車子有水漬，車內有汙土，於是向消基會申訴。消基會邀請專家戡驗後，確定為泡水車。在不斷向南陽公司爭取、協調後，終於讓南陽公司提出泡水車退換方案並額外賠償。

(9) 夾層屋。1987 年，消費者向消基會申訴，購買的夾層屋於交屋時

發現高度不足，才發現政府並未積極取締和管制夾層屋，不但高度不足，還違規使用，影響消防安全及居住品質，於是要求政府制訂夾層屋管理辦法，導正市場亂象。

(10) 宏福人壽片面解約。1987 年，數千名消費者向消基會申訴，宏福人壽推出的「兒童吉祥終身壽險保單」，因精算錯誤而片面解約，任意拒保，影響消費者權益，經消基會多次的溝通，並促使主管機關出面，最終獲得解決。

(11) 啟德機場申訴案。1990 年 3 月，有台灣旅客在香港啟德機場遭受歧視，航空公司也未盡照顧之責，有多人因此向消基會申訴。在協調後，香港移民局宣布台灣旅客可享有香港一年期的多次簽證；消基會並一再與航空公司溝通幹旋，旅客的損失終獲賠償。

(12) 千島湖慘案。1994 年 4 月，24 名台灣旅客遊覽中國千島湖時陳屍艙底，中國當局處理態度消極、傲慢，受難家屬乃向消基會申訴。消基會於是去函北京中國消費者協會，要求協助受害家屬求償，並要求交通部觀光局提高旅行業者資本額及保證金。

(13) 福斯 T3 廂型車火燒車案。1994 年 9 月，消費者申訴所購買的福斯 T3 廂型車冒出濃煙，當時引擎和空調尚在運轉，導致車後座睡覺的女兒休克死亡；1995 年，有消費者在進口代理商的保養廠，也發現同樣毛病。消基會的專家研究後認為，該款車存有潛在危險，但代理商卻拒絕出面處理。之後申訴的案件累積達 17 件，業者又以消費者特殊用車習慣推諉責任。經消基會拿出冷氣線路設計瑕疵的證據駁斥後，業者才宣布召回所有 1992 年裝有原廠冷氣的 T3 廂型車，共 940 輛，免費提供技術補強。

(14) 新糖主義歇業申訴案。全台擁有二十家烘培西點門市的新糖主義麵包店，於 2003 年 11 月無預警關門，有四萬多名消費者購買的禮券、會員卡與美食護照等，都受到影響。消基除了協助消費者申訴，還敦促政府訂定「履約保證」的法規。

(15) 問題食品申訴案。2008 年 9 月，中國的三鹿奶粉違法添加「三聚氰胺」，造成一名嬰兒死亡，以及四百三十二名嬰兒腎結石。台灣的部分食品廠進口中國原料，可能含有三聚氰胺，消基會接受

消費者申訴後，除了向廠商求償，更要求政府修正相關法規。

（二）商品比較試驗

商品比較試驗是透過專業檢驗人員，對市售消費商品加以試驗，以提供消費者選購參考。消基會於 1981 年 3 月，首次發布化粧品含汞的檢驗結果，並研發化妝品簡易含汞試劑，使消費者可以自行測試化妝品，引起化妝品界震撼。之後又陸續進行各類商品的比較試驗，將檢驗結果刊登於《消費者報導》雜誌。

其中比較重要的有：花生油摻雜其他油品及含超量黃麴毒素；皮蛋含鉛；沙士黃樟素含量超過國家標準；芝麻油不純；噴髮膠水含甲醇；味全 AG-u 奶粉鈣磷比偏低；中藥含西藥成分；八寶粉含過量重金屬；化學合成洗潔劑殘留碗盤，以及保麗龍容器苯乙烯及乙苯含量測試。

此外，還多次檢驗蔬菜農藥殘留；抽驗美國牛肉驗出瘦肉精；染髮劑測試；市售即食沖泡包測試……等，每次檢驗結果公布，都引起廠商的重視及消費者的注意。消基會為建立獨立自主的檢驗體系，還購置檢驗處所，逐次增購檢驗設備，取得 TAF 基金會認證，並加強與國內外學術檢驗機構的連結與合作。

（三）推廣消費者教育

為提升消費者意識，增進消費者知識，消費者教育是最重要的一環。為了推動消費者教育，消基會成立後不斷舉辦「消費教室」及座談會，除了在各個社區進行外，也曾支援台大、輔大、

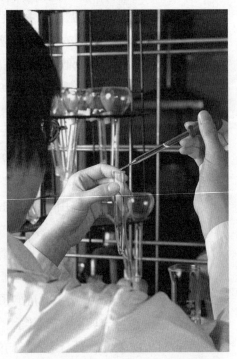

圖 1.2　商品比較試驗是透過專業檢驗人員針對市售消費商品試驗、把關的機制，是目前消基會最受矚目的服務項目之一。

成大等校，開設相關課程，亦於電視公司、廣播公司、報社、雜誌等媒體，增開節目與專欄，擴大教育能量。

同時，消基會與台北市政府、高雄市政府合作，舉辦消費案例市民講座，也協助部分國小舉辦親子消費營、科學營。而為了擴大消費者教育，消基會更先後出版《生活與消費者》、《消費生活的法律》、《醫療與消費者》、《消費者的故事》、《問題藥四十四種》、《五花八門的推銷術》、《購屋指南》、《消費者指南》、《消費者保護法實務》等書。

此外，消基會在 1981 年 5 月設立消費者報導雜誌社，發行《消費者報導》雜誌，推廣消費者教育，並刊登產品比較試驗結果，對消費者意識及知識的提升，貢獻至鉅。

（四）代表消費者參與消費政策制定及立法

消基會基於保護消費者的立場，積極參與制定有關消費者的法規及政策，如「商品標示法」及「公平交易法」的立法；金融卡、現金卡浮濫問題；台灣加入 WTO 後，政府有哪些消保措施；基因改造食品的管制及防範措施……等等。

其中最值得一提的，是公布《台灣地區消費者權益白皮書》及擬定《消費者保護法》（簡稱《消保法》）草案並推動立法。1994 年 1 月 11 日，《消費者保護法》花了十年推動，終於立法成功，是國內民間組織成功推動立法的首例。

（五）協助消費者訴訟

1981 年協助汽水爆炸案受害者勝訴，是消基會最具代表性的案例。另外，依《消保法》第 50 條規定：「消費者保護團體對於同一原因、事件，致使眾多消費者受害時，得受讓二十人以上消費者損害賠償請求權後，以自己名義提起訴訟」，自 2000 年迄今具代表性的案例有：

(1) 2000 年 2 月，協助新莊「博士的家」及「龍閣社區」921 受災戶進行團體訴訟，經消基會律師會與台北縣政府多次居中協調，「龍閣社區」以 1 億 9 千萬元賠償金達成和解；「博士的家」對死傷部分

　　死亡者每人賠償 510 萬、受傷 28 人共賠 1480 萬，而財產損失最後以 2 憶 8 千 173 萬 34450 元和解，得以重建家園。

(2) 2000 年 12 月，協助台中縣「東勢王朝一期」、「德昌新世界」及「新坪生活公園」進行訴訟，經兩年 12 次開庭，台中地院於 2002 年宣判建商應連帶賠償 2 億 2380 萬 2442 元。

(3) 2003 年 7 月，協助處理阿里山森林火車翻覆事件的團體訴訟，並達成和解。

(4) 2008 年 1 月，協助亞力山大集團停業受害者處理團體訴訟。由於受害消費者眾多，迄今仍未結束。

(5) 2012 年 3 月，協助塑化劑受害者對廠商提起團體訴訟，請求廠商賠償 24 億；然而一審法院只判賠 120 萬元，造成社會譁然，目前消基會還在上訴中。

(6) 2013年間胖達人手感烘焙店，遭香港部落客質疑添加人工香精，引發廣告不實事件等，本會義務律師團成員都本著公益奉獻的精神，接受消費者的託負，提起團體消費訴訟，為受害消費者爭取應有的合法權益，目前正在進行中。

(7) 2014 年的中秋節不平靜，因為爆發強冠香豬油混用餿水油的事件，民眾原本歡歡喜喜烤肉過節的心情頓時涼了半截；雙十節的三天連續假期，也因正義豬油混用飼料油禍及全台被披露，讓國慶日也開心不起來。風波延燒月餘，消費者莫不期待能早日落幕，豈料購入正義油的大廠頂新又補一槍，讓黑心油事件愈演愈烈。頂新身為上市大集團，卻進行黑心事業，終於引發一連串的消費者抵制行動；而就在消費者還沒從食安陰影脫困之際，北海豬油也來湊熱鬧，這場世紀黑心油案，竟然上演兩個月之久，影響的中、下游店家與食品，不計其數。

　　為替消費者爭取合理的權益，行政院消費者保護處特別委請消基會提起團體訴訟。消基會期待透過這次的團體訴訟，給黑心業者最嚴正的警惕，時時以消費者的健康、安全為念；截至 2015 年 3 月上旬，消基會已接獲近六百位消費者參加團體訴訟（因為一般消費者很少留存發票等證物，證明消費紀錄），並在 3 月 15 日「世界消

費者日」替消費者提出團訟，爭取權益。

▍三、消基會的組織理念與轉折

（一）組織理念與特色：

消基會成立時，為了建立可長可久的組織理念，於第二屆董事會時做了三點決議：

(1) 消基會為非政治性組織，董監事、財務長、秘書長、雜誌社發行人、社長等不能參與政治選舉。
(2) 消基會的各種訴求，以理性、柔性為主，不宜走向街頭。
(3) 消基會董事長不連任。除了第三屆董事兼秘書長劉炳森先生，因參選國大代表而自動離開消基會外，迄今未曾改變此理念。

在董監事成員方面，由於消基會是由台北青商會所推動成立，所以在第一、二屆董監事成員中，青商會會員較多，第三屆以後青商會的色彩才逐漸淡化。消基會以保護消費者為宗旨，訴求對象為企業經營者，所以董監事成員除了第一、二屆有原始捐款人翁肇喜先生外，其他各屆未再有企業經營者參加。由於消基會常常要面對有問題的廠商及產品，歷屆董事長自然也以具有律師身分者較多。

消基會是第一個全民間色彩的非營利組織，具有下列特色：

(1) 率先從事消費者產品比較試驗，提供消費者選購產品時參考，並經多年爭取，把民間團體的檢驗權納入消保法。
(2) 率先草擬《消保法》草案，並邀請六十六位立法委員連署，經立法院審議通過，成為民間團體第一部主動提請立法成功的法律。
(3) 團體訴訟。消基會對於消費者的訴訟協助，原以個案諮詢或協助訴訟為主，但因 921 地震受災戶眾多；而會員制俱樂部倒閉的受害會

員，以及買到不安全食品的消費者，更不在少數，所以轉成以團體訴訟的方式，協助消費者。

（二）組織轉折

歷經多年的努力爭取，消基會終於在 1992 年獲准加入 IOCU（國際消費者聯盟，現已改名為世界消費者聯合會，簡稱 CI），正式成為會員。消基會推動消費者運動的績效，獲得國際肯定，此後更積極與國際消保組織互動、聯繫。

2005 年後，消基會更主動與中國消保單位，如中央級的消保官方單位「中國消費者協會」，以及北京、上海、南京、福建、廈門、深圳、香港、澳門等，地方消委（協）會交流，分享資訊，並陸續簽訂各項合作協議，例如與泛珠三角區域九省（福建省、江西省、湖南省、廣東省、廣西壯族自治區、海南省、四川省、貴州省、雲南省）、北京市消協、山東省消費者協會、深圳市消協、福建省莆田市、澳門消委會等，簽定合作協議或備忘錄。如今，兩岸各地的消費爭議，都可以彼此協助辦理，形成緊密的消費者保護網絡。

1994 年 1 月 13 日，《消保法》正式施行，成為國內消費者保護的分水嶺。1994 年以前，消基會處理的爭議以實體消費商品居多，不外乎食品、日用品、藥品、房屋、汽車等範圍；1994 年以後，國內跨向消費服務與虛擬環境的消費爭議增加，逐漸占滿消基會的諮詢電話與申訴櫃檯，網購、郵購、線上遊戲、行動電話費率、銀行金融與保險……等等，使消保申訴的形態更專業、更複雜，基因操作食品與過敏原標示制度等，需要與時俱進的消保政策，逐漸成為消基會的專家學者經常探索的重大議題。

因此，消基會的委員會為因應時代的轉變，組織分工也變得更細緻、更有彈性，十幾個委員會變成二十四個專業委員會，不僅定期召開會議，討論各種消保議題，更經常視需要組成跨委員會的工作小組，探討不同角度的消保議題。這二十四個專業委員會分別是：長期發展委員會、委員遴選委員會、公共政策委員會、綠色消費委員會、法律委員會、食品安全委員會、日用品委員會、房屋委員會、旅遊委員會、交通委員會、健保委員會、醫療糾紛委員會、衛生保健委員會、3C 傳播委員會、通訊傳播委員

會、保險委員會、金融消費委員會、動物保護委員會、汽機車委員會、資源募集委員會、編輯委員會、檢驗委員會、義務律師團、中醫藥委員會等。

　　隨著時代演變，消基會的任務與功能也微幅調整，但保護消費者的宗旨與使命則永不改變。

▌四、消基會的危機與化解

　　消基會成立迄今遭遇多次危機，但每次都能使危機變成轉機，以下數例可以說明：

（一）蝦米事件

　　每年端午節，家家戶戶包粽子都少不了蝦米。在 1981 年的端午節前，當時新竹聯合工業研究所的黃教授，以電話通知筆者，端午節的蝦米使用量相當大，但市售蝦米絕大部分沒有包裝，而且顏色鮮艷，因此要我找人到迪化街採買一些蝦米，先用螢光燈初步篩檢，如果發現有螢光反應，再送去讓他進一步檢驗，看看是否摻入致癌物質螢光劑。

　　筆者於是請有經驗的同仁，到迪化街購買蝦米，並請台北醫學院的謝教授操作螢光燈，進行初步篩檢。謝教授在一批批篩檢時，台視記者正好來消基會，他看到一袋袋的蝦米，還有人用螢光燈照射，好奇地問我們在做什麼？我告訴他：「謝教授正在幫我們初步檢查蝦米有沒有螢光反應。」他又問：「如有螢光反應會如何？」我回答：「如果有螢光反應，我們會進一步送檢驗，看有沒有摻雜螢光劑」。

　　他聽完就拍攝了一些畫面，匆匆離開。沒想到台視當天就以獨家新聞的方式，一再播報消基會檢驗市售蝦米，發現含有致癌物質螢光劑。我去電告知報導與事實有出入，但由於收視率的關係，台視一直沒有更正。這則報導引起非常大的震撼，市場的蝦米沒人敢買，漁民捕獲的蝦子也銷不出去。漁民、加工業者和商人，因此群起對衛生單位及民意代表施壓，要求消基會道歉、賠償。

　　農委會主委及衛生署長於是到迪化街及基隆漁港，在鏡頭前吃蝦米與

生蝦，表示蝦米及生蝦都很安全，並利用媒體攻擊消基會「是社會問題的製造者」，「故意造成社會亂動」，「要求解散消基會」。不久，情治單位也開始介入，而政府也迅速透過衛生署藥檢局，以及中央研究院動物研究所提出檢驗報告，認為螢光反應是蝦殼產生的自然現象，不是人工添加的螢光劑。

消基會為此緊急召開臨時董事會，進行危機處理。會中決定依原計畫，將有螢光反應的蝦米，送到聯合工業研究進一步檢驗，並由秘書長與黃教授連繫，統一對外發言。在檢驗結果還沒出來前，對外都只表示「靜候檢驗結果」，等檢驗完成後，秘書長再親自前往取回檢驗報告。

會後消基會發表聲明表示，消基會是為了保護消費者，讓消費者在採買蝦米時可以參考，才進行檢驗。目前只進行初步篩檢，有螢光反應者將進一步檢驗。消基會在檢驗報告還沒出來前，一向不會主動對外公布。媒體看到蝦米的螢光照射，消基會只告知這是螢光反應，但並未提到螢光劑和致癌的問題。

等候檢驗報告的期間，消基會小小的辦公室，擠滿了媒體記者和情治人員，氣氛凝重。終於，黃教授來電告知檢驗完成，星期五下午三點可以把檢驗報告交給消基會。

在星期五出發前往新竹以前，我預感可能有變化，於是邀請《聯合報》的蔡記者及《中國時報》的林記者一同前往。我們三位抵達聯合工業研究所，也找到黃教授；但當我開口索取檢驗報告時，他卻面有難色地說不能給。問他原因，他只說：「所長交代不能給。」

我一聽很著急，萬一拿不到報告，回消基會如何交代，而且在那等待的情治單位可能會認為我們是胡亂檢驗，導致社會不安，當場就將我們移送法辦。因有此顧慮，我向黃教授要求去找所長給報告。經黃教授聯繫，得知所長外出未回，我們三位因此向黃教授表示，我們一定要等所長回來，不見不歸。

經黃教授一再聯繫，終於得知是經濟部長下令不能給。此時，兩名記者幫腔了，如今天不給報告，明天兩大報將大篇幅報導不利經濟部長的消息。此話一出，果然見效，經再三協調，所長終於在六點把報告交給我，但希望我承諾不要把報告內容對外公布、洩漏，我也只好答應。事實上，

報告都是曲線、圖表,如果沒有專家解說,一般人根本看不懂。

我趕回消基會時已將近晚上八點。董事會隨後決議將報告影印,密送當時的行政院長、國民黨秘書長、衛生署長與農委會主委,總算度過緊張的一晚。所幸第二天報紙只報導消基會拿到檢驗報告,但內容不對外公布;後來消息也慢慢平息下來。事隔一年,消基會同仁假期到宜蘭旅遊,在漁港時有漁民跑來偷偷跟我們說:「消基會沒錯,因為漁民撈到蝦子,為了保鮮都會添加保鮮劑(現在已經改善)。」

蝦米事件平息後,對消基會產生了正面的影響。首先,消基會的檢驗人員從此更為謹慎,不再對外曝光檢驗場所,發言也更加小心。其次,有鑑於散裝食品沒有廠牌,檢驗其中一樣有問題,就會波及合格產品,消基會也開始推動包裝標示。最後,消費者的支持與鼓勵,提高了消基會的知名度,尤其在專欄作家何凡和薇薇夫人撰文推廣下,使消基會發行的《消費者報導》雜誌訂戶大增。

(二)麻油官司

消費者組織從事商品檢驗,是確保消費者「安全權」的重要方式之一。美國消費者協會,就是以檢驗消費產品來服務消費者,其所出版的《消費者報導》雜誌發行量超過九百萬份。

在台灣,消基會發行的《消費者報導》,每期也報導一項商品檢驗報告,因此獲得媒體及消費者的重視。然而,消基會的產品檢驗權也得來不易,而且不斷遭到挑戰。台灣原本的法律沒有規定消費者團體的檢驗權,必須經訴訟程序,法院判決認定後,消費者團體才有檢驗權。而後《消保法》立法成功,消費者團體才正式得到法定檢驗權。

消基會在 1983 年發現,榮冠麻油公司生產的麻油標示為純麻油,並在媒體上大作廣告,引起消費者注意並大量購買,生意很好。消基會到公教福利品中心購買十瓶該廠牌麻油,檢驗後發現並非純麻油,而是混和油。消基會於是對外公布結果,讓消費者購買時可以參考,避免上當。

檢驗報告公布後,榮冠公司的麻油銷路大受影響,因此對消基會非常不滿,除了舉行記者會,拿出經濟部商檢局檢驗為純麻油的證明自清,隔天還到法院控告消基會董事長、秘書長、雜誌社長妨害名譽,請求損害賠

償，同時要求法院判決消基會沒有檢驗權。

本案於台北地方法院開庭時，消基會提出購買發票及檢驗證明；榮冠公司則提出經濟部商品檢驗局檢驗合格的證明，予以反駁，並否認消基會檢驗的正確性。榮冠公司在庭上進一步主張，目前沒有民間團體可以檢驗產品的法規，認為消基會沒有產品檢驗權。

承審法官於聽完雙方陳述，要求消基會將未開封的三瓶榮冠麻油，送至具有公信力的檢驗機構。檢驗結果證實消基會是對的，榮冠麻油並非純麻油。台北地方法院因此判定消基會勝訴，並於 73 年許字第 1257 號判決理由中明示：「民間機構為明瞭廠商對其產品所為之標示與成分是否一致，就該商品自行檢驗，法律無禁止之明文規定。」也就是承認消基會有檢驗權。

榮冠公司不服，提起上訴。台灣高等法院除駁回榮冠公司的上訴外，在 74 年上易字第 812 號判決中更明白指出：

消費者有覓求安全，明瞭事實真相、選擇商品及自由發表意見等權利，為世界先進國家所一致承認之權利。

近十年，有關消費者保護文章亦陸續在國內各大報章或雜誌出現，被上訴人中華民國消費者文教基金會係參考先進國家之民間消費者組織而成立之民間公益法人，其成立之目的，乃為協助消費者了解產品之優劣，而依被上訴人經教育部核備之組織章程第八條明文「檢驗服務」為其成立宗旨之一，為上訴人所不爭。

消費者既有明瞭事實真相、選擇商品之權利，則消費者自有知道自己買的是什麼之權利，被上訴人為消費者保護之合法組織，為協助消費者明瞭真相，選擇商品，對於市面上所存在之商品，加以檢驗，並將其所檢驗結果公布，自非法所不許。

上訴人引商品檢驗法、食品衛生管理法之規定，謂檢驗機關為行政機關或其委託檢驗之機構，被上訴人未受委託，即無權檢驗公布，自有誤會。

由高等法院的判決，更確定消基會有檢驗權。

消基會透過榮冠麻油案發現，少數廠商為求暴利，於產品上市前，先

將合格的產品送請國家檢驗機構檢驗，取得合格證明；正式銷售時則以劣質產品或不純的產品矇混，一旦被發覺或質疑，就提出國家檢驗機構的合格證明來辯解。

所幸消基會有檢驗消費產品的機制，能讓消費者在選購時參考；也因法院的判決承認消基會有檢驗權，才能達到保護消費者的目的。

其後，《消保法》草案將檢驗權列為消費者團體的重要權力之一，在立法院審議時遭企業團體極力反對。然而，因為消費者團體極力捍衛檢驗權，所以《消保法》還是讓民間團體保有產品檢驗權並三讀通過。

（三）泡水車

1985 年，納莉風災夾帶大量雨水，使台北部分地區嚴重積水。颱風過後，有位消費者發現購買的某廠牌汽車，車體外有水漬，車內坐墊下也有沙粒，他懷疑買到的是泡水車。經向汽車公司業務員反應，要求退貨還錢或更換一部新車，但業務員不答應。業務員主張他賣絕非泡水車，而且消費者已開了八百公里，所以拒絕退換。

消費者氣不過，乃向筆者申訴。筆者請台大機械系一位對汽車頗內行的教授鑑定，確定是泡水車。筆者立刻要消費者再找原來賣車的業務員，以泡水車為由要求他退款或換車；如果那名業務員仍聲稱不是泡水車，就要他寫一份證明書。

消費者依筆者建議再次聯絡業務員，他果然還是堅稱沒賣泡水車，不予處理。消費者於是要求業務員寫下證明書，業務員就寫了張「茲證明賣給○○○之車子，絕非泡水車」的保證書給他。

消費者持保證書到消基會，筆者立即召開記者會對外宣布，凡是在納莉颱風後購買該廠牌汽車的消費者，可先自我檢查。如果發現有水漬或沙粒，可向消基會申訴，消基會將請專家代為鑑定是否為泡水車。結果有七十幾位消費者開車前來要求鑑定，其中有三十九部經確認為泡水車。

消基會於是找汽車公司負責人談判。負責人承認有過失，同意讓買到泡水車的消費者，可以選擇退貨還錢或更換新車。可是筆者認為，汽車公司的銷售業務員，對外代表公司，明知銷售的是泡水車，卻隱瞞事實，以新車價格出售；被懷疑後還堅不承認，竟開立非泡水車的證明書圓謊，顯

然是故意欺騙消費者。因此，除了退貨還錢或更換新車外，還要有懲罰性
的損害賠償。經過多次協商，汽車公司負責人終於軟化，同意消費者可以
退貨還錢或更換新車，另外賠償每位買到泡水車的消費者「車價的三分之
一」作為損害賠償。

消基會特別參照此案，在《消保法》的法條中加入訴訟賠償的部分：

1. 因企業經營之故意所致之損害，消費者得請求損害額三倍以下之
   懲罰性賠償金。
2. 因過失所致之損害，得請求損害額一倍以下之懲罰性賠償金。

有了懲罰性損害賠償金，企業經營者在生產、製造、銷售產品或提供
服務時，就會比較小心謹慎。

（四）拒乘日亞航

消基會成立後，第一件跨國消費事件，是要求日亞航更換飛行台日航
線的老舊飛機。

中日斷交後，由日航的子公司「日亞航」，飛行日本與台灣的航線。
日亞航服務態度良好，台灣和日本旅客都喜歡搭乘他們的班機，所以載客
率都維持在九成以上。

1985 年，華航發生名古屋空難，主要原因是機齡過老，發生金屬疲
勞的現象。經媒體報導後，消基會發現飛行台日航線的日亞航班機，與出
事飛機為同款機型，而且都是超過十五年機齡的老舊飛機。消基會為了維
護消費者搭機的安全，要求日亞航更換老舊飛機。

日亞航最初自恃服務佳、載客率高，不為所動，消基會因此發起拒搭
日亞航飛機的運動。在國內消費者的支持下，日亞航的載客率從 90%降
到 80%，但是日亞航依舊不動如山。消基會於是要求承辦日本旅行團的
旅行社，不要安排旅客搭乘日亞航。在旅行社的支持下，日亞航的載客率
降到 70%，但還是堅持不更換老舊飛機。

由於這條航線的旅客大部分是日本人，消基會因此以維護日本旅客安

全為由，說服日本消費者團體，共同拒搭日亞航，迫使日亞航更換老舊飛機。在日本消費者團體同意共同抵制後，拒搭行動力量大增，日亞航的載客率下降到 60%。

此時，日亞航竟然欲借政治力，壓制民間消費者團體的自力反制行動，透過日本交流協會駐台北辦事處代表，晉見當時的副總統李登輝先生，以消基會抵制行動將影響台日兩國關係為由，要求干涉並壓制消基會，不要再採取拒搭行動。不過李副總統明白告訴交流協會的代表：「消基會的幾位年輕人，是具有正義感的青年，沒有私心，而是基於保護消費者的立場做事。日亞航以老舊飛機飛台日航線，本身就不對，請日亞航好好跟消基會談談吧！」

日亞航政治施壓不成，載客率又每況愈下，不得已只好主動找消基會，展開數次談判。日亞航終於在 1986 年 2 月答應，在三年內逐步更換所有台日航線的老舊飛機。

（五）財務危機

消基會成立的基金來源有兩筆：三商行翁肇喜捐款一百萬元，以及台北青商會推動不乾杯運動，發行不乾杯卡籌得十萬元。

消基會的宗旨是客觀、公正、中立，不接受廠商大額捐款，收入主要來自發行《消費者報導》雜誌及消費者的小額捐款，但是消基會平日的開銷，如專職人員的薪水、行政費用、檢驗相關費用等，所費甚多，所以時常鬧窮。

第一次財源短缺，正好是蝦米事件發生後，何凡先生及薇薇夫人在他們的專欄鼓吹訂閱《消費者報導》支持消基會，因此增加許多讀者，也解決了消基會的財務問題。

第二次是在 1983 年，媒體又報導消基會財務有問題。見報兩天後，有人訂閱《消費者報導》三千份，經了解後才知道是王永慶董事長所訂。我主動打電話向他道謝，他回答說：「我知道消基會不接受企業捐款，所以才訂購《消費者報導》，一方面教育消費者，也可以稍微解決消基會的財務問題。」

第三次是在 1984 年，作曲家羅大佑創作一曲「明天會更好」，並結

合知名歌星演唱，發行一張單曲唱片。他當時把版權捐給消基會，得款七百萬，消基會乃善用此款，購得現今台北市復興南路一段 390 號 10 樓的會所。

消基會為了籌措購買檢驗儀器及檢驗場所的款項，在 1989 年舉辦藝術品義賣，在藝術家與收藏家捐畫、消費者踴躍認購下，獲得所需款項。到了 2004 年，媒體再度報導消基會財務危機，並呼籲消費者捐款。最終在消費者熱烈支持下，再度解決消基會燃眉之急。

▎五、消基會的發展與方向

由於產品製造的科技化、精密化，例如素食產品含葷食成分；飲料或食品含塑化劑、毒澱粉、假油等添加物；或是汽車使用解體車零件等，消費者很難從外觀或短期使用，了解產品的瑕疵，而且近年來國際化的趨勢明顯，某種產品如果有瑕疵，很可能影響許多國家。此外，衍生性商品的開發（如運動債、消費卡、信用卡等），以及廣告代言（如小 S 代言油切產品與胖達人，連惠心代言瘦身食品等）和網路購物的盛行，都使消費者受害的案例不斷增加。

新興的消費問題愈來愈多，消基會也有策略、有計畫的因應未來的發展。首先，消基會將加強消費者教育，提升消費者水準，例如教育消費者如何看產品標示，以及辨識、比較廣告代言的產品；也會要求廠商提供正確的消費資訊，並加強產品檢驗，建立「產品履歷」，讓消費者透過產品履歷，了解產品的產銷情況，發生問題也能立刻追溯源頭，這對進口食品、兒童食品、藥用健康食品、基因改造食品與食品添加物等，尤其重要。此外，消基會也會強化跨國通報系統，透過國際消費組織或國際貿易組織的通報系統，加強資訊的流通與警示。

其次，消基會也會加強企業的社會責任及職業倫理，監督企業經營者重視消費者權益。消費者是企業經營者的衣食父母，惟有受到消費者肯定、喜愛的企業，才會永續經營。臺灣食品安全問題層出不窮，主因在於企業經營者唯利是圖，沒有善盡社會責任及職業倫理，而這除了「他律」

以外，最重要還是「自律」。因此，企業經營者如果能主動制定並遵守
《企業倫理憲章》，不但企業的形象會更好，企業經營者與消費者的關係
也會更和諧。

最後，消基會也會不斷研究新興消費問題，並促使立法規範，監督政
府落實消費者保護政策與施政。某些消費問題可說是周而復始，在問題發
生、喧嚷一陣子以後，過幾年再度發生，但是會變換新花樣或新配方，如
使用毒澱粉（順丁烯二酸鈉）及其他不法或劣質的添加物等，而消費者由
外觀難以發現。因此，基於保護消費者的宗旨，消基會對於可以事先防範
的消費問題，會先要求立法，加以規範。

在先進國家，由於普遍採用懲罰性損害賠償，一個企業如果有不誠實
或詐偽的情事，常會導致公司破產。臺灣的《消保法》已將懲罰性損害賠
償列入法條，消基會未來也會善加利用，才能抑制廠商為求暴利或降低成
本，而做出虛偽、造假，甚至加入有害人體的添加物的行為。

圖 1.3　為了高速公路用路人的權益，光 ETC 一案，消基會就辦過三十七場的
記者會，鍥而不捨抓出各種不合理現象，要求高公局和遠通電收公司改善。

｜參｜考｜文｜獻｜

李伸一，1984，《消費生活的法律》，台北：消費者報導雜誌社。

李伸一，1995，《消費者保護法論》，台北：凱侖出版社。

消費者文教基金會簡介（1980-2011）。

消費者報導雜誌社，《消費者報導》，台北：消費者報導雜誌社。

蕭新煌，1987，《要錢，更要人：台灣消費者運動的回顧與展望》，台北：久大文化。

蕭新煌、鄭又平、雷倩合編，1982，《台灣的消費者運動：理論與實際》，台北：時報文化。

CHAPTER **2**

非核台灣的橋頭堡：
台灣環境保護聯盟

王俊秀

一、以大學教授為核心的環境聯盟

大學有引領思潮，帶動社會進步的責任，包括論述與行動，大學師生即為主要的論述者與行動者群體。在此脈絡下，以台灣的大學教授為主體的知識分子，在 1986 年出版了反核論述的第一本書《天火備忘錄》；在李長榮事件（1983-1987）中，展開自力救濟的反公害運動；而海外的知識分子社團，包括台灣同鄉會與台教會等，於 1987 年在美國加州的聖地亞哥，舉辦「人、環境與科技研討會」，成立了「世界環境協會」，會員包括林俊義、李界木、蔡仁堅等人。

這股潮流開始推動台灣籌組倡議型的環保團體，展開「環境民主」的腳步，後來才陸續成立「台灣環境保護聯盟」（以下簡稱環盟）與「主婦聯盟」等環保倡議型的民間團體。

圖 2.1　臺灣環境保護聯盟 1987 年的成立大會

（一）新環境雜誌社

環保運動隨著經濟發展，如野火般在各地發生，但在戒嚴時期，第三部門的成立卻是禁忌。不過，仍然有兩個出口可以應用，一是成立基金

會，二是成立雜誌社。當時的「新環境雜誌社」，就集結了許多環保人士，其中大部分是大學教授。雜誌社除了發行《新環境月刊》外，還出版了各種環保叢書與新環境叢書，如《天火備忘錄》、《菸幕》、《二百人看二千年》，以及土地倫理的名著：李奧波的《砂地郡曆誌》等，引領環境與生態的新思潮。

新環境雜誌社在解嚴後的 1987 年 9 月，轉型為「新環境基金會」，宗旨之一仍是「連繫各地環保及反公害團體，群策群力共同保護生存環境」，這與早期新環境雜誌社容納環保人士，催生環保團體，有同樣意義。新環境雜誌社與新環境基金會的創辦人都是柴松林；而《新環境月刊》的總編輯則是馬以工。

新環境叢書之四，也就是上文提及的《天火備忘錄》，書名來自作家張大春在書中的〈台灣核災情境〉一文，執筆者則多為大學教授、作家及媒體人，包括黃提源（清大應用數學系、統計所）、張國龍（台大物理系，兼主編）、林俊義（東海生物系）、黃光國（台大心理系）、蕭新煌（中研院民族所：現社會所）、柴松林（政大）、陳鎮東（中山大學）、鍾堅（清大）、曾凱元（台大醫學系）。作家與媒體人則有張大春、張系國、楊渡、馬以工、邱國禎（筆名馬非白）、楊憲宏、洪田浚；該書的附錄二還有反核文章的索引。

最早的三篇文章，有兩篇出自《讀者文摘》，第一篇刊於 1974 年 4 月，題目為〈可怕的核子廢料問題〉；另一篇〈核電廠大火〉，則刊於 1976 年 6 月。第三篇文章是林致仁的〈透視核能發展的問題〉，發表在《夏潮》雜誌七月號上。《夏潮》雜誌在 1976 年出刊，1979 年遭警總查封，共發行 35 期，是標榜鄉土的、社會的、文藝的評論性刊物 [1]，被視為黨外雜誌的先驅。

《天火備忘錄》中的作者，有不少人成為環盟的支持者與參與者，例如：張國龍是首任學委會召集人及 1993 年會長；黃提源為長年顧問；林俊義、楊憲宏為第二屆顧問等。另外，台大社會系的張曉春教授，也常出

1　張俐璇（民 98 年）。〈夏潮〉。台北市：文化部。民國 98 年 9 月 24 日。取材自「台灣大百科全書」：http://taiwanpedia.culture.tw/web/content?ID=2284

現在環保運動的場合，關心民間的各種社會運動。

（二）李長榮事件

　　自力救濟的反公害運動「李長榮事件」，成為由在地大學師生與居民一起抗爭成功的首例，而主要的推手是清大教授黃提源。

　　黃提源在 1979 年 3 月 28 日發生美國三浬島事件後，是率先發表反核文章的教授之一，可說是反核運動的先鋒。同年他到英國研究休假一年，恰巧當時的首相柴契爾夫人宣布要建十二座核電廠，黃提源因此深入了解核電議題，並先後發表二十八篇反核文章 [2]，也在倫敦見識到百萬人的反核遊行，以及抬棺抗議的場面。1985 年 3 月，黃提源更說服立委好友王清連，號召五十五名國民黨立委與六名黨外立委連署，在立法院提出緊急質詢，要求暫緩興建核四。

　　李長榮化工廠設在新竹市的水源保護區水源里，不但直接將廢水排入附近農田與頭前溪，導致有赤腳的農夫，雙腳膝蓋以下因此潰爛；而且生產過程中產生的魚腥味，也飄進了附近社區與大學校園，清大與交大也成為汙染的受害者。

　　因此，黃提源與張昭鼎先在 1986 年組成「清華教授聯誼會」[3]，再由三百五十五位大學教授連署（包括交大及當時的新竹師院），向行政院院長俞國華陳情，卻沒有結果。清華於是有一位金重勳教授戴防毒面具上課，畫面上了頭版，後來還收錄在新竹市誌中。

　　居民迫不得已，只好用水泥封住李長榮化工廠大門，並埋鍋造飯、持續抗爭，主張「反公害不反工廠，要環境不要回饋」，要求李長榮化工搬廠。黃提源除了號召受害的社區，如清大北院 [4]、交大建新路宿舍和水源社區等共同參與，並也號召大學師生展開連署；清大環保社清大自發性的「物理系八九級公害觀察小組」，也積極從事調查，召開公聽會 [5]。

2　二十八篇文章後來整理成《廢核電漫漫長路》自編書
3　因李長榮事件而組成的大學教師會，應該是台灣最早的大學教師會。
4　當時清大北院為原美軍顧問團宿舍，共三十二戶，當年的住戶包括毛高文、劉兆玄等教授，但在一公里範圍內有中油油庫以及新竹臭三角：李長榮化工、新竹化工、台肥。
5　清華基進筆記　符永邀專訪（物理系 89 級，現為高雄小港高中物理老師） http://

接著，清華、交大與新竹師院的教授們，在 1987 年成立「新竹市公害防治協會」，目標是解決李長榮化工造成的公害問題，一百多位會員中也包括了李遠哲（前中研院院長）；而時任市長的任富勇，原為清大的體育老師，在此運動中成為另類的夥伴關係。在持續抗爭了四百五十二天後，終於迫使李長榮化工廠停工。

新竹市公害防治協會是新竹第一個民間環保團體，創會理事長為黃提源。能在戒嚴時期（1949 年 5 月 19 日～1987 年 7 月 15 日）合法成立民間團體，顯示環境公害問題的嚴重，而在第二屆林聖哲醫師、第三、第四屆清大社會所王俊秀接棒傳承下，持續關心在地的環境問題，包括新竹化工變更地目案（現為愛買量販店）、香山濕地案等，甚至在新竹市東門國小，舉辦台灣第一次的跳蚤市場。當年公害防治協會的理事長與會員們，也陸續成為環盟的學術委員與會長[6]，例如張昭鼎是環盟的首屆學術委員；黃提源是首屆顧問；王俊秀則是學術委員，以及第 20、21 屆會長（2008-2012 年）。

也就是說，許多關心環境的地方人士、學者專家與學生，都投入了反公害運動，例如 1986 年 4 月，台中縣大里的反三晃農藥廠運動，促成了「台中縣公害防治協會」；1986 年 10 月，台大學生會參與了彰化縣鹿港的反杜邦運動，促成了「彰化縣公害防治協會」。當年籌組環盟時，曾與前述三個在地的公害防治協會，討論成為環盟分會的可能。儘管未能成功，仍有某些在地協會的幹部加入環盟成為會員，例如環盟首任總幹事廖永來（台中縣），以及首任財務長羅財成（彰化縣）。環盟後來分別在台中縣與彰化縣成立分會，也與在地的公害防治協會成為夥伴團體。

▊二、以學生會為核心的環盟行動

環盟以「草根的、知識的、行動的」環保團體自許[7]，由於創會會長

---

nthuradical.bl ogspot.tw/2011/04/89.html
6　黃提源教授口述，2013/8/1
7　因名稱問題，直到 2000 年才核准立案。

施信民與發起教授的「台大脈絡」[8]，因此先在溫州街 74 巷 12 號租三樓與五樓當會址，五樓及頂樓加蓋則成為學生會的總部，屋頂還有反核旗，對著台電方向，另外還有火炬之門。學生會以台大學生為主體，號召各校的大學生及研究生參與，包括輔仁（黑水溝社）、東吳、清華、師大、世新、政大、東海、靜宜、文化（土豆社）、師大等，還以一種戲稱為「賀爾蒙組織法」的方式，找來俊男美女吸引會員。

頂樓的學生會總部，號稱校外的台大學生會。由於當年「與教授一起討論」，是離家在外、半夜不歸，讓家長安心的好藉口，因此遊行道具與布條的製作、討論營隊事宜、燭光討論會、男女戀愛等，都在此發生，甚至催生了「台北市女性權益促進會」[9]。更特別的是，有時候開會，學生「家屬」也會在旁邊，偶爾還會請「碟仙」參與決策，學生會還稱祂為「白教授」[10]。當年許多經典的道具與畫作，多出自張益贍之手，反核遊行的經典照片，則出自邱萬興。

其實解嚴前後，也是學生運動風起雲湧的時代，例如 1987 年前後的反杜邦與反五輕；1990 年的三月學運、制憲運動等，但其中有許多大學社團，如台大大論社、大新社（238 社團），都因為比較「政治」而倒社。於是，「環保」成為政治議題之外的另一個出口，號稱「環境民主」或「綠色民主」[11]，同樣吸引了一批學生，以「不自外於社會的政治覺醒」，產生自己的意識形態，自認為是社會形塑的時代產物，號稱「紅綠聯盟」（西瓜派：紅綠色）[12]，很有自己的看法，並培養出革命情感及膽識。

1989 年先有二十個學生籌組「青年行動關懷聯誼會」，以花蓮的中華紙漿廠與彰化台化公司為下鄉調查的對象。1990 年 2 月 4 日到 8 日，

8　號稱兄妹或姊弟環保團體的「主婦聯盟」，成立之初也有台大脈絡，創辦人王保子女士為台大王澤鑑教授夫人、徐慎恕女士為台大張國龍教授夫人，起步時的環保行動都在台大宿舍區展開。主婦聯盟的會址，連同師大環教所、台灣資訊協會等，都在汀州路上，因此汀州路被戲稱為「永續發展大道」。

9　學生會康依倫口述，2013/8/13。

10　學生會周克任口述，2013/8/20。

11　何明修，2006，《綠色民主──台灣環境運動研究》。台北：群學

12　學生會吳明全口述，2013/8/13，學生會孫一信，洪裕程口述，2013/8/28

在台南舉行的「全國大專學生環保冬令營」，促成了「環保義工團」，之後才成立「環盟學生會」[13]。

環盟學生會是學生組成的讀書會，剛開始是在每週五晚上七時，在總會的五樓日式榻榻米上泡茶討論，當年讀過的書包括《綠色的抗議》、《美麗小世界》、《強控制解體》、《台大學生杜邦事件調查團報告書》等[14]，甚至翻譯由學委老師們，從海外帶回的綠色思潮相關書籍。讀書論述之後，展開名為「野火下鄉」的訪視調查，訪查花蓮的中華紙漿廠與彰化的台化廠；舉辦宜蘭環保營隊，也到過桃園南崁溪流域、苗栗頭份地區，並參與北海岸反核。後來依環境議題，分別組成東台灣生態、反核、反五輕等學生工作大隊。

東台灣生態學生工作隊，本來稱為「後山生態學生工作隊」，成員有受精卵行動劇團、台大傳真社、環盟學生義工團與落實花蓮學生工作隊等。從 1990 年 7 月 15 日起，針對水泥業東移的議題展開行動，包括訪問調查、街頭遊行、劇團演出、紀錄片放映，以及與當地的和平反水泥自救會合作等。劇團還在 8 月 7 日，於台北市中山北路的台泥大樓前，演出行動劇「誰現在要出征」，以文化環保的方式宣揚理念[15]。

1990 年 10 月 3 日，環盟東北角分會舉辦反核月光晚會，由環盟總會負責演講與表演。演講以學委會的大學教授為主，包括張國龍、盧修一、施信民、鄭先祐等人；表演當然是學生的強項，根據〈海灘、月光、核電廠？〉一文表示[16]，當時義工團規劃了演唱與戲劇兩大項，當然還包括製作海報、傳單、道具等。演唱者有陳明章、絲竹室內樂團，以及朱約信／長青合唱團等本土表演者。行動劇由學生上場，配合大型布偶，演出台電、郝院長、美國核電工業與台灣人民的四種心態，並表達反核理念。1991 年 3 月 3 日，反核學生工作隊出版《反核戰報》，擴大反核運動的層面[17]。

13 《台灣環境》，22 期，1990/3/20
14 《台灣環境》，16 期，1989/9/20
15 《台灣環境》，27 期，1990/9/1
16 環保義工團孫一信著，《台灣環境》，29 期，1990/11/20
17 學生會孫一信、張益瞻口述，2013/8/28

　　學生會全盛時期多達八十人，首屆會長為孫一信，主要人物包括李慶峰、吳明季與吳明全姊弟檔、周克任、洪裕程、張益瞻、邱萬興、楊洪任、張子見、王玉燕、馬世元、許瓊丹等人[18]。爾後，由於一批運動性強的學生因畢業、就學或就業而離去，各校環保社紛紛往生活環保的方向發展，學生會因此勢微，只好轉入環盟分會的在地行動或營隊，例如由周克任在南部舉行的大武山營；2009 年以暑假工作為主，由台東分會號召反核的「美又美學生隊」[19]；以及 2004 年雲林分會成員的裸泳行動。

　　環盟每年舉辦的學生環保營，成為培力大學生的重要活動，以最初四屆為例：1988 年 6 月 27 日到 29 日，在金山舉辦的全國大專學生環保夏令營；1989 年 2 月 15 日到 18 日，在當年的花蓮市山胞活動中心舉辦的 1989 年台灣環保營；1990 年 2 月 4 日到 8 日，在當年台南基督教大專服務中心的全國大專學生環保冬令營，以及同年 8 月 26 日到 31 日，在同一地點舉辦的夏令營。每梯次營隊都號稱是環盟總會學生會的搖籃，除了有在地「環境田野調查」外，還會發表宣言或共同聲明，甚至拜訪環保署表達意見。另一方面，在 1988 年 6 月到 8 月之間，環盟還與台灣基督教長老教會，合辦北東南區三個梯次的生態關懷營，八位講師中有七位是環盟的正副會長、學委召集人與學委、顧問們。

　　在 1991 年的 505 反核遊行後，學生會會長在 9 月的執委會中提案，集結參加遊行的二十一校七十多個社團，籌組「台灣學生環保社團聯合會」。重組學生會一直是環盟的心願，2008 年也曾組織學生會，籌備二十週年慶，當時的會長是永康國中的教師邱雅婷。此外，大學生到環盟實習的活動也一直持續，例如創會會長施信民的台大化工系脈絡[20]。而在反核方面，學生會除了參加反核遊行外[21]，也出現在核四廠的綠盟（原環盟台北分會）行動，包括鼓勵大學生下鄉田調、組樂團諾努客[22]、拍紀錄片等。

---

18 李秀容（台大農推系）、周均惠（台大社工系）在秘書處工作，協助包括編輯會訊等秘書工作，被視為廣義的學生會成員。
19 劉炯錫教授口述，2013/8/21。
20 《台灣環境》，147 期，2008/7/1。
21 例如 2007 年的「1208 抗暖化大遊行」，環盟學生會演出「黑馬獎」行動劇。
22 當年由環盟命名為諾努客（No Nuke），並延續至今。

學生會的學生在學運後，或有不同的政治路線，例如群眾系統與新潮流系統；或有學生社團（如全學聯）的運動理念之爭，但一起以環盟為基地，在環保路上找到實踐的道路，[23]，發展出革命情感；其中非台大脈絡的大學生，如文化大學的土豆社、靜宜大學的浪濤沙社等，號召了非全學聯的學生，參與環盟學生會。他們在溫州街的學生會之窩開伙，接受流浪而來的外地生；玩第一代的三國誌；討論十一小時是否絕食[24]，有許多共同的回憶。

▌三、代表環境打選戰

環保運動有許多策略，包括遊行、遊說、倡議、訴訟等，但為了反核，環盟徵召秘書長到反核重鎮的貢寮鄉參選鄉長，是環盟史上值得特書一筆的策略。

環盟在 1993 年徵召廖彬良前秘書長，參選貢寮鄉鄉長。在六個月又三天的競選期間，踏遍十一村三千五百戶，宣揚反核理念與政見。環盟的會長與學術委員，有多人到貢寮發表演講支持，學生會也下鄉駐點，可惜最後以三百票之差未能當選，但這仍然是另類的環保運動及反核運動，後來更促進在地的反核公民投票運動。廖彬良前秘書長有此經歷後，在 1994 年接受民進黨徵召，當選內湖、南港區的市議員，成為早期環保人士當選民意代表的例子之一。

環盟在選舉期間，與其他環保團體一起推出「環保聯合政見」，並發行「投票指南」。聯合政見最早於 1989 年 10 月 3 日，由環盟與夥伴團體新環境、主婦聯盟、綠色和平於立法院發布，後來陸續在選舉期間提出，供候選人參考，如 1992 年的第二屆立委選舉；1993 年縣市長選舉；1994 年省市長暨省市議員選舉；1997 年縣市長選舉和 2003 年總統大選，有幾次甚至拜訪候選人，要求表態簽署政見。

---

23 學生會張琦鳳口述，2013/8/28 。
24 學生會張益贍、林恕輝、許瓊丹、李慶峰、洪裕程口述，2013/8/28 。

　　環盟在 1993 年初次評鑑候選人的回應，共發出 47 份政見承諾書給候選人，結果只回收十七份，其中民進黨候選人占十五份、新黨一份、其他一份，這些回應者都簽署了環盟提出的十二項環保政見 25；而國民黨有十三位候選人，無人回應。到了 2001 年，環盟與其他反核團體，一起推薦非核立委候選人。而在縣市長選舉方面，環盟與夥伴團體在 2005 年，要求縣市長候選人簽署「打造永續台灣城鄉承諾書」；到了 2009 年，更進一步對縣市長候選人的環保政見進行評鑑。

　　另外，在 2003 年的總統大選期間，環盟號召了三十多個團體，提出環境施政的共同要求，共五大項十八條，期許出現一位生態總統。當年共有五組候選人參選，除了李敖，其他候選人都歡迎環保團體拜訪，並對環保政見提出回應 26。到了 2008 年時，環盟則要求總統候選人提出「環境政策承諾書」；2011 年時更提出「環境團體對能源與環境政策的共同要求」，並要求三黨的總統候選人提出回應書，王俊秀會長更代表環保團體，在「總統候選人辯論會」上擔任提問人，內容包括核電安全、環境主權與地球防衛軍等問題。

　　環盟投入選舉的另一種方式，是推薦環保候選人。環盟在 1989 年推薦八位縣市長候選人，當選率達 50%，包括宜蘭縣游錫堃、彰化縣周清玉、屏東縣蘇貞昌、台北縣尤清。另外還有十七名會員與顧問，參與立委和省市議員選舉，包括林俊義、蔡仁堅、洪奇昌、李逸洋、劉守成、廖永來、張溫鷹等人。1991 年 12 月，環盟因應第二屆國代選舉，推薦三十四名會員參選，並組成「環島新憲助選團」，到各地巡迴助選 27。

　　參與選舉更積極的作為，是社運團體共推一位候選人參選。1995年，二十四個社會福利、女性權益、環保與反核的民間團體，共同推出曹愛蘭女士，參加台東縣的區域立委選舉。環盟前會長高成炎則在 2001 年以反核為主要訴求，代表綠黨參選立委，並以環盟與綠黨為主要競選班底 28。雖然兩次選舉都未能成功，但過程中創造了一個舞台，許多環盟的學

---

25 《台灣環境》，53 期，1992；66 期，1993。
26 《台灣環境》，120 期，2003。
27 《台灣環境》，42 期，1991/12/30。
28 施信民教授主編，《台灣環保運動史料彙編》，第二冊，頁 983-987

術委員得以散播環保與反核理念。因此，選舉還是可以視為環保教育的另類管道。

　　此外，罷免也是選舉的一環。立法院在 1994 年通過核四預算，帶動了罷免擁核立委的行動[29]，環盟也創下紀錄，在立院前靜坐抗議長達　一百八十天。

▎四、環盟的組織架構

　　環盟曾在 1989 年 6 月 5 日（世界環境日），申請成為全國性的社團法人，結果遭內政部駁回，並被要求在名稱前加上中華民國。然而，環盟堅持使用台灣之名[30]，所以從 1990 年 1 月起，只能以「台灣環境雜誌社」為名經營組織，彷彿又回到戒嚴時期，直到 2000 年凍省與台北市政黨輪替，才在台北市核准立案。

　　環盟的決策架構除了會員大會外，主要由執行委員會（簡稱執委會）、學術委員會（簡稱學委會），以及始自第三屆起的評議委員會（簡稱評委會）所組成，以執行委員取代理事，評議委員取代監事；而學委會與 1990 年第四屆會員大會增列的「學生會」，則突顯環盟大學師生的角色[31]。

　　執委會是分別從學術委員（大學教授）與非學術委員（會員代表或分會會長）中，選出數量為奇數（至少九名）的執行委員組成。第一屆執委會在 1987 年產生，由六位學術委員與七位非學術委員共十三人組成，選出施信民教授為首任會長，林碧堯教授為副會長；學委會則推選出張國龍教授為第一任召集人[32]。一路走來，歷屆會長、學委會召集人、評委會召集人與祕書長，名單如表 2.1：

---

29 頁 46-47，《台灣環境》，153 期，2011/6/30，當年罷免案以 21.5%失敗，
30 施信民創會會長口述 2013/11/20。
31 《台灣環境》，30 期，1990/12/20，學生會設召集人，為當然執行委員。
32 《台灣環境》，1 期，1988/1/10

表 2.1　環盟歷年工作人員表

歷任會長	任期	當時任職之大學系所	學委會召集人	評委會召集人	正／副秘書長
施信民（第 1、2 屆）	1988-1990	台灣大學化工系	張國龍		廖永來／林錫曜
林碧堯（第 3 屆）	1990-1991	東海大學化學系	張國龍	朱義旭	廖彬良
鄭先佑（第 4 屆）	1991-1992	文化大學生物系	施信民		廖彬良
劉志成（第 5、6 屆）	1992-1994	工技學院化工系（台科大）	施信民	吳慶年	廖彬良／李慶峰
張國龍（第 7 屆）	1994-1995	台灣大學物理系	鄭欽龍		林正修
高成炎（第 8、9 屆）	1995-1997	台灣大學資工系	鄭欽龍施信民		鐘維達、蔡萬吉
楊文衡（第 10 屆）	1997-1998	海洋大學河海系	徐光蓉		許瓊丹
王塗發（第 11、12 屆）	1998-2000	台北大學經濟系	徐光蓉	張國龍	鄭益明、謝志誠
施信民（第 13、14 屆）	2000-2002	台灣大學化工系	周晉澄	王塗發	謝志誠／潘翰疆
楊肇岳（第 15 屆）	2002-2003	台灣大學海洋系	施信民	張國龍	無
郭金泉（第 16 屆）	2003-2004	海洋大學水產養殖所	施信民	高成炎	無
陳椒華（第 17、18 屆）	2004-2006	嘉南藥理科大食品科技系	徐光蓉	王塗發林碧堯	何宗勳／何美智

歷任會長	任期	當時任職之大學系所	學委會召集人	評委會召集人	正／副秘書長
徐光蓉（第19屆）	2006-2008	台灣大學大氣系	施信民	林碧堯	何宗勳／何美智
王俊秀（第20、21屆）	2008-2012	清華大學社會所	徐光蓉	鄭先祐	李卓翰
林文印／吳（代理）（第22屆）	2012-	台北科大系	徐光蓉	王俊秀	林冠妙（董建宏）李秀容／
劉俊秀（第23屆）	2014	交大土木系	徐光蓉	王俊秀	董建宏、陳秉亨

資料來源：環盟整理，副會長及財務長未列入

　　創會會長施信民教授，是環盟最主要的「人標」，早期的各種聲明或請願書，都出自他的手，留下環保史上重要的手稿。他一路堅定反核、關心公民社會，在 2006 年主編兩大冊《台灣環保運動史料彙編》，由國史館出版，後來擔任「公民監督國會聯盟」理事長，許多學生會成員視他為人生導師。

　　蜥蜴專家鄭先祐教授，除了反公害、反核外，也積極導入生態保育議題。他在 1991 年為了 505 反核大遊行，曾寫了〈社會運動的八個階段與策略〉一文，運用易經的「否、屯、萃、震、遯、革、夬、恆」八個字[33]，闡述如何將運動的生命週期拉長，頗能呼應台灣的反核運動。

　　高成炎教授被學生會稱為「火藥庫」，在論述與行動上極具爆發力，持續推動反核公投，並自組新能源公司；此外也曾擔任台灣反高爾夫行動聯盟召集人。

　　特別值得一提的是兩位女性會長。陳椒華教授在環盟會長任內，因本身受電磁波之害，所以從 2005 年起就積極關切電磁波公害，赴各地研究調查。2007 年 6 月，台南縣七股鄉就氣象雷達站電磁波公害，向環盟台

---

33 《台灣環境》，34 期，頁 2-8，2009/3/1

南分會陳情；到了 7 月，陳椒華教授抗議 NCC 發放 WiMAX 基地執照，在 NCC 絕食靜坐抗議，被以違反集遊法起訴，居然被判有罪，但免刑責。環盟因此提出聲援，認為政府違反環境民主，堅持人民請願行為不違法。隨後在 2008 年，陳椒華教授出版了《漫長苦行——對抗電磁輻射公害之路》[34]，並成立台灣電磁波公害防治協會，擔任首任理事長。

另一位女會長徐光蓉教授，自《京都議定書》簽訂以來，就持續參加氣候變遷締約國會議（COP），蒐集氣候變遷與能源方面的資料，讓環盟的論述功力大增。

劉志成教授是施信民教授的學生，曾帶領學生會的讀書會，接任會長有世代交替之意。他在會長任內發生「國庫支票案」（1992 年），環保聯盟幹部羅財成醫師，被依偽造文書罪判刑；檢方還企圖將環盟秘書長廖彬良定罪，但沒有成功[35]。

楊肇岳教授曾參與中科院原子彈製造計畫達七年，比誰都了解核災之惡，因此在反核上極具說服力。核四解凍案 1993 年在立法院闖關，楊教授衝入立法院與立委發生衝突，遭到圍毆，事後還被起訴；纏訟數年後才無罪確定。可惜楊教授英年早逝，台灣少了一位反核先鋒。

會址的「有殼化」，是任何第三部門發展必須面臨的挑戰。環盟十八坪的溫州街會址原為國宅，由秘書長廖彬良出面以三百五十八萬元購買，並且發起購屋專案，由學委、執委、財委、秘書長、宜蘭分會和兩名無名氏等十三人，每人出資十萬，成立一百三十萬的購屋基金[36]。隨著環盟業務擴大，於是以「換屋」所得，加上民眾捐款，以七百萬元購得汀州路三十坪的現址[37]。

當時環盟正在舉辦罷免擁核立委的行動，因此民眾小額捐款的主要地點是立法院正門，時間長達一百八十天，一天二十四小時，每天捐款都超過十萬元，可以算是環盟「數錢數到手軟」的黃金時期。此外，義工與秘書處長期以來提供非常重要的後勤支援，同樣功不可沒[38]。

---

34 《台灣環境》，149 期，頁 20-21，2009/3/1

35 廖彬良前秘書長口述，2013/8/2

36 《台灣環境》，36 期，1991/6/20

37 廖彬良前秘書長口述，2013/8/2，換屋於 2000 年 10 月底搬入。

38 社會學上稱為「熟悉的陌生人」，例如義工林長茂。

五、為環境而「串連」

（一）分會的成立與合作

第三部門會依議題互相合作，產生 Networking 的效果；而第一種是「分會」的成立與合作。環盟分會隨著環境議題加加減減，1990 年時已有八個分會，最多曾經有十三個，各地分會成立的年份如圖 2.2。

1987 年 11 月 14 日	宜蘭縣分會成立
1988 年 1 月 10 日	台中縣分會成立
1988 年 1 月 14 日	彰化縣分會成立
1988 年 3 月 20 日	高雄縣分會成立
1988 年 10 月 8 日	花蓮縣分會成立
1989 年 3 月 5 日	東北角分會成立
1989 年 11 月 12 日	萬金石分會成立
1990 年 2 月 25 日	台南分會成立
1990 年 11 月 18 日	雲林分會成立
1992 年 9 月	台北分會成立
1997 年 1 月 11 日	澎湖分會成立
2006 年 7 月 8 日	屏東分會成立
2006 年 7 月 8 日	台東分會成立

圖 2.2　環盟各地分會與成立年份

宜蘭縣分會因反六輕運動，率先成立，由田秋堇擔任會長。當時的縣長陳定南也是環保縣長，與環盟的分會、總會攜手反六輕成功，是環保史上少見的「民間與政府一起反」的運動。接著，台中縣分會與彰化縣分會成立，由於台中縣公害防治協會與彰化縣公害防治協會仍在，於是成為環保夥伴。

環盟東北角分會，轉型自台灣第一個反核的民間團體「鹽寮反核自救

會」[39]，仍然以當地仁和宮的祭祀圈作為反核運動圈，常舉辦各種說明會及活動，並當成遊行的集合出發地。該分會成立的代表作，是 1989 年 3 月 17 日發起台北縣立委吳梓落選運動，主張「擁核，就讓他落選」[40]。接下來到 1990 年間，除了以反核為基調的萬金石分會成立外，台南與雲林也成立分會。這段期間，總會也鼓勵分會向各地政府立案，建議立案名稱「◎◎◎環境保護聯盟」，或是由分會自行決定名稱，例如，「環盟宜蘭分會」在 1991 年 4 月立案後，即改稱「宜蘭環境保護聯盟」。

東北角分會的反核，因之前兩次累積民怨的事件，後來在 1991 年發生了「1003 事件」。當年的 6 月 24 日，貢寮鄉鄉長接受台電贊助，欲成立「核能安全策進會」，反核自救會於是號召鄉民包圍鄉公所。後來自救會有四名幹部，被依聚眾妨害公務、恐嚇與毀損公物等罪名起訴，使鄉民忿忿不平。接著在 8 月 10 日，鹽寮海濱公園舉辦「環保反核宣導營」，有兩個不明人士到場挑釁，與自救會會員和勸架的遊客衝突受傷，兩人控告自救會成員傷害、教唆毆打，引起鄉民包圍派出所[41]。

最後在 9 月 24 日，原能會通過核四廠的環評，抗議人士於次日，在核四預定地的大門口，搭建「核四廠告別式會場」的篷架，準備長期抗爭。不料篷架在 10 月 3 日被拆，環盟東北角分會號召群眾到大門口抗議，與警察發生衝突，民眾林順源駕駛貨車衝入大門，後退時撞死保二警員楊朝景，造成一死十八傷的遺憾事故，因此被稱為「1003 事件」。[42]

當時的行政院長郝柏村，竟然將此意外定調成反核團體以汽油彈攻擊核四廠，而且開車衝撞警員、蓄意殺人，對反核人士以「社運流氓」的名義逮捕或通緝[43]。林順源隨後投案，東北角分會的會長江萬和、執委陳世男與執行長高清南，被收押禁見一個月。

這次事件中，共有十七人被判刑，林順源被判無期徒刑，高清南被判六年有期徒刑，其餘十五人（江春和、陳世男、吳文通、楊文懷、吳鶴

---

39 1988 年 3 月 12 日，自救會在廟前集結，遊行至核四預定地門口，將台電贈送的日曆燒毀。
40 《台灣環境》，10 期，1989/3/20
41 《台灣環境》，38 期，1991/8/30
42 《台灣環境》，41 期，1991/11/20
43 高成炎教授口述，2013/8/24

雄、吳阿皮、簡文川、陳柏宏、陳慶塘、吳順良、吳文川、陳進財、周建致、陳吳惠玉、廖明雄）各判緩刑及易科罰金不等，例如江春和會長就被判刑九個月、緩刑三年[44]。

由 624、820 到 1003，由對立變成衝突，誠為憾事。環盟一向主張反核運動的柔性訴求，發生此事件與本意相違，鄭先祐會長因此請辭（執委會未通過），並在《自立晚報》登報聲明。環盟也在 10 月 25 日舉辦追思反省大會，學生會發起一人一信聲援，還有組團去鹽寮訪問等行動[45]。

環盟各地分會除了環境議題外，也參與其他社會運動。例如：澎湖分會向以來主張捍衛海洋環境，但也參與反賭場運動；屏東分會除了持續關注並參與阿郎壹古道保存運動外，還以「綠農之家」發展土地友善的蔬果種植，並開設彩虹餐廳。台東分會關注原住民鄉鎮淪為核廢料放置場的議題，後來在美麗灣一案中，更配合總會運用了台灣首見的「公民訴訟」。

環盟台北分會由於路線不同及組織擴展，於 2000 年另外成立新的全國性組織「綠色公民行動聯盟」，簡稱「綠盟」，在反核行動上成為夥伴。綠盟秘書長崔愫欣用了五年時間，拍攝紀錄片《貢寮，你好嗎？》，從此連結更多的藝文界網絡，擴大反核層面。綠盟自 2005 年起，以反核紀錄片巡迴進行社會宣傳，讓年輕一代認識與了解反核這個老運動，並展開貢寮的社區經營與國際反核串連；2009 年更在貢寮舉辦「諾努客音樂會」、影展和在地農民市集，試圖凝聚新一代的反核力量，稱為「諾努客反核文化行動」[46]。

---

44 1003 事件當時的鹽寮反核自救會會長，於 1999 年 2 月 11 日因肝癌病逝，享年六十三歲。

45 《台灣環境》，40 期，1991/10/21。

46 崔愫欣，2011，〈台灣反核運動的歷史與策略（從 1980 至 2011）〉。諾努客由英文 No-Nuke 而來。

圖 2.3　1988 年 420 反核四貢寮遊行

（二）串連民間團體與媒體

　　第二種 Networking，是依環保倡議議題，與不同的民間團體或媒體合作。以 1991 年的 505 反核遊行為例，主軸團體是環盟、新環境基金會、台灣綠色和平與主婦聯盟，夥伴團體則包括其他環保團體四個、社運團體十八個、政治團體九個、教師團體三個，以及學生團體七十個。以上的主軸與夥伴團體在遊行時，分別列名於給總統李登輝與院長郝柏村的陳情書[47]。又如 2005 年 5 月 30 日，環盟與六個夥伴團體，一起尋找台灣的「環境難民」，十一位難民帶著證據，例如後勁五輕會燃燒的地下水，到總統府向人權諮詢委員會陳情。

　　此外，環評法中也有關於文化保存的部分，因此環盟也參與搶救十三行遺址；2005 年號召八十九個團體，搶救惠來遺址；2013 年參與搶救碧潭吊橋，使吊橋成功列入文化資產。環保團體間互相串連，並自 2004 年起輪流承辦「全國 NGOs 環境會議」，以及由環保署委辦的各區環保團

47 《台灣環境》，35 期，1991/5/20

體座談會。

　　在與媒體合作上，通常只要議題夠吸引人，媒體都會報導。早期環盟曾與《自立晚報》和《中時晚報》合作專欄；廣播電台如「寶島新聲」，也提供時段給環盟，當作理念論述與動員的平台。不過，媒體之間往往有互斥性，例如與 A 媒體合作，其他媒體就不會報導。

　　環盟為了促進與媒體的 Networking，曾經與夥伴團體合辦「環境報導工作坊」，2005 年 7 月更與《蘋果日報》合作，調查夏天公共空間的室內溫度，如超商、超市、量販店和商場等，結果發現有溫度僅 18 度者，是室外溫度的一半[48]。同年，環盟承辦「台北亞洲 NGO 論壇」，與公共電視及十二個民間團體合作，以八部台灣和亞洲的紀錄片為主軸，希望引起大眾對社會議題的討論。此外，環盟與新頭殼網路電視台也從 2011 年起合作，在此平台上論述環保與反核議題，以及號召行動。

（三）積極與國際連結

　　第三種 Networking 為國際連結。環盟很早就與海外團體呼應、串聯反核。德國綠黨的國會議員西博爾德（Seibold）女士，早在 1988 年就來台支持反核遊行。1993 年 6 月 25 日到 7 月 5 日，環盟參加在日本舉辦的第一屆非核亞洲論壇（NNAF）以後，9 月 29 日就邀請日、韓的反核團體來台參加遊行，此後就每年輪流到彼此的核電廠或核電廠預定地，參加反核活動。到了 1994 年，有二十六國家的四十五個團體，支持反對核四興建，其中還有知名的國際環保組織「地球之友會」的各國分會[49]。

　　2000 年時，日本反核議員訪台，環盟年底在《自立晚報》上，登出由日本二十八個民間團體與二十二位參眾議員贊助的反核廣告，題為「如果要賠上孩子的笑容，那麼就算擁有核電又有何用」[50]。隔年 2001 年，日本知名攝影師廣河隆一，來台舉辦「行核殤大地，車諾堡的真實」攝影展；2010 年，非核亞州論壇又回到台灣，各國反核代表一起到立法院，召開非核家園公聽會。遺憾的是，2011 年發生福島核災，日本在災後真

---

48 頁 2-8，《台灣環境》，137 期，2005/8/1
49 施信民教授主編，《台灣環保運動史料彙編》，第二冊，頁 330
50 頁 2-3，《台灣環境》，125 期，2000

的失去了孩子的笑容。這一年的非核亞洲論壇在日本舉行，以訪問災區與
抗議遊行為主軸，台灣有二十人參加，見證了核災的不可回復力。環盟的
其他國際連結，還包括「亞洲環境會議」和「台日公民論壇」等，並且藉
著二十週年的機會，舉辦「氣候變遷國際 NGO 論壇」，邀請十個國家的
NGO 代表來台研討；另有「全球環境治理工作坊」，開啟台灣與印尼在
熱帶雨林議題上的交流[51]。

　　然而，國際的支持也常遭遇阻撓。1991 年 5 月 4 日，日本反核人士
小村浩夫教授來台參加反核遊行，並演講日本的反核經驗，卻因此被列入
黑名單，之後來台參加活動時，屢被阻撓於中正機場。1994 年 5 月 29 日
全國反核大遊行，日本青森縣反核人士道祖土正則到場聲援，同樣被台灣
政府列入黑名單，1998 年與北海道愛奴族人訪台時，受阻於中正機場。
此外，還有 1997 年 1 月 30 日，南韓環保人士來台，抗議台電擬將核廢料
輸往北韓，遭到驅逐出境。這些事件都突顯台灣的政治及司法侵犯人權，
違反環境民主的精神，有損台灣的國際形象[52]。另一方面，非核亞洲論壇
在其他國家舉辦時，各國反核代表也常被列入黑名單，例如，2012年韓國
主辦非核亞洲論壇，日本反核代表佐藤大介在機場被遣返，臺灣代表團的
遊行道具被沒收，並被專車全程跟蹤。

　　《京都議定書》簽訂後的締約國會議（COP），環盟除了徐光蓉教授
自 COP 1 以來一路參加外，期間亦有學委陸續加入，前會長林碧堯與學
委林子倫，就曾參加 2008 年峇里島的 COP 13。2009 年丹麥哥本哈根的
COP 15，環盟三位前後任會長林碧堯、徐光蓉與王俊秀，也一同參加。當
年台灣媒體被拒絕入場，但是王俊秀會長仍以公民記者的身分突圍，提供
相關報導與影像[53]；而環盟的秘雕魚反核布條，在會場上也相當引人注目。

　　台灣的青年學生則是從 2008 年的 COP 14 開始參加[54]，並在 2011 年
組成台灣青年氣候聯盟（TWYCC），在每年的 COP 上與世界各地的青
年一起為地球發聲，並與環盟的學委們有夥伴關係，甚至一起參加 2012

---

51 《台灣環境》，145 期，頁 22-27，2008/01/15。
52 施信民主編，2002，《台灣環保運動史料彙編2》。台北：國史館。
53 《台灣環境》，151 期，頁 10，2010/04/01。
54 最早是清大清華學院的氣候變遷小組，主要發起人為林子堯同學。

年的里約＋20（Rio+20）地球高峰會。環盟組織台灣民間代表團，由王俊秀學委／會長擔任團長，主婦聯盟陳曼麗董事長為副團長，從 1992 年里約第一次地球高峰會起，連續參加了第二次的南非地球高峰會，以及第三次的里約＋20 地球高峰會。

（四）攜手聯盟同進退

　　國光石化於 2008 年欲轉往彰化縣大城設廠，民間團體除了發起反對設廠運動外，有七個團體更組成了「媽祖魚保育聯盟」，在 2008 年 1 月 9 日成立台灣白海豚跨國顧問團，希望搶救濁水溪濕地、迴游廊道與水鳥覓食地。後來，彰化環盟與台灣環境資訊協會、台灣國民信託等團體共同發起「白海豚全民認股運動」，受到國際國民信託總會（INTO）的支持[55]，開啟台灣首見的國民信託運動，國光石化也因此撤案。

　　除了上述的「一起參加」模式外，另一種模式是「一起退出」。環盟在 1991 年 8 月 16 日，與六個民間團體一起退出農委會主辦的「林業政策座談會」，以抗議其「弒林政策」，並在當天下午隨即舉辦「民間林業政策座談會」。後來民間舉辦的平行會議，還包括民間能源會、民間永續會、民間水資源會議以及民間國是論壇等。

　　與此相似者，還包括環盟教授群與政府聘請教授群的「隔空對話」或「各有版本」，環盟的學委會都發揮了對話或質疑的功能，實際案例包括 1988 年 11 月 26 日，在台肥花蓮廠興建 TDI 廠聽證會上，受邀的台肥人員臨陣缺席[56]；1990 年的五輕建廠公聽會；環盟版六輕與核四等環評報告，以及核四廠的社會成本分析等[57]。2009 年時，鄰近烏山頭水庫的永陽事業廢棄物掩埋場設置案，陳椒華教授號召環盟教授群，針對業者提出的環評報告，逐項展開質疑與對話[58]，揭發不實資料；其間陳教授還遭到業者所指使的不明人士打傷[59]。還好最終的結果，是台南市政府撤銷永陽設場案。

---

55 夥伴團體中的台灣環境資訊協會與台灣國民信託協會為 INTO 的會員。
56 《台灣環境》，7 期，頁 10，1988/12/20
57 《環境社會學的想像》，台北：巨流
58 《台灣環境》，150 期，頁 19-28，2009/10/1
59 獨立媒體人朱淑娟報導，2011/3/22

▌六、以法律行動進行環保倡議

　　環盟是倡議型第三部門，環保立法與修法的遊說，以及提出訴訟，是責任所在。早在公投法立法之前，環盟與各夥伴團體就已開始推動各地的公民投票運動。1990 年 5 月 6 日，反五輕自救會在環盟支持下，於高雄後勁舉辦公民投票，結果「堅決反五輕」者以 4,499 票，勝過 2,900 票的「同意協商」[60]。這次投票雖然沒有法定效力，卻是直接民主，成為台灣環保史上重要的里程碑。

　　環盟在一週後的 5 月 14 日，於立法院舉行公民投票座談會，提醒政府重視直接民意，並承認公投為人民權利[61]；後來更推動貢寮鄉（核四廠址）、台北縣、台北市、宜蘭縣，於 1994 年 5 月 22 日、1994 年 11 月 27 日、1996 年 3 月 23 日、1998 年 12 月 5 日，分別舉辦核四公民投票，反核比率各為 96.2%（投票率 58.5%）、87.5%（投票率 18.6%）、51.5%（投票率 58.7%）、64%（投票率 44%）。遺憾的是，立法院在 2003 年 12 月，通過「很不公民」的公投法，例如提案需達最近一次總統、副總統選舉的選舉人總數千分之五；連署則需需達最近一次總統、副總統選舉的選舉人總數百分之五，而且投票率如果未達百分之五十，就算否決，因此被稱為「鳥籠公投法」，違反直接民主的原初精神[62]。

　　此外，環盟在 1990 年 5 月成立「環保法案研修小組」，成員包括三位律師：蘇煥智、郭雨嵐、黃國鐘，以及志工和學委會的教授們。研修小組首先關注的法案，是號稱環保憲法的《環境保護基本法》，後來更持續關注《環境影響評估法》、《公民投票法》、《人民團體法》、《集會遊行法》、《再生能源發展條例》、《電業法》，以及《核子反應器設施管制法》等。

　　環盟台東分會自 2005 年起，關注美麗灣渡假村規避環評的不當開發案，並在 2007 年 8 月，環盟總會以《環評法》中的公民訴訟，控告台東

---

60 《台灣環境》，24 期，1990/6/1

61 24 期的最後一頁 24 頁，環保弘法師粘錫麟老師以《玩火的中油》，回應後勁公投。本文在此向粘老師致敬，他於 2013 年 7 月仙逝。

62 《台灣環境》，137 期，2005/8/1

縣政府，並請公益律師詹順貴擔任律師。2010 年 9 月 7 日，行政法院宣判，令台東縣政府應命美麗灣公司停止實施開發行為，成為台灣公民訴訟成功的首例。

▎七、為環境發起反對運動

環盟結合各地環保團體，從反公害、反汙染、反設廠到反核，在反對運動上無役不與。後勁的反五輕運動從 1987 年 7 月，到 1990 年 9 月 22 日宣布建廠，長達三年多。期間在鳳屏宮前，各個環保團體的代表，包括環盟學術委員與學生會等，聲嘶力竭的印象仍歷歷在目；環盟也先後在立法院舉辦「五輕建廠公聽會」與「公民投票座談會」。

在建廠前一天的 9 月 21 日，環盟施信民會長、廖彬良秘書長與宜蘭分會田秋堇會長，前往後勁村村民大會聲援反五輕，直到最後一刻。最後，反對運動失敗，環保署從此被環保人士稱為「經濟部環保署」。當時的會長林碧堯，曾以〈面對後勁，能不慚愧〉一文，論述反五輕運動，他下了以下的註腳 63：

> 五輕，動工了！象徵著舊有體制的延續。
> 後勁，淪陷了！代表著社會品質的墮落。
> 關愛這塊土地的人們，能不慚愧？

當年的經濟部長蕭萬長曾經承諾，五輕在二十五年後（1990 年-2014 年）將會遷廠。因此，反五輕重鎮鳳屏宮在 2012 年 8 月，號召在地學者組成「高雄後勁生態公園促進會」，主動討論遷廠後的土地使用方式，以及後勁居民期望的願景。環盟前後任會長徐光蓉與王俊秀前往關切，表達依約遷廠、還地於民的看法。

另一方面，台塑在 1990 年 11 月，趁後勁反五輕未果，企圖讓六輕重

---

63 《台灣環境》，28 期，1990/10/1

回宜蘭。1987 年，前宜蘭縣政府與縣民曾一起反對成功，讓六輕轉到桃園，宜蘭縣以全台首見的環保大憲章期許成為生態縣。台塑卻以出走大陸要脅，企圖讓生態縣蒙塵。環盟號召二百二十七位教授連署表達反對之意，並登在 12 月 1 日的《中國時報》上，其中台大有六十位、中研院十九位、留美學人十六位。此種以學術界連署的策略與環盟學委會脈絡相呼應，並持續在反核與反對運動中應用。例如 1988 年 4 月 22 日反核教授首度於台電大樓門口禁食靜坐，並公布五百位教授的反核連署。1991 年 3 月 28 日「節約能源、告別核電」七百多位教授連署，並刊登於中國時報、1992 年「維護永續生存，否決核四預算」八百位教授連署等。2010 年 8 月反國光石化廠時，更有一千多位學者的連署。

▌八、為環境展現創意

　　第三部門中的倡議型 NGO，對抗的是有權的第一部門（政府）與有錢的第二部門（企業財團），但是政府常與企業綁在一起，相對弱勢的第三部門就必須異軍突起，才能讓社會聽到與看到關注的議題。因此，產生媒體效果與運動效果的「創意」，成為民間環保團體的「資本」；除了以創意帶動議題之外，還要搭配第一線實質議題的攻防，才能替環境發聲。

　　「綠色工作室」的粘錫麟老師，在反杜邦運動時推出「只要肚兜，不要杜邦」的口號，順便行銷肚兜文化，成為當時人人朗朗上口的口號。類似的模式，還有 1991 年 505 反核遊行時的「我愛孩子，不要核子」，主婦聯盟號召嬰兒車群走在反核遊行的最前面，一方面淡化街頭運動的陽剛性格，另一方面形成安全瓣，讓警察不敢輕舉妄動；2005 年 5 月 4 日，環保團體反對中國熊貓來台，主張「我要棲地保育，不要送來送去」，以同音字及押韻，提出創意口號。

　　除了創意口號之外，環盟也設計許多創意活動。1989 年 4 月 15 日，環盟舉辦「核能大餐請大官」，以核電廠汙染地附近的海鮮，作成十二道佳餚，在台電十四樓宴請十二名核電決策官員，但官員沒人出席。1993 年 5 月 30 日，反核遊行經過民生東路輻射屋，設置「恐懼門」，並且施

放核四廠造型天燈，代表告別核電。1994 年 4 月 28 日，貢寮鄉民帶著媽祖神像到立院請願，象徵「立委們在做，媽祖在看」。2001 年 2 月 24 日的反核遊行晚會，以雷射光投射「非核家園、公投」於總統府高塔上，之後的凱道遊行晚會，常常使用雷射光嗆總統府。2000 年 11 月 12 日的反核大遊行海報，由人本教育基金會找了八位懷孕的媽媽，在凸出的肚皮寫上遊行主題「非核家園，安居台灣」。2002 年，核四公投促進會推出文宣「大災問：核災怎麼辦？」，其中「大災問」是取「大哉問」的諧音。2010 年建國百年，行政院居然將核四廠的商轉成為「精彩 100」的一項，環盟立即以「核弊精彩」為題，表達嚴正抗議[64]。

環盟在 2004 年到 2006 年間，連結環境與裸體，發展「寧裸不核」（Rather Nude then Nuke）的論述與行動，產生了一些影片與抗議行動，例如抗議漠視《京都議定書》的裸泳行動；行政院前的裸體抗議；裸體反核彩繪；2005 反核遊行記者會播放裸體影片；背部寫上「寧裸不核」的裸女影像等，引起許多討論，也帶來國際的媒體效果。其他創意還包括「人樹同命」[65]，全部由大學生們上陣。

此外，環盟早就有編輯年度環境白皮書的構想，在 1990 年時先有「台灣環境體檢報告」，後來推出「票選環境十大事件」。而從 2010 年起，展開「年度環境字」的活動，當年的環境字是「落」，說明極端氣候如秋風掃落葉，更多民眾落入環境難民的困境中；以及環評制度的公信力「直直落」，環境更加弱勢。隔年則是「慟」，反映 2011 年是台灣環境黑暗年，政府卻對這些問題視而不見、裝聾作啞；同時也哀悼當年的 311 福島核災，諷刺政府官員即使面對重大災難，仍將個人的政治生命，看的比人民性命重要，令人悲慟。

▎九、反核為世代

早期的核能發展是由核武到核電，在戰爭與和平之間擺盪，但號稱和

平用途的核電，一旦發生意外，就會產生與使用核武一樣的結果，因此成為國防、政治、社會、經濟與外交問題的綜合體。而台灣的核電發展，也開啟了環盟的反核運動。2006 年由國史館出版，環盟創會會長施信民教授主編的《台灣環保運動史料彙編 1、2 冊》，其中就將反核運動列為臺灣四大環保運動之一。

（一）號召連署靜坐發動禁食苦行

台灣核一廠商轉的隔年（1979 年）3 月 28 日，發生了三哩島核災；解嚴前一年（1986 年）的 4 月 26 日，則發生車諾堡核災；而 2011 年 3 月 11 日的福島核災，更是台灣反核運動的催化劑。因此，每年的 3 月與 4 月前後，也成了環盟舉行反核遊行，提醒核災記憶的主要時段。例如，日本福島核災發生後一週後，台灣反核團體於 2011 年的 3 月 20 日舉行大遊行；環盟也在 328 時，舉辦三哩島三十二週年記者會；426 時舉辦車諾堡核災二十五週年記者會。

環盟的學委們也多次號召靜坐、連署，例如，1992 年 5 月 12 日，因為反對核四預算解凍，環盟在立法院門口發動學者輪班的「反核四，飢餓 24」禁食活動；1993 年 6 月 2 日，組成反核教授立法院遊說團；1993 年 6 月 21 日的反核大靜坐等。其中「反核四，飢餓 24」持續舉行，2013 年 8 月 3 日正逢二十五萬白衫軍上凱道，獲得不少年輕人的支持。

行政院在 2002 年成立「非核家園推動委員會」，環盟的施信民與王塗發教授成為委員。同年 9 月 21 日，核四公投促進會舉辦「核四公投千里苦行」，由林義雄先生帶領；活動的二十三位執行委員中，有七位是環盟的前後任會長。為了擴大反核網絡，陸續組成「台灣反核行動聯盟」，以及「非核國家行動聯盟」，更於 2001 年 7 月 7 日轉型成為「非核國家促進會」，由施信民教授擔任召集人，六十位發起人中，有五十位是環盟學委、執委、顧問或各分會會長。

表 2.2　環盟反核年表

日期	反核遊行主題	內容
1986 年 10 月 10 日	聚眾抗議核電政策	台電大樓前
1988 年 2 月 20 日	驅逐蘭嶼惡靈-反核廢	蘭嶼核廢場
1988 年 3 月 12 日	貢寮鄉 反核四遊行：燒台電日曆	澳底仁和宮到核四預定地
1988 年 3 月 26 日	三哩島事故九週年：核電漠視安全	金山反核遊行
1988 年 3 月 27 日	三哩島事故九週年：反對興建核四廠	貢寮鄉反核四遊行、恆春反核遊行
1988 年 4 月 23 日	救救蘭嶼，救救雅美人	內政部–原委會–台大–台電大樓
1988 年 4 月 24 日	全國性反核大遊行：反死亡科技	中正紀念堂到台電大樓
1989 年 4 月 23 日	四二三反核大遊行	中正紀念堂到經濟部
1990 年 4 月 8 日	萬金石分會遊行	石門鄉公所到核一廠
1990 年 4 月 22 日	發起南北反核遊行	貢寮與恆春反核遊行
1991 年 5 月 5 日	505 反核救台灣：一個我愛鄉土尊重生命的開始	台大校門口至中正紀念堂
1992 年 4 月 26 日	悼念車諾堡核變六周年：426 反核大遊行	立法院–行政院–西門町–經濟部–立法院
1993 年 5 月 30 日	1993 反核大遊行：撤銷核四計畫、杜絕輻射毒害、建立非核家園	台北市市立體育館–立法院 1993 年 6 月 21 日立法院反核大靜坐
1994 年 5 月 29 日	529 全國反核大遊行：為下代破除核電夢夢魘	

日期	反核遊行主題	內容
1994 年 11 月 26 日	公投反核四、罷免作主人	台大至三重體育館
1995 年 9 月 3 日	1995 國際反核大遊行： 終結核武、拒絕核電	第三屆非核 亞洲論壇之行動
1996 年 3 月 17 日	317 反核大遊行： 搖滾反核，和平反戰	
1996 年 6 月 8 日	為了孩子， 不要核子廢核大遊行	
1997 年 10 月 26 日	1026 反核大遊行：為下 一代生存空間而走	台北政府到總統府前廣 場
1998 年 4 月 26 日	1998 反核大遊行：拒絕 核電墳場，建立非核家園	
1999 年 3 月 28 日	追悼三哩島 核災 20 週年大遊行	行經原能會， 抗議核發核四建照
2000 年 5 月 13 日	2000 全國反核大遊行： 支持廢核政策， 建立非核家園	
2000 年 11 月 12 日	非核家園， 安居台灣反核大遊行	非核家園行動聯盟
2001 年 2 月 24 日	224 核四公投， 人民作主大遊行	中正紀念堂到凱道
2002 年 9 月 29 日	核四公投苦行： 第十屆非核亞洲論壇	2002 年 5 月 1 日，蘭嶼 反核廢料場千人抗議
2003 年 4 月 30 日	拒絕核廢料儲存場遊行	台東縣大武鄉
2005 年 6 月 5 日	605 我要活下去， 為台灣環境而走大遊行	非核亞洲 論壇成員一起參加
2007 年 12 月 8 日	1208 抗暖化 為下一代而走大遊行	各分會在地遊行

日期	反核遊行主題	內容
2008 年 1 月 1 日	蘭嶼反核廢抗議遊行	
2011 年 3 月 20 日	我愛台灣， 不要核災大遊行	2011 年 3 月 11 日， 日本福島核災，環盟參 加 430 反核遊行
2012 年 3 月 11 日	2012 反核大遊行	日本福島事件兩週年
2013 年 5 月 19 日	終結核電大遊行	國父紀念館到凱道
2014 年 3 月 8 日	308 廢核大遊行	遊行在台北、台中、高 雄及台東同步舉行 329 反核大路跑

資料來源：《台灣環境》各期

圖 2.4　蘭嶼反核（1995 年 6 月 8 日黃子明攝）

（二）罷免擁核立委　認清代議缺失

環盟反核一路走來，號召大眾關注核四環境影響評估；核四再評估；

監察院核四糾正案；罷免擁核立委；核四公投；核二廠秘雕魚；輻射汙染及傷害事件；核子事故緊急應變演習；反核廢料運動等，其中罷免擁核立委後來成為反核運動的重點。由於國民黨政府執意興建核四，而且國民黨立委居多數，反核團體始終無法成功阻擋核四預算。因此，台北縣市反核民眾，對於該縣市選出的立委無法表達反核民意（貢寮鄉公投結果 96% 反核四），感到強烈不滿，罷免台北縣市擁核立委的想法逐漸形成。

環盟於 1994 年 6 月 25 日，在立法院門前發起罷免擁核立委活動；7 月 15 日就送交四千多人的罷免提議人名冊，並於 9 月 22 日送交五萬多人的連署名冊；依照舊的《選罷法》規定，只要一萬四千七百三十二人連署即可。國民黨立委眼見人民的反對力量強大，早在 7 月 14 日就想緊急修改《選罷法》，並於 10 月 6 日提出「公共政策不得為罷免之理由」，因違憲作罷，但當天仍通過了《選罷法》第八十條「罷免投票不得與各類選舉同時舉行」。國民黨立院黨團在 10 月 20 日再度提案，並通過提高罷免案提議和連署人數，以及投票率門檻由原本的三分之一提高為二分之一的修正條文。

修正後的《選罷法》，嚴格規定罷免案的投票率，使民眾認為罷免案不可能通過，降低了投票的意願。台北縣在 11 月 27 日舉辦了台灣第一次罷免立委投票，罷免洪秀柱、詹裕仁、林志嘉、韓國瑜四位立委，但投票率只有 21.5%；接著在 1995 年 1 月 22 日，台北市罷免立委魏鏞的投票率，也只有 8.7%，兩者皆低於 50%，使罷免案未能通過。雖然因為國民黨的強力阻撓，未能成功罷免擁核立委，卻讓台灣人民看清了民主代議制度的缺失 [66]。

（三）更新議題論述　引起關注循環

二十一所大專院校的七十多個社團，在 1991 年 2 月 2 日成立「反核學生工作隊」，並且在當年 5 月 5 日的「505 反核遊行」中，一同列名在給李總統的陳情書上，並發起綁反核黃布條。台電早在 5 月 1 日，就以全版廣告打壓學生的反核行動，此舉間接肯定學生對台電確實產生壓力。

---

66 施信民主編，2002，《台灣環保運動史料彙編 2》。台北：國史館。

　　這次遊行也促使「全國大專女生行動聯盟」成立，在反核的行列中加入女性的觀點，特別反對擁核者的父權宰制，以及男性沙文的不當言論，例如「核電比抱著兩個女人還安全」等[67]。同年發生「509 獨台會案」，四名社運人士（包括一名學生）被補，其中被指控為叛亂的事由，居然有「參與反核運動」，成為環境民主的負面教材。隔年的 1992 年，為了擋核四預算解凍，學生會特別組織「反核黑衫軍」，以「黑色死亡文化」為行動策略，經常在當時的立法院前擺設靈堂或作法會。

　　唐斯（Anthony Downs）提出「議題關注循環」（IAC: Issue Attention Cycle）的架構來分析環境議題，強調事件導向的對應性[68]，表 2.3 顯示，環盟的反核運動在 IAC 不同階段的關注與對應，幾乎應用了社會運動的所有策略。

　　1991 年的「1003 事件」，反核人士被視為社運流氓，讓反核運動失焦。在停建／續建、出事（國內外）等議題上，環盟所推出的行動，也受到媒體與民眾較多的關注。

　　不過隨著議題轉移，反核運動也曾面對低潮。當年的民進黨由黨外變成黨內，贏得執政時，卻由於朝小野大，核四停建又續建，環盟因此持續推動全國核四公投，期望以人民的力量贏過泛藍陣營的擁核力量。然而，為了阻擋扁政府舉辦核四公投，泛藍於 2003 年 12 月通過公民投票法，禁止行政機關提出公投案，從此反核運動落入迷惘期。

　　早在 1992 年開始倡議核四公投起，環盟一直主張能源政策的決策民主，並持續主張由下而上的、分散的、社區的、市民科學的能源自主行動[69]。2011 年的日本福島核災，讓台灣的反核運動的關注循環再起，環盟加強論述，由能源瘋狂（energy democrazy）轉移至能源民主（energy democracy），並推動人民發電廠[70]。而在引起議題的關注上，藝文界的加入；爸爸、媽媽的反核聯盟及在自由廣場每週五持續進行的 456 運動等，都讓反核議題更能被聽到、談到與看到，環境民主的風雲再起。

---

67 《台灣環境》，35 期，1991/5/20。

68 Downs, Anthony, 1972, "Up and Down With Ecology: The 'Issue-Attention Cycle'", Public Interest, Volume 28 (Summer), pp. 38-50.

69 環盟在 1994 年一千位教授的反核靜言，已有類似主張。

70 王俊秀，〈能源民主與人民發電廠：311 之後〉，《生態台灣季刊》，2013。

表 2.3　環盟反核運動議題關注循環（IAC）表

IAC	覺知未明階段
相應背景	• 十大建設與經濟發展導向。 • 1970 年，清大所處理的「銫-137」射源汙染物，在 1978 年誤用成為蓋輻射生物館的建材。 • 台灣於 1970 年開始興建核一廠（當時台北縣石門鄉），1974 年核二廠（當時台北縣萬里鄉）、1978 年核三廠（屏東縣恆春鎮）陸續興建。核一廠從 1978 年起開始商業運轉。 • 1974 年政府開始蘭嶼計畫。 • 1978 年政府提出核四計畫。 • 1979 年 3 月 28 日，美國三哩島核電廠事故。 • 1982 年 5 月，蘭嶼儲存廠啟用。 • 1983 年起陸續發生輻射鋼筋事件，全台超過 116 處。其中民生別墅一處即有有 42 戶，新店、新莊、板橋多處就超過 200 戶。新店寶興路輻射屋之最高劑量為 152 微西弗／時，相當於背景值的 1500 倍。
環盟行動與各地對應	• 知識分子出書。 • 文明的潘朵拉之論述。 • 1985 年，55 位立委連署提案，要求暫緩興建核四。 • 1986 年 9 月 28 日，民主進步黨成立，反核電列入黨綱中。 • 1986 年 10 月 10 日，黨外編聯會至台電大樓抗議核電政策。 • 1987 年 12 月 9 日，蘭嶼達悟族第一次反核廢運動，發生機場抗議事件。 • 1989 年 3 月 9 日，環保聯盟在立法院舉辦「誰來供奉核廢惡靈」座談會，譴責政府對原住民環境殖民，違反環境正義。
說明	核能與核安問題已存在，受害者也存在，但其它大眾之意識並不強，只有一些專家與組織在討論。

IAC	警覺發現階級
相應背景	• 1992 年 2 月，行政院長郝柏村同意核四計畫，並向立法院要求動支核四預算。 • 台電每兩年在核電廠所在地輪流舉辦核子事故緊急應變演習。 • 1993 年 7 月底，環保聯盟北海岸分會幹部范正堂先生於核二廠出水口發現秘雕魚（畸形魚）。
環盟行動與各地對應	• 1987 年 11 月 1 日，台灣環境保護聯盟成立，以反核運動主軸行動。 • 1988 年 4 月 22 日，反核教授首度於台電大樓門口禁食靜坐，並公布五百位教授反核連署簽名。 • 1990 年 12 月 20 日至立法院前舉行「節約能源、告別核電」請願集會活動，當場展示「反核四」萬人連署書。 • 1991 年 5 月 4 日，反核學生與教授在台電大樓前徹夜靜坐抗議。 • 1992 年 3 月 13 日，環保聯盟為了反對核四預算解凍，至立法院門口舉辦「全民反核立院請願」活動。 • 1992 年 5 月 12 日，開始在立院門口舉辦「反核四、飢餓 24」禁食靜坐活動，活動一直到 6 月 3 日，持續 23 天。 • 1991 年 3 月 28 日，於《中國時報》刊登 700 多位教授連署之反核聲明。 • 1994 年 5 月 25 日於立法院召開記者會，公布超過 1000 位連署反核之教授名單。 • 1994 年，環保人士林長茂先生發起，結合環盟反核教授張國龍在蘭嶼島上，租用直昇機在海岸邊研究核廢料桶腐蝕狀況，並將底泥送交日本河田昌東教授，檢測輻射汙染海域的情況，發現蘭嶼已經遭到輻射廢棄物嚴重汙染。 • 環保聯盟認為政府的核災演習如同演戲。 • 環保聯盟總會於是向環保署、原能會及衛生署要求對畸形魚（秘雕魚）的成因作調查鑑定工作。秘雕魚事件證明核能發電對生態環境有顯著的影響，環保團體成功打破核電集團對外聲稱核能電廠對海岸生態無害的謊言。
說明	反核議題開始受到媒體關注， 大眾意識漸起，對政府產生壓力。

IAC	認知與行動階段
相應背景	<ul><li>1991 年原能會審查核四環境影響評估報告。</li><li>國民黨立委居多數，所以反核團體無法成功阻擋核四預算。</li><li>1994 年 5 月 22 日，貢寮鄉核四廠興建地首辦公投。</li><li>2000 年 10 月 27 日，行政院宣佈核四停建。</li><li>2001 年 2 月 14 日，行政院宣佈續建（立院臨會 2001 年 1 月 31 表決，續建 135 票，停建 70 票，棄權 6 票）。</li><li>2002 年 11 月 19 日，民進黨政府將非核家園定入環境基本法，成立非核家園推動委員會。</li><li>2008 年國民黨執政，視「非核家園」政策為眼中釘，不僅未召開非核家園委員會，還想於 2009 年 4 月召開全國能源會議上將「非核家園」改為「減碳家園」並大力宣傳使用核能發電為「減碳家園」的遠景。</li></ul>
環盟行動與各地對應	<ul><li>台北縣政府邀集反核專家，針對核四環境影響評估進行再評估的研究，並且出版《核四再評估》一書。</li><li>環保聯盟於 1994 年 6 月 25 日，在立法院門前發起罷免擁核立委活動。</li><li>2003 公投法通過。</li><li>環保團體代表至行政院向院長獻花致意。</li><li>原本對民進黨的支持者從此分裂，導致台灣人民對民進黨政府的強烈懷疑和不信任。</li><li>2001 年 1 月 30 日，看守立院三十小時活動，前兩天先後在台南與台北發生兩次自焚事件。</li></ul>
說明	核電議題（用電）與公眾有關，解決問題與替代方案（太陽能等）的關注提升，各種行動展開，包括修法、節電措施。

IAC	公眾關注下降階段
相應背景	• 1991 年 1003 事件，政府以社運流氓看待反核人士。
環盟行動與各地對應	• 反核團體中很多帶領反核的教授，因為進入民進黨政府，受民眾質疑，民間反核運動陷入迷惘期。
說明	媒體的注意力轉向，公眾關注下降。

IAC	後續再起階段
相應背景	• 2011 福島核災。 • 自然（Nature）雜誌：全球最險的三座核電廠，台灣點了兩座。 • 華爾街報導：全球有六千萬人在核廠區三十公里內，第一危險的是巴基斯坦的卡拉齊港邊的 Kanupp 核電廠，人口超過八百萬。台灣第二名，五百萬
環盟行動與各地對應	• 2011 年 4 月 29-30 日，24 小時包圍台電反核行動。 • 2011 年 6 月 11 日：全台火車站，全台反核行動：莫讓家園變福島（60-62,153 期） • 2011 年 5 月 3 日：台灣核能安全與緊急應變措施公聽會。 • 2011 年 6 月 13 日：立法院通過追加核四工程預算一百四時億，6月13日發動請願，要求停建 [71]。 • 2013 年 3 月 8 日，「媽媽監督核電廠聯盟」於 3 月 8 日舉辦成立大會。 • 2013 年 8 月 8 日，「爸爸非核陣線」成立。 • 每週五晚上的 456 反核運動，在 2013 年中秋節，邁入第 28 週。 • 2014 年核封存。
說明	議題再獲注意，行動再起。

資料來源：本文整理

▌十、結語：為台灣環境而存續

　　環盟曾獲 2005 年總統文化獎「鳳蝶獎」，可視為一個里程碑；為了讓台灣鳳蝶永續，環保運動與反核運動勢在必行。在論述上，環境是向後代子孫暫借，而非繼承自祖先，然而目前政府的所做所為，皆違反上述的跨世代正義，其中核能的萬年核廢遺產，更是文明中最極致的人禍。

　　環盟作為倡議型的環保團體，追求台灣永續與地球永續的目標永不改變，而環境永續更把「地球為家」視為第一要務，非核家園就是永續台灣的代名詞。創會會長施信民在《台灣環保運動史料彙編》中，第四篇講的反核運動幾乎等於環盟的歷史，一方面突顯為永續而反核的歷史角色，另一方面突顯大學師生在運動與史料蒐集上的學術責任。第一部門的政權會輪替，第二部門的企業會倒閉，只有第三部門的民間力量最永續。永續的「續」字，是將環境傳承給未來世代，但不應該將核廢料傳給下一代；而且除了跨世代正義，還有跨疆界、跨領域、跨部門、跨物種等內涵。

　　依照聯合國的定義，永續發展必需讓環境、社會、經濟與制度「跨越」而相遇，一起共生發展，產生共善的結果。環盟從 1992 年的地球高峰會以來，就針對「永續發展同心圓」，展開論述與行動，陸續在環境基本法、新能源產業、搶救文化資產、土地友善農業、國民信託運動等方面著力，也與各類民間團體合作，組成各種議題導向的聯盟，包括成為「公民監督國會聯盟」的團體會員。

　　環盟作為倡議型環保團體，立場上應該扮演永遠的反對黨，但是為了促進典範轉移，環保運動的光譜有必要軟硬兼施，除了走上街頭和立法院，走進學校、家庭、社區，從事生活環境主義與自然的權利等環境生態的教育，也同樣重要，特別是台灣的能源主權、碳主權與糧食主權，並非操之在己。

　　福島核災之後，反核運動在歷史上及未來，都將是台灣環保運動的龍頭，不論是讓台灣產生環境正義的多元論述，還是帶領台灣邁向創新的環保運動境界，環盟在台灣環保運動過去、現在與未來的路上，都永遠不缺席。

---

71 《台灣環境》，153期，頁63，2011/6/30。

｜參｜考｜文｜獻｜

Downs, Anthony (1972), "Up and Down With Ecology: The'Issue-Attention Cycle'", *Public Interest*, Volume 28 (Summer), pp. 38-50.

王俊秀，2001，《環境社會學的想像》，台北：巨流。

王俊秀，2013，〈能源民主與人民發電廠：311 之後〉，《生態台灣季刊》。

王塗發，1997，〈台灣反核運動之回顧與展望〉，《教授論壇第 12 期》。

何明修，2006，《綠色民主台灣環境運動研究》。台北：群學。

施信民，1993，〈反核火苗將繼續燎原〉，《台灣評論第 7 期》。

施信民主編，2006，《台灣環保運動史料彙編》上下冊。台北：國史館。

高成炎，1995，〈反核運動之歷史與展望〉，《台灣環境第 80 期》。

高成炎主編，2012，《福島核災啟示錄》，前衛。

徐光蓉，2012，《戒除核癮》，台灣環保聯盟。

黃提源，2013，《廢核電漫漫長路》，新竹市公害防治協會。

張國龍、洪田浚、黃立禾編著，1986，《天火備忘錄》，新環境基金會。

崔愫欣，2011，〈台灣反核運動的歷史與策略（從 1980 至 2011）〉台權會 TAHR PAS 2011 秋季號《社會運動專輯》。

環盟，1987-2013，《台灣環境雜誌》各期。

臺北市身心障礙福利會館

Taipei Welfare Center for the Disabled

CHAPTER **3**

殘障聯盟之興起與發展

黃珉蓉

▎一、前言

以伊甸基金會為首的七十三個身心障礙相關團體，在 1989 年成立「促進殘障福利法修正行動委員會」，並在 1990 年 1 月完成《殘障福利法》（1997 年更名為《身心障礙者保護法》，2007 年更名為《身心障礙者權益保障法》，以下分別簡稱為《殘福法》、《身保法》與《身權法》）第一次全文修訂後，於同年 6 月正式立案，成立「中華民國殘障聯盟」（以下簡稱「殘盟」），這是台灣身心障礙團體的聯盟組織，也是以倡議為主要功能的非營利組織。

聯盟組織有不同型態的結盟方式或組織型態，如 alliance、league、coalition、confederation、或 union，其中殘盟屬於「league」，即組織與組織間形成另一個正式的組織，並有正式的宗旨、目的、與獨立運作的業務（鄭怡世、紀惠容，2001），它的正式立案，是身心障礙者福利運動團體集結的制度化。

在台灣，非營利組織為了推動政策立法，或在政策與法案推動完成後，有監督施政與其他後續努力的需要，經常會形成組織化的結盟關係。社福團體集結成立聯盟團體，可以在選舉政治中集結民意，取得發言地位，不但強化代言人倡導的正當性，同時分散了單一團體從事倡導時，被政府列入黑名單的風險（蕭新煌、孫志慧，2000；林國明、蕭新煌，2000；王增勇，2005）。

殘盟對我國第三部門具有指標意義，理由有三：首先，它是全國第一個社會福利團體的正式聯盟組織，忠實扮演身心障礙者代言人的角色，專業性普遍受到政府、學術界、障礙者及相關組織的肯定；而殘盟的成功也促使不同障礙類別的人民團體起而效尤，紛紛成立全國聯合會，如中華民國脊髓損傷者聯合會（1990 年）、台灣省聲暉協進會（1990 年，後與「中華民國聲暉聯合會」合併）、中華民國智障者家長總會（1992 年，以下簡稱「智總」）、中華視障聯盟（1993 年，以下簡稱「視盟」）、中華民國自閉症總會（1996 年）、中華民國康復之友聯盟（1997 年，以下簡稱「康盟」）等。另外，殘盟也刺激與帶動了其他社會福利領域聯盟

組織的產生，如中華民國老人福利推動聯盟（1994 年，以下簡稱「老盟」）、台灣婦女團體全國聯合會（2001 年）、台灣少年權利與福利促進聯盟（2003 年）等。

其次，殘盟積極與其他領域的社會福利或社會改革團體連結，合力推動台灣重大社會福利制度，或是在重要議題上發聲。這些以殘盟為發起團體的正式或非正式聯盟組織，包括台北市社會福利聯盟、社會立法行動聯盟（以下簡稱「社法聯」）、搶救國民年金聯盟、公平正義（泛紫）聯盟、公平稅改聯盟、公益自律聯盟、全民監督健保聯盟、公民監督國會聯盟（以下簡稱「公督盟」）、台灣社會福利總盟（以下簡稱「總盟」）等。

最後，殘盟更是國內少數只從事權益倡導，不提供直接服務的社會福利型非營利組織。台灣絕大多數的社會福利型非營利組織，都是提供個案服務，並且與政治界保持友善的關係；而殘盟則是以身心障礙者相關團體為服務對象，沒有個案服務，在運動策略上也常常選擇挑戰現有體制，直接挑戰執政者的權威，而且就算被掛上激進、政治化的頭銜，導致募款困難，仍不改其作風。

為一窺殘盟發展的全貌，筆者蒐集文獻資料，訪談殘盟歷屆歷任理事長與秘書長（訪談代碼如附表 3.1），以下將描述殘盟的組織發展概況；興起與發展；組織運作與決策模式；議題的推動與成效；與政府和主要政黨的互動，還有未來的展望。

本文大部分內容改寫自筆者之碩士論文「**臺灣倡議型非營利聯盟組織之興起與發展：以殘障聯盟為例**」，在此特別感謝所有受訪者和協助者，以及孫健忠、蘇景輝、賴兩陽等老師所給予的寶貴意見，也要感謝張恆豪老師在改寫過程中提供的幫助。另，文中照片由殘盟提供，在此亦一併致謝，惟本文不代表殘盟立場，一切文責由筆者自負。

圖3.1　殘盟於 1995 年發起「五二六殘友千人請願活動」的實況。

二、殘障聯盟組織發展概況

　　殘盟自 1990 年立案以來，盟員團體數不斷攀升，在 2000 年達到兩百一十七個的高峰，2010 年才降至一百四十八個（見圖 3.2）。在區域分布方面，殘盟「北區」的盟員團體數量始終最多，從 1990 年占總數的四成左右，到 2010 年已經突破五成；「南區」的團體數量大致上比「中區」多；「東區」的團體數量最少，占總數不到 10%。

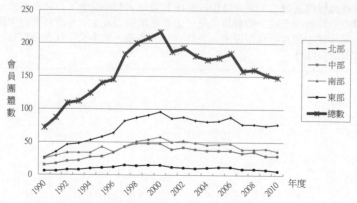

圖3.2　殘障聯盟盟員團體數變化（1990年～2010年）
（整理自：殘盟歷屆歷次會員大會手冊）

在盟員團體的障別分布方面（詳附表 3.3），殘盟內部的分類包括：肢體障礙類、智能障礙類、自閉症類、視覺障礙類、聽覺障礙類、語言障礙類、顏面損傷類、精神障礙類、重要器官障礙類、腦性麻痺類等，無法歸類的就以「其他」名之，跨障礙類別者則為「綜合」類，與法律所規定的類別不盡相同。

殘盟盟員團體的障別分布變化，反映了台灣各障別占障礙者總人口數的比例消長，譬如肢障者總是最大族群、精障者人數近年來大幅成長等。盟員團體原以「肢障類」和「智障類」為大宗，但在 2007 年至 2010 年，「綜合類」的團體數量，已成為盟員團體總數中比率最高的，約四分之一強。有受訪者（A1）認為，這個現象與臺灣人口老化，及障礙者服務以需求為導向等趨勢有關；另一位受訪者（B3）則認為，愈來愈多障礙者合併兩種以上的障礙，而且鑑定新制的分類也與原來法定的障別不同，所以新成立的團體就不太需要分類別。

至於殘盟「聽障類」和「視障類」的盟員團體，在數量上僅次於智障類、肢障類、和綜合類；「語障類」、「顏損類」、「自閉症類」、「重器障類」、「腦麻類」的團體數都是個位數；「精障類」的團體數目，則是快速增長，在 2010 年時達到十二個。

殘盟盟員團體中有個特殊的群體，就是各障礙類別團體的聯盟組織，本文以「各障別總會」稱之。根據受訪者（A1, B2, B4 , C1）表示，殘盟內部在初期就有共識，要將智總成功整合智障者相關團體的經驗，複製到其他障別的團體；之後視盟、中華民國自閉症總會、康盟等的成立，殘盟都參與其中。

然而，受訪者（A1）也直言，相對於障礙者家長或家屬組成的團體，以身心障礙者本身為主而組成的團體，在意見整合上的難度較高，所以智障、聽障、視障、精障等障別的總會，對相關政策發聲的頻率和影響力，相對比其他障別的總會強。障礙分類的政治性、障礙本質的異質性，以及代言人與自我倡議的爭議，在障礙者權利運動中，一直是備受爭議的問題。一個聯盟性的倡議團體如何面對障礙的差異，並且整合專業、家長團體與自我倡議者的聲音，是值得深入探討的議題。

▌三、殘障聯盟興起與發展的關鍵因素

聯盟組織會隨組織型態、組織層級、成員間的凝聚力,以及組織存續時間的不同,影響組織的體質、定位與所能發揮的社會功能(Yoshino & Rangan, 1995)。以下就從時機、事件或議題、人、經費、角色與定位等五個關鍵因素,剖析殘盟的興起與發展。

(一)時機

台灣光復後,國民政府於 1942 年頒布的《非常時期人民團體組織法》和 1949 年頒布的《戒嚴令》,箝制人民的集會、結社和言論自由,使台灣在往後的二十多年間幾無社會運動可言(林萬億,2000:90-91)。1970 年代和 1980 年代,台灣遭遇石油危機、外交孤立、公害頻傳等內外壓力;加上大陸來台的中央民意代表凋零,統治的正當性也受到質疑,終於促使蔣經國總統宣布解嚴。

1986 年 9 月 28 日民進黨成立,過去受到壓抑與限制的團體,在國權鬆動的情況下一擁而出,不但擴大了以往的抗議運動,也興起新的運動,運動和運動之間亦會相互呼應與串連(張茂桂,1990:32-37)。台灣政治體系在 1980 年代中期以後的改變,乃至解嚴,是「資源動員理論」中的「政治機會」(林國明等,2000);1960 年代至 1980 年代的經濟結構變遷,也提供了台灣社會進一步變遷的基礎;而社會結構的多元化,限縮了原有人際網絡的功能,更促使人民必須透過社會運動來爭取權益(高承恕,1990)。

台灣身心障礙福利運動興起的原因,有大選舉的時機;台灣社會運動的學習;愛國獎券停售,引發障礙者的危機意識,以及殘障福利問題(陳俊良,1992)。訪談結果也顯示,台灣身心障礙者運動的興起,顯然是受到其他領域社會運動的啟發;再者,戒嚴時期人民團體的發展受到箝制,所以此領域的團體數量有限,尤其欠缺倡議型的團體,而解嚴後則有助於身心障礙聯盟組織的發展,因此有利於殘盟展開整合。

另外,有受訪者(C1)提到,殘盟興起的時間正值小兒麻痺大流行後二十年,當時台灣有大批障礙者進入成年期,在工作和生活上遇到困

難，凸顯《殘福法》立法滿十年，實質效益卻不大的問題，必須透過集體發聲以求突破。所以，在解釋社會福利運動出現和發展動態的因素中，殘盟就是所謂的「動員結構」，也就是身心障礙運動的組織與網絡（何明修，2005:13-15,93）。

　　總而言之，政治經濟體制的改變、民間社會運動的風潮，以及障礙人口的改變，都是促成殘盟成立的結構性因素。

（二）事件或議題

　　除了時機，有三個重大事件引發了身心障礙福利運動，並直接促使殘盟成立，分別為：台北捷運系統未設置無障礙設施、大專聯考病殘限制，以及愛國獎券停售（謝東儒、張嘉玲、黃珉蓉，2005）。這幾個事件均顯示障礙者的需求被壓抑，促使障礙團體以結盟方式爭取權益，並在《殘福法》第一次全文修訂前後，尋求殘盟的正式立案。

　　殘盟長期關注並主動推動的議題，經筆者整理，包括身心障礙者相關法令或條文的修訂與落實；無障礙環境；預算分配與運用；就業權益；經濟安全；長期照護等。近期的新興議題，則包括社區居住；障礙勞工提早退休；障礙者自我倡權；提升行政院組織改造後社福主管機關的層級；推動國際健康功能與身心障礙分類（International Classification of Functioning, Disability, and Health，簡稱 ICF）評估等，可見障礙者相關議題的多元與複雜。值得注意的是，殘盟正式成立二十年後（即 2010 年），首度觸及障礙者的性別議題，更細緻地回應障礙者需求。

　　另外，殘盟從成立初期，就密切參與跨社會福利領域的聯盟團體，後來甚至是這些聯盟團體的主導者，一起推動提升社福主管機關層級、國民年金、長期照護等重大議題，直到公督盟和總盟等團體成立後，殘盟才退居為單純參與者的角色。據受訪者（B4）表示，殘盟之所以關心整體社會福利議題，並協助其他社福領域的團體成立聯盟，是考量障礙者不能自外於整體大環境，以及結盟力量大。此外，當殘盟的訴求看起來與其他弱勢族群的利益有衝突時，跨領域的合作關係，可以節省許多溝通成本，甚至化解衝突。譬如，殘盟在 1997 年再次推動《殘福法》全文修訂時，爭取視障者專屬按摩權的部分，可能會衝擊許多二度就業婦女的選擇；然而，殘盟與部分婦女團體有跨社福領域的合作經驗，後者可以理解殘盟是

基於歷史淵源與捍衛視障者生存權，因此沒有反對。

（三）人

　　「人」的因素在殘盟的發展中也占了一席之地，多位訪談者（A1, B1, B4, C1）指出，創會理事長劉俠的社會聲望具有號召力，她的使命感、人格特質和操守，也吸引大家願意持續投入。而從不同時期的殘盟理事長或秘書長，都會提到劉俠來看，「劉俠精神」在殘盟後續的發展上，確實有一定的影響力。此外，其他理監事所代表的盟員團體，對殘盟的人力支援也很重要，特別是在殘盟發展初期，秘書處規模尚小時。受訪者（B4）就提到，殘盟早期很多工作，都是伊甸基金會等團體在協助。

　　後來，「人」的因素漸漸從理事長或理監事，轉為秘書處的專職工作人員，其中秘書長尤為關鍵。有多位受訪者（A1, A3, B4）認為，秘書長在組織中扮演了很重要的協調角色，因為只要事先溝通好，大家就不需要到理監事會來廝殺，甚至撕破臉。曾經擔任殘盟的五位秘書長中，有三位受過社會工作的專業訓練，其他兩位雖然不具專業背景，但本身是障礙者，而且曾經以盟員團體代表的身分，擔任過殘盟的理監事。

圖 3.3 「搶救國民年金聯盟」在 1999 年 11 月 26 日的遊行實況。殘盟為該聯盟的發起團體之一。

殘盟的秘書處在籌備期，原本只有一位執行秘書，1990 年 2 月開始有兼職秘書長；1992 年 7 月，秘書長成為專職，秘書處也開始就業務分工，最多曾有行政、宣廣與研發三組。此外，專職工作人員各自有主責與輔責的議題，搭配完善的內部建檔，有利於經驗傳承。根據受訪者（A2, C2）表示，殘盟在台灣社會福利領域的公信力和影響力，能夠吸引到兼具專業和理念的專職工作人員，而理事長和理監事也願意授權，放手讓工作人員去發揮。這些專職工作者的努力，使殘盟倡導的議題被社會和障礙者認同和肯定，更使政府在施政上無法忽視殘盟的聲音，專職工作者的投入，可以說和殘盟的發展形成良性循環。

（四）經費

探討組織運作時，幾乎一定會碰觸的關鍵因素就是經費，受訪者（A2, A3, A4）表示，經費穩定與充足，殘盟才能吸引到質優量足的人力，否則專職工作人員要四處申請方案，才能維繫組織生存，在議題方面的著力就會變少；再者，殘盟如果缺少經費，就很難勤跑各縣市以蒐集盟員團體的需求或意見，導致某些盟員團體認為發展議題對他們沒有直接和實際的幫助，這麼一來就很難吸引盟員團體重視議題倡導。

殘盟的經費來源，包括盟員繳交的常年會費、政府補助（委辦費用）、一般大眾的小額捐款、特定個人或組織的大額捐款、孳息等。對殘盟來說，象徵性的會費收入，不足以支應組織運作；堅持監督政府的角色，又必須嚴格將政府補助控制在一定比例（約三成）以下；從事間接服務和理性的訴求，也比較難吸引社會大眾捐款，再加上九二一大地震後產生的「捐款排擠效應」（謝東儒等，2005），造成殘盟財務吃緊。

當殘盟出現財務危機，幾度要出售辦公處所時，全國性盟員團體的幫助，包括直接捐款、協助募款或聯合募款，讓殘盟喘了一口氣，但有受訪者（C1）提到，近年來盟員團體的財力大不如前，維持自身生存都有困難，在財務上也不是那麼能夠支援殘盟。除此之外，2005 年任民進黨黨主席的蘇貞昌，曾幫助包含殘盟在內的十大團體公開募款；另一位受訪者（B5）則表示，總數龐大的公益彩券回饋金，也稍能紓解殘盟的燃眉之急。其他受訪者（A2, A4）指出，只要專案形式的補助案一多，就會衍生專職工作人員疲於執行的問題，壓縮到殘盟研發相關政策，以及和盟員團體互動的時間。

（五）角色與定位

倡議型非營利組織所強調的高度自主性，是公民社會的活力泉源，有助於民主政治的成熟（Rees, 1999）。臺灣絕大多數的非營利組織，都提供特定族群直接服務，而殘盟卻是純粹的倡議型非營利組織，角色與定位清楚又鮮明。受訪者（C2）認為，殘盟一直堅持當初成立的主軸，對外推動身心障礙者相關法令與政策，並監督政府施政；對內輔導與充權盟員團體，因此才能繼續發展。

▌四、殘障聯盟的組織運作與決策模式

促成聯盟的重要因素，包括不同組織的成員與領導人互有重疊、執政者的誘導、彼此可進行任務分工等（Zald & McCarthy, 1987:171）。根據組織章程，殘盟以會員大會為最高權力單位，平時的決策則授權理監事會；而盟員團體則推派理（董）事長、理（董）監事或重要幹部為代表，參與殘盟的會員大會。

殘盟初期是由理監事會集體決策，理監事成員則以倡議殘盟成立的團體為主，包括伊甸基金會、陽光基金會、心路基金會、中華民國殘障人協會等等，而且秘書長也參與其中。殘盟在籌備期設有北、中、南三區常務理事，分別由該地區的盟員團體代表擔任，正式立案後則無此設計。在第三、四屆理事長（為同一人）任內，考量到各障別總會陸續成立，漸漸成為理監事會的當然成員，因此在組織章程中明訂，理事、監事的成員，應考量各障別的代表性。

讓障別代表擔任常務理事或理事長，有助於殘盟動員，以及個人與該障別團體的充權，但也有受訪者（B3）認為，這種做法弱化了基金會和機構在殘盟的決策地位。另外，在運作默契下，殘盟從第五屆理監事起，每屆的副理事長，都會成為下一屆理事長的當然人選，有助於經驗傳承與政策不中斷。

另一方面，依組織章程規定，秘書處的職權是處理日常事務，而秘書長的聘免則需經由理事會決定。在殘盟第三、四屆理事長任內，理事長或理監事會對秘書處的授權逐漸提高，甚至修改組織章程，規定秘書長不需

要隨理事長改選而更換。因此，這時期的殘盟可以說從「理事長制」，漸漸過渡到「秘書長制」（或稱「執行長制」）[1]。有受訪者（B3, B5）認為，秘書處或秘書長在決策上取得理監事會充分授權後，理監事在參與上也不再那麼積極，原因可能是理監事會優先關心自身的團體，有餘力才會涉入殘盟的決策。

此外，殘盟在決策過程中，也相當倚賴學者專家的意見，這可以彌補秘書處專業知識或服務經驗的不足，也可以為組織引進更多新思維。殘盟自成立初期就與特定學者有所接觸並建立友好關係，如林萬億、吳武典、林嘉誠、李鴻禧等，殘盟會邀請他們擔任幹部訓練講師，或擔任計畫主持人執行受委託的研究；而殘盟理監事會下設的委員會，也有專家學者加入，但是為了避免與理監事會的角色有所扞格，委員會召集人由理監事擔任，在執行各委員會決議方面也有標準作業流程。

圖 3.4　殘盟與學者專家在 1999 年 6 月「身心障礙特考錄取考生就業適應追蹤調查研究第二階段發表記者會」上的實況。

1　根據莊文忠、徐明莉和張鎧文（2009）的分類，當選任執行長、擬定工作計畫與績效指標、監控財務等實際權力掌握在董（理）事會手中，執行長只是扮演執行政策的角色，謂之「董(理)事長制」；而當大部份工作是由執行長構思與規劃，再交由董（理）事會評估與認可，則謂之「執行長制」。

　　然而，不同地區的身心障礙團體，他們的期待與殘盟的決策之間，則存在一些落差。儘管殘盟理監事的席次分配，除了障別外也納入區域分布的考量，但是全國性團體和地方性團體，在生存利基與議題操作的專業程度上都不相同，地方團體如要扮演監督地方政府的角色，不但能力與經驗較不足，還容易失去地方政府的補助款（受訪者 B4, A2）；區域差異也讓人覺得殘盟關注的相關政策或議題，比較受到北部團體的支持，非北部團體則覺得殘盟所做的沒那麼符合期望（受訪者 A3, A4）；而更關鍵的原因，是殘盟的盟員團體近年來大量承接地方政府的委託案，對自身角色與定位產生一定程度的混淆（受訪者 C1）。

　　面對上述問題，殘盟一方面因應《地方制度法》的修訂，加強區域性組織工作；另一方面，殘盟認為受限於障礙者參加區域性團體的比例偏低，團體的意見不一定能代表該地區障礙者的意見，所以同步發展區域聯誼會，成立網站（1999 年與開拓基金會和蕃薯藤合作「身心障礙者服務資訊網」，2002 年自籌經費成立「身心障礙 e 能網」）、臉書、發送電子報等，以期增加跟其他身心障礙社群接觸的機會，獲取更多資訊。

▌五、殘障聯盟關注的社會議題與倡議成效

　　所謂「政策倡議」或「政策倡導」，是指個人或組織，針對影響公共領域的議題和政策，在公共論壇上公開陳述意見，並提出一套原因與解決方案，目的是說服聽眾接受或贊成其意見和方案（莊文忠，2006:108）。非營利組織從事政策倡議，通常比一般利益團體容易取得政府和人民的信任（莊文忠，2007；莊文忠等，2009），而社會運動的聯盟，最明顯的效益便是提升議題的能見度，因為多個組織的支持和連署意味著事態嚴重，能夠獲得媒體與執政者更多的注意（何明修，2005: 97）。此外，聯盟運動可以進行所謂的「中層動員」（mesomobilization），也就是協調與整合其他組織的「微觀動員」（micromobilization），促使更多人參與（Gerhards & Rucht, 1992），達到更廣大的動員效果。

　　回顧殘盟二十餘年的發展會發現，其重點訴求始終圍繞在政府預算分

配、無障礙環境、就業促進、社會接納、經濟安全等幾個主軸：

（一）政府預算分配

　　1991 至 2000 年，在殘盟和其他社會福利團體的努力下，中央政府總預算社會福利部分呈倍數成長（謝東儒等，2005）。到了 2001 年，因應《地方制度法》和《中央與地方財政收支劃分法》修訂，中央政府改以「設算方式」補助地方政府社會福利經費，再加上彩券盈餘也開放地方政府運用在社會福利上，單是監督中央預算已無法達到效果。殘盟除了公告各縣市被分配到的金額，教育盟員團體看懂制度，也聯合智總與各弱勢族群代言團體，參與中央對地方政府的社會福利考核；每年更結合相關考核或評鑑結果來評比各縣市，等於是直接給縣市行政首長壓力，以落實法定福利服務，並減少以彩券盈餘這類不穩定財源替代公務預算的情形。

（二）無障礙環境

　　如前所述，臺北捷運系統未設置無障礙設施，是引發障礙團體結盟的重要事件之一。在邀集學者專家與立法委員召開座談會卻未獲市府正面回應後，1987 年 8 月，劉俠率相關團體代表向當時的臺北市長許水德陳情，捷運局才投入二十億興建無障礙設施。在 1990 年第一次推動《殘福法》修訂時，殘盟更將無障礙的精神入法（詳第 23 條），並規定公共場所和建物要在五年內改善環境。之後，殘盟每兩年辦理一次公開活動，名為「123 的叮嚀」，並在國內無障礙規範尚未完備之時，出版了國內第一本無障礙環境設計手冊。因改善幅度有限，1996 年「五年大限」一到，殘盟便舉辦抗議行動，並要求撤換當時的內政部長；1997 年更兵分五路查封多處公共建物。

　　無障礙的觀念愈見普及後，政府或民間興建新的公共建物或設施（如高雄捷運）時，就會自動納入無障礙的設計，如 2000 年總統大選首度啟用視障者投票輔助器，手語翻譯員制度、手語新聞開播、各縣市開辦復康巴士等等，也都是殘盟長期以來努力訴求的結果。相關文獻資料顯示，1999 至 2007 年間，除了 2005 年景文高中玻璃娃娃事件[2]外，殘盟就沒有

2　2000 年一位罹患先天性成骨不全症（俗稱「玻璃娃娃」）的顏姓高中生，受陳姓同

針對此議題舉行公開的抗議活動，而是成為政府和民間的諮詢對象，或參與相關檢測和評鑑；直到 2008 年才又開始辦理十大友善與最礙地點選拔活動、揭露全台最常見錯誤無障礙設計記者會等活動，對政府施壓。

（三）身心障礙者就業促進

愛國獎券停售，是另一個引發障礙團體結盟的重要事件，因為當時許多障礙者僅能以賣彩券維生，而即使有障礙者能勝任一般工作，甚至通過國家考試可以服公職，卻面臨職場歧視與排拒。因此，殘盟一方面要求落實《殘福法》的「定額進用」規定，另一方面也致力於暢通障礙者的就業管道，初期最為人所知的就是「殘障特考」的推動（1993 至 1995 年），還為此與當時的考試院官員公開筆戰。後來殘盟又發現公務人員體格限制相關規定明顯歧視障礙者，在與相關障別總會的長期共同努力下，有重大突破，包括：自 2004 年開始，身心障礙人員特考完全不限全盲或全聾者報考；自 2005 年開始，一般性類科不實施體格檢查；自 2006 年開始，取消專門職業及技術人員考試程序之體檢規定，改由各職業主管機關於核發證照時依需求認定之，我國開始出現全盲律師、全盲社工師等等；2009 年放寬特種考試交通事業人員體檢規定；2012 年外交人員考試刪除色盲之體格限制，軍校和警校招生廢除顏面歧視及色盲等體格限制；2013 年我國也刪除了《公務人員任用法》中「經合格醫師證明有精神病」不得擔任公務人員之條文（殘盟，2012；考選部，2013）。此外如職務再設計、支持性就業與庇護性就業等等就業促進的推動，甚至為勞委會草擬身心障礙勞工政策（1996 年、2002 年），雖難免被批評是越俎代庖，但能因此與決策者取得共識，有助於障礙者就業推展。

近年來殘盟在障礙者就業促進議題上遇到比較大的挫折，是視障者專屬按摩權遭大法官認定為違憲。視障者從事按摩是長期以來政府的教育使然，最早可追溯自日治時代（殘盟，2010:85-86），因此在 1980 年政府制訂《殘福法》時便有「非視覺殘障者不得從事按摩」的規定，然歷次

學幫忙卻摔倒死亡，2005 年二審認定陳姓同學有罪，引起輿論一片譁然，殘盟也因此召開記者會聲援陳同學，並呼籲社會各界重視校園無障礙環境議題。

《殘福法》修法，都有團體遊說立委欲將該規定刪除。1997 年修法時，視障者發動大規模靜坐抗議，以及法界人士認為憲法生存權的保障應高於工作權，守住一城，而且主管機關也容許明眼人以美容美體、民俗療法等名義從事按摩。但是 2008 年 10 月大法官釋字第 649 號解釋認定該規定違憲且宣告自即日起最晚三年後失效，對視障按摩業者的生存無疑是雪上加霜，殘盟與中華民國按摩師工會全國聯合會遂於該年 11 月和 2010 年 1 月兩度舉行大規模請願活動，但政府仍無積極回應。

　　受教育權是「憲法」所保障的人民基本權利，對障礙者而言也是另類的就業促進，因為過往障礙者常因為無法接受教育而影響到就業能力的培養。殘盟於特殊教育議題的操作，始於籌備期的爭取大專聯考取消病殘限制（1988 至 1989 年），之後乃與智總、視盟、聲暉聯合會等障礙者家長團體並肩作戰，譬如 1997 後歷次的《特殊教育法》（以下簡稱《特教法》）修法。

圖 3.5　大法官第 649 號解釋引發殘盟與按摩師工會全聯會發動兩次大規模遊行，圖為 2008 年 11 月「大法官破我飯碗，視障者馬上沒工作」遊行實況。

（四）社會接納

　　身心障礙者長期遭汙名化，因此當社區式服務走入社區時，無可避免地會受到當地居民的反對。殘盟早期參與設立陽光傷殘重建中心（1990

年）和高雄第二啟智學校建校（1991 年），都獲得社會輿論支持，並配合政府鐵腕而順利設立，之後這些機構也與社區相安無事。

　　但是中壢在 2003 年，竟爆發北帝國官邸社區抵制智障住民的事件，歷時兩年才圓滿落幕。這起事件催生了「台灣社區居住與獨立生活聯盟」，殘盟也將相關經驗彙整成手冊，辦理工作坊教育盟員團體，並且同步推動增訂《住宅法》反歧視專章，也就是後來的居住權利平等專章。該法於 2011 年年底公布，目前成效有待檢視。

圖 3.6　殘盟於 2007 年 8 月，舉辦「我們也是社區的一份子」記者會。殘盟針對社會接納議題，曾多次辦理宣導活動。

（五）經濟安全

　　有不少身心障礙者受限於教育程度或身心狀況，而處於經濟依賴地位，即使從事全職工作，也可能因為提前老化，在未達法定退休年齡前，就被迫離開職場。以往政府將經濟弱勢的障礙者，納入社會救助的範圍，但因財力計算與家戶所得掛鉤，使許多障礙者對低收入戶或中低收入補助，是「看得到、吃不到」。殘盟屢屢反應《社會救助法》相關規定及各

縣市補助門檻不合理，還不惜發動遊行向政府施壓，如 1997 年「1203 忍無可忍」請願行動。

另外，受到民進黨推動老人年金的啟發，殘盟在 1993 年亦提出「殘障年金」或「殘障津貼」的訴求，並在 1995 年發動千人遊行，呼籲立法院通過殘盟版《殘障津貼暫行條例》。隔年，只有時任臺北市長的陳水扁，首開地方政府先例，發放「殘障市民津貼」；後來其他縣市才紛紛跟進發放「身心障礙者津貼」。

反觀中央政府自 1994 年在〈國民年金制度規劃報告〉中，宣布採行社會保險制後，先後因開辦全民健保（1995 年）和遇上九二一大地震（1999 年），而決定暫緩推動國民年金制度，引發殘盟、老盟與勞陣等團體，組成「搶救國民年金聯盟」，要求政府盡速實施國民年金制度。

2000 年中央政府政黨輪替，陳水扁總統卻沒有立即實現競選期間的承諾，不僅宣告「經濟優先、社福暫緩」，國民年金更從社會保險制，轉變為個人儲蓄制。殘盟創會理事長劉俠，為此婉拒總統府國策顧問的續聘，直到陳總統有善意的回應，才取消辭意。陳水扁總統第二任任期快結束前，也就是 2007 年中，立法院才在民進黨不分區立法委員王榮璋（曾任伊甸基金會主任、殘盟理監事與秘書長）的主導下，通過《國民年金法》。該法雖然還有很多問題，包括保險範圍只及於四百七十萬沒有參加任何社會保險的國民；財源依賴公益彩券盈餘，相對不穩定等，對障礙者來說已經是「不滿意但能接受」。

綜觀殘盟的議題推動，都是先發現議題（障礙者的需要）再向政府陳情，溝通未果才舉辦公開活動，如召開記者會或遊行，訴諸社會輿論對政府施壓，是一種漸進模式。其後將訴求入法，成為強制規定，再依法要求各級政府落實；過程中當然也要掌握總統或縣市長選舉的時機，訴諸媒體。而且，殘盟也會隨著政策環境的改變，採取不同的政策倡議模式，並且聘用一定數量的專業人才；為了避免被束縛，也不讓政府成為主要資金來源。最後，殘盟也會善用資訊科技，與政策利害關係人即時溝通，動員社會大眾支持（Child & Gronberg, 2007）。

此外，殘盟也掌握了非營利組織在政策倡議時應該注意的面向：第一、確認關鍵的決策者，包含具有決定權的政策制定者與主要的權責機

關，如行政部門、國會或法院等。第二、與各政黨保持友善互動，並維持地方分會的運作[3]，以影響地方政府的配合意願。第三、確認主要反對者的主張和論證理由，並針對其論點提出反證。第四、清晰傳達組織的立場和觀點，提出具有說服力的論述。第五、利用適當的管道表達意見（莊文忠，2007）。因此，儘管社會輿論對殘盟長期關注並主動推動的議題，關注程度不一，但這些議題都受到政府立法與行政部門的重視，並獲得處理，幾個循環下來，身心障礙者的處境便階梯式地獲得改善。

▌六、殘障聯盟與政府政黨的互動

接著以台灣中央政府兩次政黨輪替為分野，分三個時期介紹殘盟與政府或主要政黨的互動情形。

（一）從籌備期到第一次政黨輪替

殘盟從籌備期（1987 至 1990 年）到中央政府第一次政黨輪替（2000年），主要訴求對象是「黨國一家」的國民黨政府。在籌備時期，由於殘盟鮮明的抗爭色彩，因此受到政府情治系統的關切，不但理事長常被跟蹤，辦公室受到監聽，與盟員團體往來的書信也常失竊。

此外，劉俠為了挑戰《選舉罷免法》第三十二條的不合理學歷限制，參選台北市立法委員，更提高了國民黨對殘盟的不友善，甚至在劉俠率代表拜會國民黨中央黨部時，硬是將他們鎖在接待室長達一個鐘頭（劉俠，2004:318-319）。爾後，殘盟申請立案時，也因為「史無前例」而受到刁難，前四次申請，主管機關都以不同的理由駁回，後來是當時的民進黨籍立法委員張俊雄，在立法院對此質詢社會司司長後，才在第五次申請時核准立案。在正式立案初期，由於訴求未獲政府重視，殘盟於是和籌備期一樣，持續採取強硬的抗爭手段，如發動大規模請願活動，召開記者會抨擊政府施政等（受訪者 A1）。

3　殘盟雖無地方分會，但有地方盟員團體。

　　部分國民黨籍立法委員雖然與殘盟友好，但比例偏低，而且對黨團無法發揮影響力（受訪者 B2）；另一方面，民進黨除了劉俠參選事件會衝擊選情，而低調處理外，殘盟的其他訴求如取消大專病殘限制、修訂《殘福法》等，則是不遺餘力地支持（劉俠，2004: 318-320），這主要是因為民進黨當時是在野黨，批判政府和國民黨施政的立場，與殘盟不謀而合（受訪者 A3, B1, B2, B3, B4）。台灣身心障礙運動的發展，原來與民進黨沒什麼相關，是在民進黨明白表示支持社會福利後，雙方才愈走愈近（林萬億，2000）。但是面對政治的現實，殘盟後來還是在組織章程中立下了「政治中立」的規定[4]：正副理事長與正副秘書長，非經理事會同意而擔任或競選黨職／民意代表／政務官時，應自動辭職。這項規定一來避免組織淪為政黨工具，二來也能防止有人將身心障礙運動的成果，轉化為個人的政治資本（受訪者 A1, B4）；更重要的是，在《殘福法》修訂後，為了落實障礙者的各項法定權益，與各政黨維持「等距外交」的關係最有利。

　　1990 到 1992 年，台灣政壇出現了威權舊勢力的第一次反撲，非營利部門一方面阻止威權反撲，另一方面也間接幫助李登輝，除掉國民黨內部的「非主流」政治勢力（蕭新煌，2009）。從 1980 年代後期到整個 1990 年代，是台灣社會運動的「黃金十年」（吳介民、范雲和顧爾德，2010: 9）；而 1987 至 2000 年左右為台灣非營利組織發展的黃金年代（官有垣，2000；蕭新煌，2002）。當立法的訴求完成階段性後，台灣許多社會福利運動團體，都朝草根服務的方向轉化，其中身心障礙福利團體、婦女團體和老人福利團體尤其明顯。在行動策略上，社會福利運動團體也有明顯的轉化趨勢，由 1986 至 1989 年以街頭抗爭為主；1989 年後半年起，改採記者會、公聽會或座談會等行動策略，吸引公眾注意；1990 年代中期以後，則是和民意代表聯合推動議題（林國明等，2000）。

　　社會福利運動團體在行動策略的轉化，主要是由於政治的開放（如國會改選），以及政府與民間逐漸建立溝通管道（蕭新煌等，2000）；而隨

4　殘盟立案時曾依內政部要求，在組織章程第二條明列為「超出黨派之民間組織」，屬宣示性規定。而此處指的是具體作法，目前列於章程第二十一條。

著政府成立各種委員會，殘盟也開始受邀參與，聯盟組織紛紛取得政策發言的位置（王增勇，2009）。1996 年，陳博文副理事長和宗景宜理事，分別獲得民進黨和新黨的提名，成為國民大會的不分區代表，透過他們的努力，無障礙環境的建構，被納入憲法增修條文。到了《殘福法》第二次修法時，政府更委託殘盟進行相關研究，修法後也委託殘盟規畫相關子法；殘盟儼然成為政府在民間的對口單位。這固然是政府體認到惟有更多對話才能化解對立和衝突，但也證明政府愈來愈不能忽略殘盟整合與代言的實力（受訪者 B2, B4）。

　　殘盟的組織工作，也是從此時期轉為建立全國障礙團體網絡，以及加強地方聯盟與地方團體的倡導能力，使之能與地方政府對話；後來台北市的團體聯誼會，結合其他領域的代言團體，在 1990 年組成「台北市社會福利推動小組」（即今「台北市社會福利聯盟」的前身），高雄市的團體聯誼會也以「高雄市身心障礙聯盟」之名，在 1999 年正式立案。台灣障礙者福利運動沒有因為制度化和訴求達成就逐漸消失，反而持續成長並提出新的議題、訴求，這和殘盟組織的持續發展有很大的關係（蕭新煌等，2000）。

　　在內部組織發展與動員外，殘盟也聚焦於整體社會福利領域的議題，由於台灣經濟開始面臨嚴峻的挑戰，連帶使《身保法》空有進步法條卻無法落實；行政院為表示善意，於 1999 年初成立跨部會的「社會福利推動小組」，殘盟爾後繼續和其他領域的社會福利團體，在此小組爭取建構社會安全網，可惜除了 921 災後重建與長期照護實驗方案外，其他重大議題並沒有太大進展（謝東儒等，2005）。

（二）中央政府第一次政黨輪替至第二次政黨輪替

　　中央政府在 2000 年第一次政黨輪替，非營利部門對第一次執政的民進黨期待頗深。2002 年之後，婦女、人權、原住民等團體，仍與民進黨政府維持不錯的夥伴關係；社會運動型的非營利組織，特別是勞工、環境和社會福利等三類團體，對新政府只求穩定並向保守勢力傾斜的心態，開始感到不滿，對其無力化解朝野政黨惡鬥，犧牲社會改革契機，也感到失望（Hsiao, 2006）。相對於台灣社會運動的「黃金十年」，此時期是沉寂

的十年，不過運動組織卻變得更細膩，主題也更清晰單一，並強調深度耕耘，在鎂光燈與攝影機缺席的情況下，仍持續實踐（吳介民等，2010）。這段時期是「沉潛的十年」，也是「轉進的十年」或「盤整的十年」，部分倡議團體與社會運動工作者，以社區營造模式致力培植公民意識（劉淑瓊，2006）；另一方面，這段期間的倡導性組織，也出現了專業壟斷，投注於草根民眾組織工作的時間相對變少，運動缺乏社會基礎；聯盟性組織更是被少數大型社福組織主導，失去為代言族群爭取整體發展的利他性格，因此促使代言人團體進一步民主化也是要務之一（王增勇，2009）。

　　然而，有研究發現，2001 年起行政院將社會福利預算設算給縣市的政策轉變，直接影響包含殘盟在內的障礙者倡議團體將抗爭對象從中央政府轉為地方政府；並且從聯合報身心障礙者權利運動的抗爭與請願次數統計來看，相較於 1988 至 1990 年和 1994 年兩個高峰期，此時期的抗爭活動不減反增，形成了第三個高峰期（張恆豪，2011）。可見殘盟也早就有意識地要避免如劉淑瓊（2006）和王增勇（2009）所提到的負面情形。

　　整體來說，民進黨執政對於殘盟的發展、運作或議題操作，有利有弊（根據訪談資料 A2, A3, B1, B3, B4, B5, C1）。有利的部分在於，長期在野使民進黨在社會福利方面比國民黨積極，執政時也起用出身殘盟與核心盟員團體的人，擔任不分區立法委員[5]，殘盟因此可以運用體制內的管道與政府有效溝通，不必採取激烈手段就能得到重視，新訂或修訂了許多相關法規，像是《身權法》、《國民年金法》等。不利的影響則包括殘盟的戰鬥能力被弱化、喪失草根力量等。此外，出身殘盟的人擔任民意代表，也造成殘盟要一起承受所有正面或負面的評價，外界不會將此兩者切割。

　　至於在野的國民黨或泛藍陣營，在 2003 年至 2004 年間，偶爾還會採取具改革政策爭議的社會運動策略操作議題，但 2005 年「朝小野大」的態勢明顯後，就完全放棄社會運動的手段，也不再理會非營利部門的任何改革訴求（蕭新煌，2009）。受訪者 A1 認為，此時期國民黨雖然在野，但還是跟所謂的「上層社會」或資本家比較親近，而且對社會福利的看法跟殘盟等弱勢代言團體不同；另一位受訪者 A2 則認為，國民黨過去執政

5　國民黨後來在不分區立委提名名單也開始仿效，加入社福界出身者為人選。

的時間比民進黨久，因此包袱比較重，要折衝和協調的議題也多。總而言之，國民黨並沒有利用在野的機會，與殘盟創造良好的合作經驗。

（三）中央政府第二次政黨輪替迄今

國民黨在 2008 年總統大選後重新執政，民進黨又成為在野黨，因為理念接近，再度成為殘盟議題結盟的對象，但這是「失望後的結合」，關係已不復 2000 年之前親密；另一方面，殘盟與政府或國民黨的關係，也不再如成立初期對立，總統或政府官員常對殘盟示好。然而，殘盟仍無法認同政府或國民黨對社會福利的立場；而原來跟官方體制內且行之有年的溝通管道，此時期卻淪為形式，導致許多政策的推動既緩慢又有限。譬如2007 年修訂的《身權法》規定，在公布施行五年後，應該啟動鑑定評估新制，但迄今還在觀念宣導階段，障礙者也尚未完成全面換證。

▌七、展望殘障聯盟的未來

從二十世紀到二十一世紀，殘盟陪伴台灣的身心障礙者，走過一條辛苦的倡權之路，雖然革命尚未完成、同志仍須努力，但殘盟也交出了一張漂亮的成績單。在與政府或政黨的互動方面，走過對立、和解和中央政府兩次政黨輪替，殘盟更能貫徹組織章程的「政治中立」規定；而殘盟如果要有更積極的作為，則應推出進步的議題，讓各政黨不得不與之合作。

另外，在障礙者醫療保健、求學、就業、福利服務等方面，愈來愈進步時，新一代運動人才將來自更多具備不同專業訓練的障礙者，我們也可以預見將有更多元的運動策略產生。然而，在全球化與經濟發展不如預期的衝擊下，殘盟要繼續保有戰果，也要花費更多力氣；此外，在全國人民團體日益蓬勃發展之際，殘盟的盟員團體總數卻在下降，是不容忽視的警訊，應該要發掘原因並擬出對策。

至於殘盟內部的「成分」問題，也就是盟員團體運作者，因障礙者、家屬或服務提供者等的身分不同，衍生爭議，筆者認為這是自殘盟成立以來就存在的現象，而且民間團體與政府之間，或民間團體之間，也還有其

他溝通平台,所以可以暫時擱置此問題。但殘盟目前無疑仍是台灣障礙者的最佳代言人,和最大的意見整合平台。

最後,雖然殘盟自成立就籠罩在財務危機的陰影下,卻總是「關關難過關關過」,因此筆者認為,殘盟能堅守其身心障礙者代言人的位置,致力於尋求身心障礙者需求的最大公約數,才是組織發展的真正關鍵。

｜參｜考｜文｜獻｜

王增勇,2005,〈社區照顧的再省思:小型化?規格化?產業化?〉。《台灣社會研究》59: 91-141。

——,2009,〈解嚴後台灣福利運動建制化的過程〉,《台灣社會研究》74: 407-417。

中華民國殘障聯盟,1990-1992,《中華民國殘障聯盟盟訊》。

——,1990-2011,《歷屆歷次會員大會手冊》。

——,1993-2010,《殘障聯盟雜誌》。

——,2000,《美麗人生因為有你:殘障聯盟十週年慶專刊》。

——,2009-2010,《殘障聯盟電子報》。

——,2010,《覺醒‧奮進:走過臺灣身心障礙權益二十年》。

——,2012,《身心障礙者人權影子報告書》。

考選部,2013,《身心障礙人員考試制度白皮書》(第二版)。

何明修,2005,《社會運動概論》。臺北:三民。

吳介民、黃秀如、顧爾德、范雲,2010,〈為下一輪民主盛世而寫〉。收錄於吳介民、范雲、顧爾德(主編),《秩序繽紛的年代:走向下一輪民主盛世》。臺北:左岸文化。

林國明、蕭新煌,2000,〈臺灣的社會福利運動導論:理論與實踐〉。收錄於蕭新煌與林國明(合編),《臺灣的社會福利運動》。臺北:巨流。

林萬億,2000),〈社會抗爭、政治權力資源與社會福利政策的發展〉,收錄於蕭新煌與林國明(合編),《臺灣的社會福利運動》。臺北:

巨流。

官有垣，2000，〈非營利組織在臺灣的發展：兼論政府對財團法人基金會的法令規範〉，《中國行政評論》10(1): 75-110。

高承恕，1990，〈臺灣新興社會運動結構因素之探討〉。收錄於徐正光、宋文里(主編)，《台灣新興社會運動》，臺北：巨流。

莊文忠，2006，〈倡議型非營利組織的政策網絡分析〉。收錄於余致力(合編)，《新世紀公共政策理論與實務》，臺北：世新大學。

──，2007，〈倡議型非營利組織倡議的創新策略與途徑〉。《第三部門學刊》7: 115-138。

莊文忠、徐明莉、張鐙文，2009，〈非營利組織的議程設定與政策倡議的形成：質化研究的檢證〉，《公共行政學報》33: 121-163。

張茂桂，1990，《社會運動與政治轉化》，臺北：張榮發基金會國家政策研究中心。

張恆豪，2011，〈障礙者權利運動的策略與組織變遷：提供服務作為社會運動的手段？〉。收錄於何明修、林秀幸（編），《社會運動的年代：晚近二十年來的台灣行動主義》，臺北：群學。

陳明里，2006，《阿里疤疤：臺灣最醜的男人陳明里的故事》。臺北：健行文化。

陳俊良，1992，〈殘障福利運動〉。《社會工作學刊》，2: 177-198。

劉俠，2004，《俠風長流──劉俠回憶錄》。臺北：九歌。

劉淑瓊，2006，《跨越國界的合作：CAFO-Taiwan 五年發展回顧暨非營利組織跨國合作之未來展望》。臺北：亞洲區基金會及民間組織議會（CAFO）。

鄭怡世、紀惠容，2001，〈非營利組織間的聯盟：以社會福利組織為例〉。《社會工作》，8: 97-111。

蕭新煌，2000，臺灣非營利組織的現況與特色。收錄於蕭新煌（主編），《非營利部門：組織與運作（第一版）》，臺北：巨流。

──，2002，《臺灣社會文化典範的轉移：臺灣大轉型的歷史和宏觀記錄》。臺北：立緒。

──，2009，非營利部門在臺灣的發展特色。收錄於蕭新煌、官有垣、陸

宛蘋(主編)，《非營利部門：組織與運作（第二版）》，臺北：巨流。

蕭新煌、孫志慧，2000，〈一九八〇年代以來臺灣社會福利運動的發展：演變與傳承〉。收錄於蕭新煌、林國明（合編），《臺灣的社會福利運動》。臺北：巨流。

謝東儒、張嘉玲、黃琨蓉，2005，〈殘障聯盟發展史〉，《社區發展》，104: 300-309。

Child, C.D.& Gronberg, K.A. (2007), Nonprofit Advocacy Organizations: Their Characteristics and Activities. *Social Science Quarterly,* 88(1):259-281.

Gerhards, J. & Rucht, D. (1992), Mesomobilization: Organizing and Framing in Two Protest Campaigns in West Germany. *American Journal of Sociology,* 98: 555-595.

Hsiao, H. H. M. (2006), Civil Society and Democratization in Taiwan:1980-2005.In Hsiao(Eds.),*Asian New Democracies: The Philippines, South Korea and Taiwan Compared*(pp.207-229).Taipei: Taiwan Foundation for Democracy.

Rees, S. (1999), Strategic Choices for Nonprofit Advocates. *Nonprofit and Voluntary Sector Quarterly,* 28(1):65-73.

Yankey, J.A. & Willen, C. K. (2005), Strategic Alliances. In Herman, R. D.(Eds.), *Handbook of Nonprofit Leadership and Management* (pp.254-273). San Francisco, California: Jossey -Bass.

Yoshino, M. & Rangan, R. (1995), Strategic Alliance: An Entrepreneurial Approach to Globalization. In Porter ,M. E. (Eds.), *Competition in Global Industries*(pp.54-67). Boston: Harvard Business School Press.

Zald, M. N. & McCarthy J.D. (1987), Social Movement Industries: Competition and Conflict among SMOs. In Zald, M. N. & McCarthy, J. D.(Eds.),*Social Movements in an Organizational Society* (pp.161-180). New Brunswick, New Jersey : Transaction.

附表 3.1：受訪者與訪談代碼一覽

代碼	身 分 別	任 期	代表障別
A1	殘盟前理事長	1996/01-1998/12	綜合
A2	殘盟前理事長	2003/03-2005/02	聽覺障礙
A3	殘盟前理事長	2005/03-2008/03	肢體障礙
A4	殘盟現任理事長	2008/04-2011/03	精神障礙
B1	殘盟前秘書長	1990/02-1992/06	--
B2	殘盟前秘書長	1992/07-1995/06	--
B3	殘盟前秘書長	1995/07-1996/06,2004/10-2008/05	--
B4	殘盟前秘書長	1996/06-2004/09	--
B5	殘盟現任秘書長	2008/06-2013/01	--
C1	殘盟某障別總會秘書長	略	智能障礙
C2	殘盟某障別總會秘書長	略	視覺障礙

註：1. 殘盟歷屆理事長中有兩位已歿、有兩位卸任後未繼續積極參與會務，為
顧及障別代表性，另訪兩位資深的障別總會秘書長。

2. 前任與現任是以訪談的時間點（2011 年 3 月）來區分。

附表 3.2：1990 至 2010 年殘障聯盟盟員團體數——依區域分

數量（比率）

年度	北	中	南	東	合計
1990	26(36.11)	15(20.83)	25(34.72)	**6(8.33)**	72(100.00)
1991	35(40.23)	17(19.54)	29(33.33)	**6(6.90)**	87(100.00)
1992	46(42.20)	21(19.27)	34(31.19)	8(7.34)	109(100.00)
1993	48(42.86)	22(19.64)	34(30.36)	8(7.14)	112(100.00)
1994	53(42.74)	27(21.77)	34(27.42)	10(8.06)	124(100.00)
1995	58(41.43)	28(20.00)	43(30.71)	11(7.86)	140(100.00)
1996	64(44.14)	**34(23.45)**	**35(24.14)**	12(8.28)	145(100.00)
1997	82(44.81)	**43(23.50)**	**43(23.50)**	15(8.20)	183(100.00)
1998	87(43.50)	**48(24.00)**	**51(25.50)**	14(7.00)	200(100.00)
1999	91(43.75)	48(23.08)	54(25.96)	**15(7.21)**	208(100.00)
2000	96(44.24)	48(22.12)	58(26.73)	**15(6.91)**	**217(100.00)**
2001	86(45.99)	39(20.86)	50(26.74)	12(6.42)	187(100.00)
2002	88(45.60)	42(21.76)	52(26.94)	11(5.70)	193(100.00)
2003	83(45.86)	39(21.55)	49(27.07)	10(5.52)	181(100.00)
2004	81(46.29)	37(21.14)	46(26.29)	11(6.29)	175(100.00)
2005	82(46.07)	37(20.79)	47(26.40)	12(6.74)	178(100.00)
2006	88(47.57)	37(20.00)	48(25.95)	12(6.49)	185(100.00)
2007	77(48.73)	33(20.89)	39(24.68)	9(5.70)	**158(100.00)**
2008	77(48.13)	35(21.88)	39(24.38)	9(5.63)	160(100.02)
2009	**75(49.34)**	**29(19.08)**	40(26.32)	8(5.26)	152(100.00)
2010	**77(52.03)**	**29(19.59)**	36(24.32)	5(4.05)	148(100.00)

整理自：殘盟歷屆歷次會員大會手冊

附表 3.3：1990 至 2010 年殘障聯盟盟員團體數——依障礙類別分

年度	肢障	智障	視障	聽障	語障	顏面	自閉症	綜合	精障	重器障	腦性麻痺	合計
1990	**22**	**20**	4	9	1	4	2	10	0	0	0	72
1991	23	25	5	11	2	5	3	12	**1**	0	0	87
1992	25	32	9	12	2	3	5	19	1	0	**1**	109
1993	26	32	10	13	2	3	5	19	1	0	1	112
1994	29	31	12	16	2	4	5	22	2	0	1	124
1995	31	31	11	23	2	5	5	16	14	0	2	140
1996	33	34	12	23	2	5	6	20	9	0	1	145
1997	42	42	14	27	2	6	7	29	10	2	2	183
1998	47	45	20	29	2	6	7	29	11	2	2	200
1999	51	47	20	29	2	6	7	29	12	3	2	208
2000	52	47	**23**	**30**	2	6	7	31	13	3	3	**217**
2001	41	44	20	22	1	5	7	30	13	2	2	187
2002	41	43	21	24	2	5	7	33	13	1	3	193
2003	38	40	19	25	2	5	5	31	12	1	3	181
2004	**30**	**41**	21	23	1	5	5	**32**	14	1	2	175
2005	**30**	**41**	22	23	1	5	5	**34**	14	1	2	178
2006	**32**	**42**	20	23	1	4	6	**40**	14	1	2	185
2007	**26**	**37**	14	19	1	2	6	**38**	12	1	2	**158**
2008	**26**	**37**	13	18	1	2	8	**40**	12	2	1	160
2009	**17**	**36**	15	15	1	2	9	**40**	12	2	3	152
2010	**14**	**33**	16	14	1	2	9	**42**	12	2	3	148

整理自：殘盟歷屆歷次會員大會手冊

附表 3.4：殘盟大事紀：1987 至 2010 年

年度	事　　件
1987	爭取台北捷運系統設置無障礙設施。 「一一九拉警報，快伸手救殘胞」抗議政府停售愛國獎券與呼籲修訂「殘福法」。
1988	爭取大專聯考取消病殘考生限制。
1989	殘盟前身「促進殘障福利法修正行動委員會」成立。
1990	為爭取障礙者福利預算，舉辦「牛肉知多少」座談會，陸續拜會內政部長許水德、台北縣長尤清、屏東縣長蘇貞昌等，並於四月舉辦請願活動；另邀集婦女、兒童、原民等弱勢團體，舉辦「結束黑暗時代，開展社福光明未來」記者會，並赴行政院陳情。 成功推動《殘福法》第一次修正。 正式立案成功，6 月 30 日舉辦成立大會，選舉劉俠為首屆理事長（代表伊甸基金會）。
1991	為八十一年度中央社福預算及六年國建中社福部分，與十餘弱勢團體赴立法院請願。 為《選罷法》第 32 條民代學歷限制及選區劃分問題，赴立法院請願，並針對修法未成，召開「正義公理何在？」記者會。 為選舉第二屆國代與修憲，舉辦「憲法人民福祉與國家前途：社會權的規範與實踐」研討會。 去函要求內政部製作障礙者專用車標誌、爭取重度障礙者及陪伴者搭乘車船半價優待。去函各航空站要求改善無障礙環境。
1992	舉辦「殘障團體聯合修憲建言會」，並與中華民國殘障人協會巡迴舉辦十場「憲政革新：如何落實殘障人權」座談會。 針對八十二年度中央社會安全預算不合理處，與現代社福協會合辦「揭開社會安全預算真相」記者會。 為廢除「選罷法」第 32 條民意代表候選人學歷限制，第三度赴立院陳情，並赴中選會進行「無聲的請願」。

年度	事　　件
	為探討無障礙環境相關法規與內容，舉辦「殘障者有藍天」座談會。
1993	質疑八十三年度社福預算編列不公，召開「又見破傘」記者會。
	為落實無障礙環境，拜會內政部次長、社會司長與營建署長，並舉辦研討會。
	為爭取辦理殘障特考，陸續拜會考試院與人事行政局，並至考選部抗議王作榮認為特考是特權的言論。
	國際殘障者日拜會總統及行政院長，請求簽署承諾書。
1994	為第七次全國教育會議未納入特殊教育議題，舉辦公聽會與抗議行動。
	赴立院為口服小兒麻痺疫苗預算缺失，與考試院不辦理殘障特考請願。
	為全民健保開辦在即，規劃內容卻違反制度精神，與勞陣、女權會、農權會等團體合辦記者會。
1995	為落實無障礙環境，舉辦「一二三叮嚀請願活動」，兵分五路赴內政部、北市府、省政府、高市府和花蓮縣府請願。
	拜會考選部長王作榮，表達殘障特考辦理的需要。
	順利推動修法，將精神病患者納入《殘福法》適用範圍。
	為推動政府發放殘障津貼，發動「五二六殘友千人請願活動」。
	出版《無障礙環境設計手冊》，並召開發表記者會。
	針對第三屆立委選舉出版《殘障者投票指南》。
1996	辦理「促進殘障者充分就業資訊網路中心 Internet 推廣班」，訓練盟員團體。
	針對政府落實無障礙環境的五年大限，舉辦「123 無障礙環境抗議週」，至地院按鈴申告內政部長黃昆輝，並至總統府要求撤換內政部長。
	與脊髓損傷者聯合會拜會四組總統候選人，提出國民年金等訴求。

年度	事　件
	為殘障特考名額太少與體檢限制不公等問題舉辦公聽會，赴內政部、人事行政局與考試院陳情，並拜會人事行政局。
1997	為「殘福法」第 23 條五年大限，舉辦全省「一二三無障礙民間查封行動」。
	邀集老盟、婦女新知、勵馨與三黨立委代表，拜會內政部長，討論八十七年度社福預算總額分配。
	順利推動《殘福法》（更名為《身保法》）與《特教法》修訂。
	殘障特考週年完成錄取考生就業適應研究，並召開「讓 85.9%的滿意度說話吧」記者會。
	至各縣市協助籌辦團體聯誼會。增設南區辦公室。
	為中低收入障礙者生活補助申請條件緊縮，與新竹縣障礙者團體至縣府陳情，並與各障別總會拜會社會司，還舉辦「1203 忍無可忍」千人請願活動。
	與法律和弱勢團體組成「全民改革司法行動聯盟」，並發起遊行活動。
1998	偕三百餘社福團體發起「不讓台灣失樂園：搶救八十八年度社福預算」行動，並拜會行政院長蕭萬長。
	針對全國社福會議拜會行政院長劉兆玄，與老盟、兒盟、勵馨、婦女新知等團體合辦記者會，後續並討論行政院設置「社福推動小組」相關事宜。
1999	與開拓基金會和蕃薯藤合作「身心障礙者服務資訊網」。
	為障礙者特考名額大幅降低召開記者會，並拜會人事行政局，爾後辦理錄取考生就業適應追蹤調查研究第二階段研究與研究成果發表記者會。
	為國民年金議題先與社法聯各盟員團體拜會立院各黨團，後邀集各障別總會拜會內政部長。11 月與老人、婦女、勞工等團體組成「一一九搶救國民年金聯盟」；11 月 26 晶 至總統府請願，要求李登輝總統兌現政治承諾。

年度	事　　件
	因應九二一震災，參與民間社工震災行動聯盟，協助災區訪查服務。
2000	參加「總統大選社會政策監督聯盟」主辦的「公開提問，政策辯論記者會」。後拜會中央選舉委員會、提出投票無障礙十項訴求，並請三組總統候選人簽署承諾書。5月與社福團體拜會總統當選人陳水扁。9月與社法聯等團體合辦記者會，批判總統「經濟優先、社福暫緩」的說法。
	與搶救國民年金聯盟召開記者會，批判個人儲蓄帳戶制，並遊說立院各黨團。
	為九十年度中央對縣市政府社福經費補助，實施設算制度辦理因應會議，12月召開「向下沉淪的身心障礙福利」記者會。
2001	針對設算制度缺失與實施影響，召開「九十一年度社福補助經費之估算」會議。
	針對電腦彩券即將開辦，召開「電腦彩券圖利誰：公益何在？」記者會。
	召開民間團體聯合記者會，呼籲經發會討論內容不應為經濟發展而犧牲環保、社福、與勞工權益。
	針對公益彩券盈餘，替代各縣市法定應辦福利服務的預算編列，召開記者會，並至監察院檢舉。
	辦理身心障礙機構進入社區之影響評估。
2002	出席民間社福推動小組主辦「莫讓財劃法成為壓倒社福的最後一根稻草」記者會，並至行政院陳情。
	自行開發的身心障礙「e能網」開站，並舉辦記者會。
	召開民間團體聯合記者會，反對行政院版《國民年金法》採用儲蓄保險制。
	偕彩券盈餘監督聯盟至行政院陳情，反對該盈餘支應敬老津貼擴大發放；10月至立院拜會各黨團，並召開兩次記者會。

年度	事　件
2003	創會理事長劉俠遭外傭攻擊致死，為呼籲政府正視長期照護需求與盡速建立完整政策，偕社福團體召開聯合記者會。
	與社福團體共同發起「公平正義（泛紫）聯盟」；8 月舉辦記者會，抨擊政府獨厚財團與富人。
2004	參與內政部主辦「身保法研修小組」，共計二十次會議。
	出版《身心障礙者居住服務及社區服務遭民眾抗爭手冊》。
2005	與國民年金推動聯盟召開記者會，呼籲朝野加速通過《國民年金法》。
	為縣市長改選，與民間社福小組 c04 召開「選戰大擂台，福利比一比」記者會；11 月 16 日召開「最適合身心障礙者居住的縣市」記者會。
	參與新境界基金會舉辦「愛，有力」聯合募款餐會，為受贈團體之一。
	與社福團體共同發起臺灣公益團體自律聯盟。
	建立「醫院障礙者友善空間使用指標」，並召開記者會公布訪視結果。執行「建置特殊族群用藥安全系統身心障礙族群計畫」。
2006	與社福團體共同召開「新揆上任衝衝衝，政策不能錯錯錯」，指出行政院版《國民年金法》的錯誤。
	為身心障礙者人口將破百萬，召開「不容忽視百萬人」記者會，並公布新版處境報告書，提出三大訴求。
	建置身心障礙族群用藥安全平台。
	召開「我的野蠻縣長」記者會，公布各縣市身心障礙施政綜合評比結果。
2007	為職災致障勞工的重建需要，偕勞工團體召開「活著……過得好不好」記者會。
	成功推動《身保法》修訂，並更名為《身權法》。分區舉辦「身權法分區宣導說明會」。
	成功推動《國民年金法》立法。

年度	事　　件
	9 月理事長赴韓出席國際身心障礙者組織（DPI）第七屆世界年會，正式成為觀察會員。
2008	與總盟召開「尋找社會福利的九萬兆」記者會，呼籲馬政府正視民間團體對社福新政策的警告。
	針對大法官解釋按摩為視障者專屬工作違憲，與陳節如立委、按摩工會，召開「1121 視障者上街頭求生存」記者會和遊行活動。
2009	召開「高失業、低所得：身心障礙者艱困處境」記者會。
	拜會黃淑英、徐中雄等立委辦公室，請求支持《職災勞工保護法》修法。10 月 20 與黃淑英立委召開「直擊！職災勞工缺乏生活及職業重建的痛苦」記者會，呼籲將專法修正條文列為優先法案審查。
	發起「不要空殼長照保險」行動，要求長期照護保險規劃應涵括障礙者。
	為縣市長改選，召開「縣市長！這二十三分之一的選民要去投票呀：縣市身心障礙福利評比排名大公開」記者會。
	召開「礙找碴：錯誤且荒謬的無障礙設施大搜查活動結果發表記者會」。
2010	成功推動居家身心障礙者維生設備用電全面補助。
	參與公平稅改聯盟召開的「圖利財團，慘創台灣」記者會，公開批判馬英九總統。
	與康盟、陳節如立委，召開「國家帶頭歧視精神病，公平嗎？」記者會。
	針對無障礙議題召開「80 億花博，蓋的『郝』障礙」記者會，並辦理全台障礙和和友善公園大評比。
	辦理二十週年慶系列活動——「人群中的二十三分之一需要您協助」募款活動、照片徵選、感恩茶會暨人權映像展，並出版專刊。
	辦理「身心障礙者的女性權利與自立生活」國際研討會。

整理自：殘盟二十週年專刊、歷期刊物與電子報

FREE ALL POLITICAL
PRISONERS

釋放所有政治犯

CHAPTER **4**

「極端分子」三十年
——試論台灣人權促進會

吳豪人

「人權侵犯（human wrongs）無時無地不在發生，諸人權（human rights）怎麼會是與你無關的抽象事物？」

——黃文雄，台灣人權促進會前會長

▎一、導言：台灣人權促進會存在的歷史與社會背景

在小說「克拉格比」中，1921 年的諾貝爾文學獎得主法郎士，描述一個處於社會最底層的攤販，在極端偶然的情況下，冒犯了代表國家權力的小警察，而遭到他完全無法理解（因而顯得神聖無比）的法律／法庭的制裁。當他出獄之後，還受到與他相同階級屬性，處於社會底層的人們輕蔑與排斥。最後，當他走投無路時，他的選擇是故意犯罪，以求重回監獄——在監獄裡至少可以遮風避雨。可是，他居然遇到一個好心的警察，堅持不肯逮捕他。這個攤販的人生充滿貧困與不幸，從未享受過大革命以來，啟蒙主義菁英們宣稱的人權果實，而且他從來就無法理解自己不幸的來由。與他階級屬性相同的人們醜詆他，儘管克拉格比的遭遇，隨時都可能落到他們身上。換言之，這是一大群乞丐欺負一個乞丐；一大群落水狗欺負一隻落水狗。他們同樣不幸，同樣不知道自己為何不幸，因此同樣充滿惡意。因為，不幸的人生使他們心懷惡意[1]。

不幸的國家與民族，通常也很難擺脫這個無間地獄的輪迴。台灣的歷史，一直都是殖民地的歷史，台灣人面對輪番而至、越來越強大的殖民者，以近代國家機器遂行的無數不公不義，絕大部分的時間都只能忍氣吞聲、束手無策。在這段歷史中，固然不乏英雄志士，挺身爭取人性的尊嚴與權利，但這些人的生平與下場，就世俗觀點或就中國式的「命理」觀點而言，都是不幸的、不划算的，而且缺乏智慧。即使私底下受到其他被壓迫的人們尊敬，也不會成為這些人們教導子孫取法的對象[2]。不幸的歷史，縱使沒有讓台灣人心懷惡意，但至少使台灣人無法超越以直報怨的心

1　アナトール フランス（Anatole France）『クレンクビーユ』村松正俊 、平凡社（新興文 全集），1931。

2　這種民間的睿智，和馬英九尊敬蔣渭水，但絕對不學習蔣渭水，顯然有會通之處。

情。畢竟，連以直報怨的機會，往往都求之不得，遑論有「原諒」加害人的餘裕。在這樣的大環境底下，人們很少能求得「善惡有報」的安慰感。

以死刑存廢為例，台灣社會在歷次的問卷調查中，反對廢除死刑的總是占了絕對多數[3]。因為處決殘暴無比、但已落入法網失去抵抗能力的殺人犯，正是少數能夠立即遂行正義的滿足感。這是卑微到不能再卑微的正義，為什麼還有人要把這麼卑微的正義取走？

其實，台灣曾經有過擺脫殖民地悲情命運的最佳時機。在台灣的近代史上，台灣人最精神抖擻、對未來最充滿希望的時代，莫過於 1980 年代中期以後，乃至於 2004 年為止的這段黃金時代。這段期間，經濟高度成長，民主化浪潮洶湧澎湃，台灣人對於擺脫悲苦的歷史宿命充滿信心，對於世界上一切高貴的情操、一切民主人權價值的落實，具有高度的想像力與接受力。如今看來，就算只是一場幻夢，但在夢裡，台灣根本就是這些情操與價值在亞洲的最佳體現者。

再以死刑為例[4]，廢除死刑的主張，早在 1980 年代就有人權團體提出，如台權會、國際特赦組織，以及稍晚的民間司改會等，而且是和其他進步的人權理念成套提出，在當時從未激起台灣社會的圍剿與攻擊。在這段台灣的「黃金年代」，雖然反對廢除死刑大有人在，可是基本上兩方可以理性討論，而且不會因為這些團體主張廢死，就全盤否定他們倡議的其他人權理念或他們的人格，也非常少有如今這般的辱罵[5]，甚至威脅「殺死你全家，看你還廢不廢死」。

事實上，當時反對廢除死刑，連「終身監禁永不假釋」的激進配套手段都嗤之以鼻的，並非台灣的公民社會，而是亟欲以「治安」理由挾持被害人、恐嚇人民並且乘機擴權的檢警調。而人民卻能辨別真偽，對於在威

3　最新的調查可參見：國立中正大學犯罪研究中心「101 年上半年度全國民眾被害暨政府維護治安施政滿意度調查報告」。根據本報告，「目前整個台灣社會仍是趨向反對廢除死刑，抱持反對廢除死刑傾向的民眾比例仍維持八成六之比例。」

4　此處特別以生命權的極致——死刑存廢為例，目的是要凸顯台灣人對於普世人權的理解與接受程度。

5　可參考反廢除死刑聯盟的社群網站：https://www.facebook.com/pages/%E5%8F%8D%E5%B0%8D%E5%BB%A2%E9%99%A4%E6%AD%BB%E5%88%91%E8%81%AF%E7%9B%9F/357360988443

權時代為虎作倀的檢警調與法院，信任度從未超過 50%。在那個台灣人
對自己與未來信心十足的年代，社會有足夠的自信，可以理性討論一切普
世價值的可能，尤其不排除超越歷史經驗、超越悲情自我的可能。如果當
時積極討論死刑存廢，也許台灣已經沒有死刑了。

　　但是，這個時代似乎一去不復返了。台灣又回到了 1987 年戒嚴時代
的物質與精神水平，同時在可預見的未來，只會更加惡化。台灣未能把握
這二十年（相對於台灣近代歷史而言的）黃金時期，認真超越不幸的歷
史，讓我們又陷入「不幸，使我們充滿惡意」的輪迴。證據之一是，所有
二十年前看起來簡單可破的偽命題，如「死刑是為被害人及其家屬復仇並
伸張正義的唯一手段」，現在得到更多人的支持，卻無人追究被害人保護
制度從未認真立法。然後，不認真立法（一切善法）、自肥、從不在乎民
意的政客，反倒拿這些被迫回到祈求最卑微正義的「民意」，僭稱不敢廢
除死刑。1980 年代的台灣人，假如相信這種偽君子的謊言，哪裡會有後
來的解嚴、民主化以及總統直選？可是 2012 年的台灣，卻有許多人接受
了這些政客的謊言，還把立法怠惰的責任，塞給廢死聯盟的「一小撮
人」。2012 年的台灣人智商變低了嗎？當然不是。主要原因是 2012 年的
台灣，被獨裁時代始終站在民主對立面的那群人（反對解嚴、反對開放黨
禁報禁、反對黨政軍特退出公務體系／司法體系／教育體系／傳媒體系、
反對開放海外黑名單、反對停建核四廠、反對勞工的團結權、反對轉型正
義——我們可以一直列下去，而且全部查得到名單），以及他們所代表
的、最糟糕的價值觀復辟成功，讓台灣二十年的民主之夢近乎花果飄零。

　　然而，民主人權的挫敗既然並非無跡可尋，也沒有超出我們的理解，
那麼台灣的公民社會，就沒有悲觀消沉的藉口。從解嚴前後以迄今日，三
十年的台灣公民社會史與人權史，無論成敗，始終有個社會運動團體在見
證歷史，並致力於「超越不幸」，致力於人性尊嚴的提升，而他們使用的
關鍵語彙是「人權」，它就是成立於 1984 年 12 月 10 日——國際人權
日——的台灣人權促進會（Taiwan Association for Human Rights, TAHR，
以下簡稱台權會）。

　　筆者不敢貿然宣稱，了解台權會的歷史就能了解台灣近三十年來的人
權史，但是台權會是個勤於發聲，而且善於留下文字與影音紀錄的社運團

體，至今累積了相當龐大的資料，並已全數上傳，公開於其官方網站，完成「台灣人權促進會人權檔案數位典藏計畫」[6]，供研究者任意使用。這是一套關於台灣人權史非常有價值的文獻，爬梳其中的確能讓研究者一窺近三十年的台灣人權史[7]，同時也值得作為台灣人權運動重新出發的借鏡。

▋二、第一個十年：覺醒的政治人權、百花齊放的社會權運動

　　台權會官方網站上的宗旨為：

＊ 獨立於政府、政黨、財團及國內外利益或意識形態集團；

＊ 以倡導、散播和提升人權標準，建立、維繫和加強人權保護機制為唯一目標；

＊ 以所有人權受到威脅、侵害的個人、團體與社群為關懷對象，不論階級、地位、種族、性別、信仰、國籍或其他區別；

＊ 以國內人權為主要的關懷焦點，但也努力和其他區域與國際人權組織針對全球人權問題分工合作[8]。

圖 4.1　台灣人權促進會於 1984 年成立時的聲明海報。

6　http://www.digitaltahr.org.tw/pages/db/collection/index.jsp
7　本文亦將大量使用該數位典藏資料，作為分析論證的依據。
8　http://www.digitaltahr.org.tw/pages/about/index.jsp

　　儘管如此，台權會擁有將近三十年的歷史，如果配合上述台灣社會的變遷，則作為一個社會運動團體，其施力重點自然也應隨著社會變遷而有所變化。《永遠的抵抗永遠的異議——台灣人權促進會成立 25 週年紀念特刊》（TAHR 報秋季號）中，將三十年的歷史大致區分為三個階段：

(1) 第一個十年：覺醒的政治人權、百花齊放的社會權運動。

(2) 第二個十年：個案救援、制度倡議、教育推動、多元化的人權場域。

(3) 第三個十年（的中間線）：如何定位自己找到未來[9]。

　　以下，筆者將針對這三個暫定的歷史分期[10]，逐一檢討台權會在每個時期的特徵與困境。

　　大致而言，第一個十年（1984-1993）屬於草創期，在政治發展上正好與戒嚴、解嚴、蔣經國去世，一直到李登輝排除非主流、鞏固政權為止相重疊，可謂戰後台灣從獨裁走向民主，變化最劇烈的十年。在這第一個分期當中，台權會所介入或參與的人權運動，若純以參與議題或個案的廣度來看，則已囊括第一世代人權（自由權＝公民與政治權利）以及第二世代人權（社會權＝經濟社會與文化權利）的絕大多數，甚至也有意識地，開始涉入當時在理論與實務上並未完全成熟的第三世代人權（集體權＝環境權、原住民族權利等）[11]。易言之，當時台灣公民社會倡議（或者說憧憬）的所有市民運動議題，台權會全都沾上邊。這與解嚴前後反國民黨的在野政治勢力策略一致。也就是說，只要是反黨國體制，任何進步的議題或價值，都能動員與結盟。

　　這些會變成社會運動反對運動的議題，是因為國民黨長期執政；在不

9　『永遠的抵抗永遠的異議——台灣人權促進會成立 25 週年紀念特刊』（TAHR 報秋季號），台灣人權促進會發行，2009 年 8 月 14 日出刊，6-7 頁。

10　因為，可想而知的是以十年為一期的分期方法當然是大有問題。如此使用純粹基於行文的方便，故稱「暫定的歷史分期」。

11　台權會歷年所參與的行動，除上述紀念特刊 12-19 頁「大事記」之外，每份人權雜誌均附有更詳盡的該季逐月大事記可供參考。

民主的時代，任何議題都可能變成反對議題。[12]

　　不過，就台權會實際參與的程度來看，則自由權議題尤其令人矚目。所以，前述的紀念特刊認為，此時期的台權會是「以救援政治犯作為首要目標，從事突破黑名單、爭取人民返鄉權、言論自由、集會結社自由」等公民政治權利，並「積極結合後美麗島政治民主化運動，爭取解除戒嚴令」[13]。既然是「積極結合後美麗島政治民主化運動」；而從該會第一屆的執行委員名單及會員名單[14]，與 1987 年民主進步黨成立時的重要幹部互相重疊來看，台權會在草創期並未完全如其宗旨所言「獨立於政黨」之外，也不免給人「黨外／民進黨外圍組織」的印象。而這個因當時形格勢禁、無法諱言，但也無須求全責備的現象[15]，也成為日後兩個時期力求轉變的焦點。

　　台權會一開始是專做政治犯救援後 就開始擴張到其他，但仍然主要是政治救援。（中略）台權會是跟民進黨關係很密切但不屬於他的組織，雖然有很多黨員也是會員跟民進黨理念也很相近，所以外界當然會覺得好像是外圍團體，有活動結合在一起是比較多。[16]

---

12 參見台權會數位檔案（以下略稱「數位檔案」）「口述訪談／邱晃泉」http://www.digitaltahr.org.tw/pages/db/pdf/OS004.pdf。
13 同前注 6 頁。
14 第一屆執行委員名單為：尤清、洪奇昌、顏尹謨、張晉城、劉福增（副會長）、李勝雄、林永豐、林鐘雄、謝長廷、周清玉、郭吉仁、陳水扁、陳永興、蔡式淵、黃爾璇、江鵬堅（會長）。參見「數位檔案」「執委會紀錄／第二次創會會員會議紀錄」（1984 年 11 月 23 日）http://www.digitaltahr.org.tw/pages/db/pdf/M000-007b.pdf。
15 第一屆、第二屆台權會會長江鵬堅雖然是黨外立法委員，但那是因為試圖憑藉其國會議員的身分，保護拒絕向政府登記人民團體的台權會所行的權宜之計。這只要觀看台權會最早期的章程第六條即可了解：「本會會員不得利用本會名義或標誌對外從事競選活動」。另依第三屆會長陳永興醫師之回憶：「那時的台權會當然有民進黨的人 與在裡面，但我們覺得要超越黨派保持政治的中 是很重要的，當時有一個不成文的默 ，當台權會的會長絕不 與政黨，我去當台權會的會長時也沒有 與民進黨的政治活動，我們都認為人權團體不能等同於政黨或成為外圍團體」。參見數位檔案「口述訪談／陳永興」http://www.digitaltahr.org.tw/pages/db/pdf/OS001.pdf。
16 參見數位檔案「口述訪談／李勝雄」http://www.digitaltahr.org.tw/pages/db/pdf/OS002.pdf

　　由於成員與黨外／民進黨互有重疊，而當時反黨國體制的政治領導人，具有法律背景的所在多有，而且非暴力抵抗的路線，前提是必須肯認現行憲政體制[17]，因此台權會執行委員中，法律專業者也占據相當大的比例。依據台權會歷年的執行委員名單可知，這個現象一直延續到未來的兩個時期，沒有太大改變[18]。在 2000 年之前，台權會的法律人清一色都是律師，但從林峰正擔任會長後，開始邀請法律學者入會成為執委，台權會出現了質變的重大轉折（詳如後述）。從此以後，律師（實務）與法學教授（理論）分占台權會法律專業者陣容。

　　法律扶助基金會於 2005 年成立後，包括台權會在內的各社運團體律師成員，大多成為法扶領導團隊，個案需要律師協助之際，亦由法扶提供救援律師，因此法學教授成為主力。從 1984 年到 2003 年為止，共十九屆的會長中，律師占了十屆；會長不是律師，但副會長是律師的，則占了五屆，律師在台權會的重要性可見一斑。而在《法律扶助法》通過，法扶開始正式運作後，從 2004 年開始，連續八年的會長、副會長都是法學教授，直到 2012 年賴中強律師擔任會長，才又回到「常軌」[19]。律師的角色重在個案與實務救援，法學教授的角色則著重於人權知識與人權議題的更新與倡議。律師從政辭去執委者時有所聞，但截至目前為止，台權會執委中的法學教授則從來沒有從政的人。總之，單憑台權會執委群中法律專業者的質變，就已預示另一個階段的開始。

　　當然，以上對台權會法律人的分析，絕對不表示台權會的歷史純靠法律人支撐；由於法律人是「自然科學、社會科學乃至於社會脈動的鄉巴佬」[20]，其他專業的執委以及秘書處專職成員的存在，才是台權會真正的原動力。從兩位秘書長的口述訪談中可知，台權會的這種特質，自草創期伊始，從未放棄：

---

17 法律人、醫師等專業人主導的民族／民主運動一向是弱小民族抵抗殖民者運動的特色。台灣歷史上更可追溯到日治時期。參閱拙文「『大正民主』與治警事件」輔仁法學第 24 期，2003 年。

18 同前引紀念特刊 12-19 頁。

19 而這個「常軌」，和馬政權以政治力強行收編公視董事會之後，復用同樣手段架空法扶，驅逐推動並草創法扶的人權律師們有絕大的關聯。

20 這句話衍生自德國十九世紀的法學大師薩維尼（C.F.von Savigny）的名言：「法律人是社會科學的鄉巴佬」。

　　如果比較司改會與台權會，我覺得台權會是草根出身，草莽性比較重，比較像幫派，很重義氣，挺一個人就挺到底，對台灣主體性的理念也比較一致，同志感是很重的，但也因此比較沒有章法紀律。司改會就是一群法律人，法律人跟醫生是階層文化很清楚的兩群人，所以我剛進司改會一開始比較大的衝擊是，如果你不具有法律專業，你的專業是會被質疑的，當時還會抱怨律師都不理我們。[21]

　　我覺得台權會是一個蠻有機的團體，裡面的成員會形塑他的樣子，每個人進來都會有學習跟成長，即使是會長。志工培訓我認為是很重要的，除了請他們來幫忙，也能讓他們成長，甚至可以從中找到未來的工作人員或社運工作者。如果執委們也有這種體認，不要覺得我來就是老闆的話，這樣就會出現互相成長的空間。也曾有律師執委說我們很像學生社團（意思是亂亂的、沒有制度），但我覺得這樣也蠻好的，小小的規模，沒有那麼多層級，靈活度就會比較高，彈性較大。[22]

| 圖 4.2　1988 年台灣人權之夜

---

21 數位檔案「口述訪談／王時思」http://www.digitaltahr.org.tw/pages/db/pdf/OS015.pdf
22 數位檔案「口述訪談／吳佳臻」http://www.digitaltahr.org.tw/pages/db/pdf/OS019.pdf

三、第二個十年：個案救援、制度倡議、教育推動、多元化的人權場域

　　第二個十年（1994 年—2003 年），台灣史上發生了許多重大變革，包括修憲、國會全面改選、廢除國民大會、總統直選，以及史上第一次政權和平輪替等。如果不深究轉型正義未竟的結構性缺憾，台灣的自由權至少在外貌上獲致了前所未有的成果。因此，台權會在這個時期的工作重心，就能「清楚地確立了並非把人權當作政權手段的創會宗旨」[23]，相對也比較專心在本國人與外國人（尤其是中國民運分子與圖博難民）的個案救援，以及更深入制度面的改革，並開始廣結國際人權盟友，進行人權教育與倡議。三個世代的人權中，也比較有餘力在社會權上發揮功能。

　　此時期最具代表性的工作，就是救援蘇建和案，以及由此衍生的各種司法制度改革與推動法律扶助制度立法；聲援公娼生存權、移民移工人權、女權、同志人權與軍中人權等。在自由權部分，也走出對台灣人而言相對陌生的一步，例如：抵制國民卡智慧卡化政策，以免國家侵犯個人隱私，之後更不斷防止國家利用新科技監控人民；推動兩公約國內法化，以及成立國家人權委員會，試圖有系統地將台灣人權與國際人權法和機制接軌。最後，值得大書特書的，是與民間司法改革基金會，在 2003 年共同成立「廢除死刑聯盟」，直接挑戰危及生命權核心的「國家殺人」制度。

　　這十年中，台權會變化之大，可以從執委會紀錄裡略窺一二。例如執委會在 1994 年 10 月分的會議紀錄，重點如下：

（一）1994 年工作計畫草案

1. 出版《台灣人權雜誌》（雙月刊）

2. 出版《台灣人權報告》

3. 舉辦募款晚會（台北、高雄各一場）

4. 舉辦世界人權日晚會

5. 選拔台灣人權報導獎〈獎金〇〇元〉

---

23 同前引紀念特刊 6 頁。

6. 推動軍中人權小組工作

7. 推動反對警察刑求工作

8. 舉辦軍中人權關懷之旅

9. 舉辦獄中人權關懷之旅

10. 出版人權叢書：

(1) 《黑牢嫁妝》

(2) 《國家殺人》

(3) 《台灣人權國際觀察報告》

(4) 《台灣人權發展史》

(5) 《國民人權手冊》

11. 十週年人權海報徵選大展

12. 十週年紀念音樂會

13. 舉辦 1994 年台灣人權民意調查[24]

　　這樣的執委會紀錄可謂簡略異常，但關注的焦點確實逐步擴大。這種現象，直到 2002 年都沒有太大的變化。但是到了 2003 年魏千峰律師擔任會長的時候，已經非常不同了。同樣的「年度工作計畫」，在議程的順序上已經排到第五順位：

五、本年度工作計畫（重點報告）

1. 募款餐會：預計九月舉辦，請大家開始佈人脈。

2. 實習生：今年暑假續與「願景青年行動網」合作，將有二名實習生來會實習。李茂生建議申請台大社會服務（法律、政治系）。

3. 人權資料彙整（3/1-4/30）：教育部委託案，決議參考輔大雷神父整理的資料內容，以台灣可以找到的資料優先。

4. 人權音樂會：企畫案內容再諮詢文建會加以修改。

---

24 數位檔案 1994 年 10 月 14 日執委會會議記錄。http://www.digitaltahr.org.tw/pages/db/pdf/M010-006b.pdf

5. 論文補助計畫：Peter 建議於網站上設立論文專頁將論文上網，並召開座談。

6. 中國人權：讀書會持續召開。甲○○案週年及其他個案將於近日開會討論後續處理。

7. 個人資料保護聯盟：日前於內政部召開「全面換發身份證及全民指紋建檔」公聽會外進行抗議行動，擬與聯盟團體另召開會議討論後續行動。

8. 台菲 NGO 論壇：亞太公共事務論壇提案並申請經費，預計 6 月底由台灣 NGO 組團赴菲律賓與當地團體進行初步訪視，尋求未來合作機會。明年則由菲律賓組織來台訪問。

9. 國家檔案公開與個人隱私之爭議：另召開小組會議討論。

六、臨時動議

1. 影子報告：行政院統籌之國家人權報告即將於三月底出爐，Peter 建議台權會另提 NGO 的影子報告，由吳豪人老師擔任召集人。本議題將於下週召開小組會議。

2. Peter 建議邀請台權會顧問開闢講座，增加顧問參與感，同時進行內部訓練。

3. 由於警察及監所人權講座邀約不斷，林峰正建議執委踴躍認領擔任講師。[25]

　　到了 2004 年之後，會議紀錄所顯示的報告事項和討論議題，才真正展現了台權會在人權事務上「無所不管」的特質。比方 2004 年 2 月的執委會紀錄內容，已經是過去的數倍，在此無法全數引用，但至少包含了「會務（前月工作報告／財務報告）／專案（八項）／個案（兩項）／待提議案（六項）／對外交流（四項國際交流）／臨時動議」[26]，直到 2013 年都呈現有增無減的現象。何以如此？

---

25 數位檔案 2003 年 3 月 15 日執委會會議記錄。http://www.digitaltahr.org.tw/pages/db/pdf/M019-001b.pdf

26 詳細請參閱數位檔案 2004 年 2 月 11 日執委會會議記錄。http://www.digitaltahr.org.tw/pages/db/pdf/M019-012b.pdf

在林峰正前會長[27]的口述訪談中，有如下一段話：

Peter[28]回來後他就常講說，台灣除了政治犯問題解決外，應該要開始解決專業的人權問題，如何將台灣的人權問題提升到國際水準？這個說法得到會內多數人認同，陳菊離開後政治色彩較濃的成員也漸漸離開，取而代之的是律師、學者大批進入。[29]

　　如果從組織代表性人事的新陳代謝角度而言，這段回憶的重點就是「陳菊離開（1997）／黃文雄進來（1998）」，其意義也許可以解讀為一個典範轉移的過程，「從兼職的業餘人權維護者，轉變成全職的專業人權維護者」（from the part-time amateur humanrights defender to the full-time professional humanrights defender），或者少是一個典範想像的過程。而這正是台權會第二個十年的最大特徵。

　　公民團體的社會認識度，通常與其代表性成員密切相關，所以具有反省力的社運團體，總是避免過度集中在某「明星成員」的光環下。而在學術研究中，這種傾向更明顯。但是黃文雄在台權會的歷史轉型期中，卻是一個無可忽略的例外。過去台權會的重要成員固然有許多「專業人士」，例如專業律師、醫師或政治家，辦公室也有專職人員，但從未形成一個「以人權為專業的／專業人權工作者」的概念。所謂「專業的人權工作者」，必須有一整套具有普世性格，可與國際接軌的人權思想理論與實務的專業知識，而不是一知半解自我杜撰的個人化人權詮釋[30]。

　　因此，黃文雄的夫子自道，值得在此引述：

---

27 第 16-18 屆會長，2000-2002 年。
28 作者注：即刺蔣案主角，第 14-15 屆會長(1998-1999)黃文雄。
29 參見數位檔案「口述訪談／林峰正」http://www.digitaltahr.org.tw/pages/db/pdf/OS006.pdf。
30 舉 2009 年大改組之前的舊國際特赦組織台灣分會的理事成員為例，當時有些創會理事甚至是公然贊成死刑的，完全不知道英國總會主張廢除死刑的基本理念。而數位檔案中，前會長邱晃泉律師的回憶，也值得參考：「陳水扁當了市長之後，很多人說台灣沒有人權問題了。由此可知，台灣人對人權的了解太有限了。」http://www.digitaltahr.org.tw/pages/db/pdf/OS004.pdf。

一九九八年一月，我在台權會年會上被選為會長。之所以終於選擇人權，有幾個主要考慮。

首先是人權和民主的密切關係。「以數人頭代替打人頭」的「選舉民主」（electoral democracy）不是真正的民主，比較理想的民主必須同時是政治的（political democracy，以公民與政治權利為基礎），社會的（social democracy，以社會與經濟權利為基礎），和多元的（pluralist democracy，以個人的和集體的文化權利為基礎）。台灣的民主化還在開始階段，對人權還需要下很大的打底的工夫。

其次，台灣從一九七一年退出（其實是被趕出）聯合國之同時，也脫離了國際人權體系。但其後的幾十年裡，國際人權體系在規範和機制上都有極可觀的發展，一步步滲透了眾多國家的 法、憲法解釋和人權實踐。同時，全球、區域和國家層次的公民社會，也出現了一個國際組織和個別政府都難以忽視的國際人權運動，我們不能自外於這個發展。再則，如果國內社運多做國際串聯，早晚會發現，外國夥伴的工具箱裡都有國際人權規範與機制這項，以與其他工具交叉運用，並成為共同語言之一；而這正是我國社運所不熟悉和缺乏的，有必要補足。

第三，台權會必須更有意識的釐清自身在社運裡的位置和角色。不論是否舉出人權的旗幟，多數社運團體其實都是廣義的人權組織，只是關注的人權議題或服務的對象各有不同，例如婦女權利之於婦運或勞動權利之於工運。相對而言，台灣人權促進會，有如國際上的 Human Rights Watch〔人權觀察組織〕和 AI〔國際特赦組織〕，卻是（不加限制的）的標舉人權，以促進所有人權為目標，這種國際、區域與國內人權組織國際通稱為 generic（或可譯為綜合型），有其公認的必要。問題是，如以百貨公司和柑仔店做比喻，台權會很小，顯然近於後者，不可能什麼都做，所以必須有意識的慎選目標。一個很明顯的原則應該是：宏觀人權在台灣的發展，找出別的社運組織沒在或不太可能去做的人權工作。[31]

---

31 參見數位檔案「口述訪談／黃文雄」http://www.digitaltahr.org.tw/pages/db/pdf/OS005.pdf。

　　黃文雄前會長的這段話，已經清楚指出台權會未來的走向與自我定位。而對照第三個十年台權會的實際運作，也證明確實如此。那麼，台權會在二十五週年的紀念特刊中，為什麼會將第三期註解為「如何定位自己找到未來」[32]？

┃四、第三個十年：轉型不義與自我再定位

　　台權會經歷的第三個十年（2004 年─2013 年），台灣發生更為劇烈，而且「嶄新」型態的巨大轉折，筆者稱為「轉型不義」（transitional injustice）的時代，這個時代最重要的政治變化，就是民進黨怠於推動轉型正義，並迅速失去黨外初衷，結果民進黨失去政權，國民黨二次政黨輪替成功，馬英九政權開始長期執政。

　　國民黨政權捲土重來，不是因為他們一改過去的威權體質，成為比民進黨更進步的新政黨，而獲得國民再次支持。正好相反，從馬取得政權後，台灣整體人權倒退的驚人實事[33]來看，驗證了台灣無法實踐轉型正義的後果，不僅民主人權乃至於人性價值無法進步，更嚴重的是鼓舞了原本做賊心虛的不義，同時還促成了不義的轉型與進化。過去赤裸裸的、肉眼可辨的不義，大抵都是粗暴的、軍警的、迫人為奴的以及強詞奪理的，解

---

32 同前引紀念特刊 6 頁。雖然本特刊出版於 2009 年，因此僅以「第三個十年的中間線」名之，不過以筆者親身參與台權會執委會的運作經驗，至今該會仍不斷循著黃文雄所提供的線索，動態地持續摸索自我定位。至於定位成功與否，詳見後文。

33 馬英九總統上任之後，集行政、立法、司法大權於一身，成為二十年來台灣所未見的新強人。然而此時的馬總統，卻立場丕變，不再接見中國民運人士、拒絕聲援圖博抗暴以及達賴喇嘛訪問台灣、不與香港民主派議員接觸、堅持不肯廢除國安三法（甚至堅持改「惡」集會遊行法）；尤有甚者，又把中國海協會秘書長陳雲林來台訪問，視為 Carl Schmitt 為希特勒量身訂造的「例外狀態」（der Ausnahmezustand），一夕之間將台灣人權降低到與中國相提並論的低水準；其後更放任國家機器鎮壓抗議民眾，起訴聲援野草莓學運的學者們。隨後，則一方面背棄昔日黨政分離的政治承諾，積極進行同額競選國民黨主席，復放任國民黨佔壓倒性多數的國會，制定各種違憲與侵犯國民基本權的法律（如行政中立法）。政權輪替轉瞬六年，侵害人權的重大事件接踵而生，令台灣公民社會疲於奔命。凡此種種，都是向兩蔣時代的戒嚴價值致敬的反動作為，不知何「轉型」之有？遑論「正義」。

嚴之前就是絕佳的例子。如今，台灣的不義卻是有民意基礎的、依照民主程序立法的、依法行政的，以及司法背書的。這四點原本是民主法治國家的常態，不料在台灣卻構成了筆者所謂的「轉型不義」，是轉型正義的反命題。轉型正義越不能落實，「轉型不義」就愈發加速進展。後者越成功，前者便越無望，終至正義完全被逆轉，不義大獲全勝。姑且不論這種進化快速的不義，還有以軍公教為代表的、列寧主義加上納粹型凡庸之惡的戰後文化，以及低劣惡質媒體交相賊的大力推波助瀾。只此四大支柱所撐起的新型不義，便足以在短期之間，令得台灣與民主自由永訣。而勝負的關鍵，在於這種不義的「難以辨識」。

「轉型不義」難以辨識的原因之一，在於其將一切正義理念、一切救濟管道都形式化、空洞化、戲仿化以及去實務化。「轉型不義」不會因為被「國際輿論」、「國際人權基準」挑釁，而憤怒失控的辯稱「這是干涉內政」[34]；正好相反，它會非常謙遜，而且樂意參加各種國際人權組織，簽署各類國際人權公約，發表或使用其知識所及的任何人權修辭，然後再用形式上完全合法的「民意、民主程序之立法、依法行政以及司法背書」四樣武器，非常抱歉的告知國際社會，「我們是國民主權的國家，而我們的國民用選票命令政府，說他們並不需要這麼多的權利，這麼多的偉大價值。他們要的是快樂與消費，而我們政府無法違逆人民的要求」[35]。

面對這種「轉型不義」的時代，台權會的歷史無可避免地必須拋棄單線進化的幻想。換句話說，台權會在這個時代固然已逐漸具有第二時期（黃文雄所帶領的人權典範轉移所不可缺）的專業意識，與「專業人權捍衛者」的部份能力，面對的卻是一個外觀不易辨識，內容卻徹底「古典」的人權侵犯共犯結構。因此，除了必須面對接踵而至的人權侵犯個案與通案，台權會還得花費更多的時間、金錢與人力，向社會大眾反覆「證明」這個共犯結構何以不義。無怪乎紀念特刊對這個時期，有深深的迷惘與無力感：

---

34 像中國北韓等國，還經常使用這一類的辯詞，可見其國內的諸多不義仍然極為「古典」。
35 參閱拙文「人權的腹語師：鄭南榕無法想像的馬英九政權」收錄於『焚而不燬台灣魂鄭南榕』第七屆蔡瑞月舞蹈節文化論壇，2013 年 24-33 頁。

　　「人權」從街頭、黑牢竭力凸顯的不公平現象，逐漸被政客吸納成民粹的流行用語，但真正動搖經濟文化與政治結構的深層意識，卻一直無法有效訴諸公眾[36]。

　　如果第三個十年的關鍵字是「轉型不義」，那麼例如樂生療養院強制拆除案（2004 年）、強制按捺指紋釋憲案（2005 年）、高砂義勇隊紀念被強制拆除案（2006 年）等，時序上屬於本期的台權會重要案件，如今看來只不過是一個人權黑暗時代的預兆，性質上應該屬於第二個十年。第三個十年是台權會最疲於奔命的時期；其中針對馬政權所提出的一連串「人權治國」政策，一一予以檢視真偽後，最吻合上述的迷惘與無力感。

　　馬政權批准兩公約並使其國內法化，制定施行細則，要求所有法規命令凡有牴觸者均應修改，還提出「中華民國史上第一份國家人權報告」，並進行「國際專家審查」，在表面上都進步無比。對此，台權會集合公民團體之力，提出反報告，密切聯繫國籍專家，長期參與政府相關部門的各種會議，藉以監督、檢測，確保政府「不是玩假的」——就算是玩假的，台權會也要讓它「弄假成真」[37]。遺憾的是，這個唾面自乾的轉型不義結構，從不會因為言行不一而有何困擾羞慚。公民團體「弄假成真的」算盤落空了，徒然地耗盡大量的資源，而所獲得的冷淡反應，其實只要一點邏輯推論的能力就能輕易預見。

　　從上述人權被復辟的黨國權力架空，被不幸的台灣社會視為某種「鑽牛角尖的偏執狂」的時代背景之下，給了台權會另一個不得不追求自我再定位的理由。解釋這個理由之前，筆者想引用羅伯特‧諾齊克（Robert Nozick）的三種烏托邦類型稍作鋪陳。

　　根據諾齊克在名著《無政府‧國家‧烏托邦》[38]一書中的分類，人類在批判社會現狀之餘，設想出的各種理想形態，可分為：

---

36 同前引紀念特刊 7 頁。

37 關於此點，可參考由台權會擔任平台的兩公約施行監督聯盟所做的努力。http:// covenants-watch.blogspot.tw/。

38 Robert Nozick "Anarchy, State, and Utopia" Basic Books (1974) 日本語 ，嶋津格 『アナーキー 国家 ユートピア——国家の正 性とその限界（上 下）』（木鐸社，1985 年二 本‧1995 年一 本）。

(1) 帝國主義型烏托邦：強制所有人等，必須生活於某一特定形式的共同體。

(2) 傳道型烏托邦：說服、勸誘（而非強制）所有人等，生活於某一特定形式的共同體。

(3) 實存（願者自來）型烏托邦：對於某一未必普世，但可能符合某些人需要或期待的共同體，採取願者自來的開放態度。

　　實存型的烏托邦，是一個「最小國家」（minimal state）的概念，以個人的存在及權利不可侵犯為前提，不信任世界上存有什麼「唯一最善」、「非此不可」的社會形式。這種小國寡民的共同體，往往成為無政府主義的代名詞，在歷史上屢受壓制。然而，對於理性自律、自由的個人，實存型烏托邦卻是最貼近他們期盼的社會型態。

　　帝國主義型烏托邦最具熱情與群眾魅力，歷史上也為禍最烈。納粹、蘇聯與中國均屬此類型；近代國民國家泰半可算入傳道型烏托邦。不過，諾齊克擴大了一般人容易聯想到的帝國主義型烏托邦。他認為不是只有像納粹等國的集體主義，凡是有「福利國家」傾向的，如馬克思主義、社會民主主義，甚至美國民主黨式的自由主義，都有可能因為過分自信，而踰越「傳道」的分際，轉為否定其他可能性存在的帝國主義[39]。換句話說，傳道型烏托邦稍有不慎，便容易流於帝國型的烏托邦。《國際人權公約》的出現，雖然是遷就以國民國家，也就是傳道型烏托邦，為基本單位的現實世界，所作出的妥協；但妥協的結果，仍然有抑制「由傳道而入帝國」的功能，同時也為實存型（最小國家）烏托邦留下一線生機。《國際人權公約》的現實與嚴肅之處，絕非庸俗的「符合國際潮流」可以解釋，在理想與道德上的高度，更不是以「國情不合」就能拒絕。

　　因此，台權會處處援引《國際人權公約》，甚至更先進的《歐盟人權法》，目的不在於「挾洋自重」——從傳道型烏托邦誤入（人權）帝國型烏托邦。正好相反，台權會規模微小的人力（專職人員五人／兼職一人／

---

39 就此而言，我們也可以引申推論，一個過度強調民族主義的國家（請注意：前提是「國家」）無論對內對外，均隨時可能由「傳道」而「帝國」。

十六名無給職執行委員）及年度預算（平均為四百萬元），對比它試圖推行或宣稱涉入的人權事務廣度、深度，則黃文雄的樂觀比喻──「以柑仔店的規模經營百貨公司的業務」，已經不能有效解釋；而且從台權會與權力抗衡的常態性挫敗，以及在社會能見度逐年降低的狀況來看，目前的台權會毋寧趨近於一種「從傳道型烏托邦，逐漸退守至（人權）實存型烏托邦」的狀態。

在台權會的成員看來，人權其實是個再現實不過、再具體不過的概念。《世界人權宣言》──一部普世憲法──以及由此衍生的兩大人權國際公約，從其中所羅列的人權清單看來，人類渴求的烏托邦，架構其實早就完成了。國際人權清單提供一套烏托邦競合時的遊戲規則，目的是在避免競合之下的傷害。同時，這些人權清單也必須與時俱進，隨時增刪，目前存留下來的，是在迭經歷史考驗後，被公認最有效的遊戲規則。因此，國際人權清單的普世性並非來自信念，而是來自實證，也是在各種勢力衝突妥協下，最低限度的權利規範。台灣不是國際社會承認的「國家」，但若能謹守國際人權規範，不但大有希望加入傳道型烏托邦之列，對於內部新舊族群矛盾的解消，更將相得益彰。這是一條切實可行的路徑，但是它的價值不斷被拒絕、被恥笑與被誤解，所以至今在台灣仍然是烏托邦。托爾斯泰如此描繪：

> 我騎在一個人的肩膀上。他餓了，我遞給他麵包；他累了，我用手帕為他拭汗。我不斷輕聲細語的鼓舞他，安慰他──但是我就是不肯從他的肩膀上走下來。

這是一段準確誠實的觀察筆記，告訴我們烏托邦之所以遙不可及，並不是山不肯朝我們走來，而是我們不肯朝山走去。過去台灣曾奮力向山走來，如今卻逃避自由，背山而去。當台權會自以為趨近傳道型社運組織時，不幸的社會卻大量出現「帝國型」的批判聲浪，而黨國復辟體制則與中國聯手視之為安那其（anarch 無政府主義者）……。這是筆者十年觀察所得到的預言，而距離這個預言的實現顯然不會太久。

圖 4.3 集遊法不服從

五、結語

　　近代國民國家，特別是民主國家，國民都非常冷靜的意識到，市民社會的力量展現，如憲法，目的是在防止國家機器與政治人物暴走，因為「他們」的天堂往往就是「我們」的地獄。因此，公民對於政治鬥爭過於入戲，完全不必要。

　　從這個角度來看，兩千年政黨輪替之後，台灣市民社會中和所謂四社三會，或是與群策會、李登輝之友會等政治性格較強的團體不太一樣，政治取向不明顯的社運團體，如環保、人權、婦女、同志與原住民等廣義的人權團體，基於威權時代與民進黨「共鬥」的情誼，以及厭惡在野的國民黨毫無節制的杯葛，所以對於新政府治國無方的窘態，多少採取相對寬容的立場。但是，許多社運團體很快就發現，和政治人物「講情義」無異自

廢武功，徒然使民間社團的生命力萎縮。因此，不必等到陳總統連任成功，他們就已經非常有意識的拒絕被政治人物綁架。一切回歸人權理念，回歸知識與理性思辨，回歸權勢者最討厭的「極端」、「基進」的信念，保護被踐踏的人群與土地。而這正是台權會從創會以來，不斷自我警惕，並且在第一次政黨輪替之前就確立的態度。

　　這是非常正確而且聰明的態度。因此，在許多議題上，包括台權會在內的社運團體，從來不曾向政治人物繳械。「他們」做了侵犯人權、踐踏土地、濫開政治支票的惡事，「我們」就提醒／揭發／批判／抵抗；如果「他們」比較有道理，「我們」就道歉／支持。不過，後者的情況萬中無一。原因在於台灣的市民社會所累積的知識量，遠遠超過深為政治惡鬥所苦／樂的，或受到選票／派系／財團／官僚體系／政治利益等非知識因素制約的「他們」[40]。其實，就「取得政權者必與人民為敵」[41]的原理觀之，歷史已經證明執政黨與在野黨的同質性甚高，他們手下的大小官吏同質性更高；而最令人讚嘆的，是兩者對人權團體的指責如出一轍。

　　筆者從服務於台權會十年來的粗淺經驗中體會，社運團體不但要「堅守民主陣容」，而且必須樹立某些典範，以破除盛行於台灣的許多壞習慣。黃文雄先生的名言：「人權之外，六親不認」就是台權會刻意樹立的典範。乍看之下似乎矯枉過正，但是台灣社會（尤其是政治社會）「只認六親，不認人權」的惡習實在太嚴重了。人們期盼正義具有普世性，是因為現實生活中真正「普世」的是不義。比方說，在 2005 年指紋案釋憲辯論庭中，內政部代表至少用了一百次「所謂人權團體」[42]，稱呼拒絕台灣成為歐威爾筆下「老大哥社會」的一百個社運團體；還有一個「前國策顧問」，唯恐天下不知他是「人權律師」的內政部訴訟代理人，居然當著大法官面前，得意洋洋地說：「為了治安，就算造成幾個冤獄又如何。」

　　如果「取得政權者必與人民為敵」的公式恆真，那麼台灣在 2000 年

---

40 觀看 2005 年夏天司法院大法官為了強制按捺指紋是否違憲所召開的辯論庭中，「我們」和「他們」的臨場表現，即可思過半矣。

41 台權會前財務長葉博文語。

42 為了反諷這個「取得政權者必與人民為敵」的原理，台權會在 2004 年的募款餐會主題便是「極端分子二十年」，2005 年則是「『所謂』人權團體」。政權再次輪替後，募款餐會主題越形激進，例如 2009 年的「永遠的抵抗·永遠的異議」。

政黨順利輪替，民進黨政府在人權議題的表現上令人不滿，也就不必太過驚訝。事實上，號稱「人權立國」的民進黨政府，八年執政的人權成績單裡，最令人詬病的有兩項。其一是對轉型正義——歷史性不義未曾認真平反，也就是對於數十年來累積在台灣社會，鋪天蓋地的威權體制遺毒，清洗不力，甚至與其共舞，例如放任《國安三法》存在，甚至積極使用《集會遊行法》箝制人民集會結社自由；對於原住民新夥伴關係承諾全面跳票；對司法改革消極不作為。其二是以反恐及「維護社會治安」之名，進行全民監控，如全民指紋與基因資料庫建檔；將外國人、外勞或新移民，以有罪推定的心態，大幅限制其權利，並放任甚至誘導社會歧視；放任警察以《兒少法》第 29 條，進行網路監控以及打壓同性戀者。此外，要特別提出的，是涵蓋上述兩者，純粹只因政黨或個別政客的政治利益考量，而在行政、立法與司法每個層面上都嚴重侵害人權，完全暴露各政黨、各部會顢頇無能真面目的「樂生院事件」。與以上種種「human wrongs」的對抗，台權會可說無役不與。

　　儘管民進黨執政後，對人權事務的無能有目共睹，不過這些違反人權的現象，泰半是出於對國際人權理念的無知（如第三代人權）或怠於更新，尚可哄騙對於國際人權標準疏離的台灣國民。第二次政黨輪替後，台灣人民原本拭目以待，失去政權八年的國民黨是否記取教訓，決心痛改五十年獨裁與威權的心態，展現捍衛民主人權的進步作風；但顯然國民們要徹底失望了。如果民進黨的問題在於顢頇、無能、貪腐與追從美國；重奪政權的國民黨，除了延續民進黨的顢頇、無能、貪腐，更以徹底獨裁的舊思維，加上追從一個在任何面向，都備受國際社會譴責的反人權獨裁政權——中國——的人權低標，使台灣的人權現狀跌到前所未有的低潮[43]。

---

43 11 月初中國海協會陳雲林來台前後台灣政府的所有「鎮暴」「逮捕」「移送」「驅離」的行動，正是個引爆點。參見吳豪人「台灣人權再檢驗」『民主季刊』2009 年夏季號。在拙文中筆者指出：「從上述各個事例可知，陳雲林來台之後的台灣政府與執政黨壟斷的國會，所有後續行動以及諸多政策，在在都顯示：新政權已經毫不掩飾的表達，他們對於二十年來台灣努力積累的人權價值是如何的不屑。從 11 月以來短短一個多月，政府侵犯人權的諸多惡行，最令人瞠目結舌的是其『古典性』——對於第一代國際人權基準的自由權（遑論第二代的社會權）的種種侮蔑。」至於「新潮」，則指的是其善於使用卻架空人權語言的「轉型不義」特色。

對抗以上種種「既復古又新潮」的「humanwrongs」，台權會仍是無役不與。

　　台權會創立至今，三十年來物換星移，對於罹患人權冷感症候群的朋友；對於世界人權清單日漸更新，卻一無所知的朋友；對於侵犯他人人權，或被他人侵犯人權而渾然不覺的朋友，人權嗅覺敏銳且了無矯飾的台權會，似乎只是永遠的極端分子組織。與其說「極端分子」是台權會的自我膨脹，毋寧說是各個時代裡，自覺或不自覺踐踏人權之士，在本身作為被台權會質疑、詰難或公諸於世時，惱羞成怒之下給台權會的封號；如果可能，也許他們更樂見這是個「諡號」。不知是幸或不幸，台權會的宿命就是扮演目擊者，甚至反抗者，持續不懈地對各種侵犯人權的事實發出警訊、提出控訴，並尋索癥結、設想解決之道。在此過程中，必然遭受來自被批判者的反彈與壓力，以及汙名化。證諸台權會的歷史，這幾乎是自明之理。

　　但是，正如已故的台權會創會會長江鵬堅先生所言：「人權組織是永遠的在野組織，它將持續扮演監督與關懷的角色，對國內外黨政者的違反人權的措施，將不斷提出批評，並以推動人權國際化為宗旨」[44]。這段話

---

44 「人權組織是永遠的在野組織」幾乎是台權會的中心理念，前會長邱晃泉就說過：「真正的人權團體，精神上，必然是『在野』的，也常常是『不受歡迎』的」。前引紀念特刊 33 頁。前會長林峰正則具體指出：「台權會對於跟執政體系劃清界線，也有覺悟。邱晃泉律師當時被聘為無任所大使、黃文雄被聘為國策顧問，都是馬上就辭掉執委。而且很值得驕傲的一點是，我們不跟政府拿錢」。同特刊 37 頁。林佳範前會長在受訪時也強調：「作為一個人權團體，一旦有幹部從政，都可能變成我們監督的對象。因此台權會的章程很清楚，這種情況下你必須自動請辭。不管是哪個政黨執政，就是我們要監督的對象。就算有政黨傾向，只要影響到人權，對人權的觀點絕對會超越政黨傾向。」http://www.digitaltahr.org.tw/pages/db/pdf/OS009.pdf 例如，媒體在二○一三年披露會長顧立雄將代表民進黨參選台北市市長後，台權會與本人求證後，立即召開臨時執委會，依照章程讓顧自動辭去會長與執委。陳永興前會長在訪談中說得更為徹底：「台權會刻意去和民進黨保持距離，這是正確的。人權團體是為了弱勢 爭取權益，任何政黨都可能迫害人權，即使民進黨也不會例外。所以保持距離、批判，我認為這是合理的，人權團體是永遠在野的」http://www.digitaltahr.org.tw/pages/db/collection/human-rights-oral-metadata.jsp?id=10604。
而曾經領導 2006 年紅衫軍行動的前會長魏千峰，雖然標準更嚴格，但也承認：「我認為社運應該超越政治，台權會在這個方面上就還 OK，雖然說它成員有綠色的傾向，但它不拿政府的錢。」http://www.digitaltahr.org.tw/pages/db/pdf/OS007.pdf。而早期曾擔任台權會總幹事，日後往政界發展的民進黨籍現任立委李昆澤也認

在當年或許只是一種自我期許，但是過了三十年，台權會用實際行動，證明一個決心永遠在野[45]的公民團體，自有無可取代的價值。

｜參｜考｜文｜獻｜

アナトール フランス（Anatole France），『クレンクビーユ』村松正俊
　　、平凡社（新興文　全集）、1931。

「台灣人權促進會人權檔案數位典藏計畫」http://www.digitaltahr.org.tw/

台灣人權促進會，「永遠的抵抗永遠的異議──台灣人權促進會成立 25
　　週年紀念特刊」，TAHR 報秋季號（2009 年 8 月 14 日）。

吳豪人，2003，〈「大正民主」與治警事件〉。《輔仁法學》第 24 期。

吳豪人，2013 年，〈人權的腹語師：鄭南榕無法想像的馬英九政權〉，
　　收錄於『焚而不燬台灣魂鄭南榕』第七屆蔡瑞月舞蹈節文化論壇，頁
　　24-33。

Robert Nozick "Anarchy, State, and Utopia" Basic Books (1974)日本語 ，嶋
　　津格 『アナーキー 国家 ユートピア──国家の正 性とその限界
　　（上 下）』（木鐸社, 1985 年二 本 1995 年一 本）。

為：「現在的台權會已經朝向更多元的人權議題討論，已經更成熟了，而且跟民進
黨的這群人完全不同，這是我們感到很欣慰的部分，這個社會，政黨可以輪替，人
權是不能輪替的。」http://www.digitaltahr.org.tw/pages/db/pdf/OS014.pdf。

45 前引特刊在頁末曾刊出二十五年來有跡可證的捐款者名單共一千六百餘人。仔細觀
　察這份名單，也可窺見台權會自詡「永遠在野」的決心。最大的證據之一是，一千
　六百餘人當中，大資本家以及「官虎」的比例真是少之又少（雖然有兩個日後成為
　總統的捐款人──陳水扁與馬英九，但當時均以個人身分捐款，時任台北市長的馬
　英九的捐款，更是假託野百合學運世代的林正修捐款；而陳水扁更因積欠會費而被
　除名）。而且，絕無一筆來自「官府」。

CHAPTER **5**

女權火，三十載：
書寫婦女新知基金會

范雲、周雅淳

扉頁底圖攝影／提供：周穎賢

　　從李元貞等人在 1982 年成立「婦女新知雜誌社」，到 1987 年 11 月轉型為「財團法人婦女新知基金會」，迄今已超過三十年，是台灣歷史最悠久的性別倡議團體。我們接著將以婦女新知基金會的主要刊物《婦女新知雜誌》，以及其他出版品為材料[1]，從成員、組織特性、歷史發展等面向，勾勒這個組織在台灣社會婦女運動中所扮演的角色。

▍一、成立緣起

　　婦女新知雜誌社的創立，可以說是承襲 1979 年為美麗島案入獄的呂秀蓮未竟之工作。呂秀蓮為台灣本土女性主義先驅，提出「新女性主義」，認為要「先做人，再做男人和女人」，強調「男女的實質平等」、「人盡其才」，鼓勵婦女「左手握鍋鏟，右手拿筆桿」（呂秀蓮，1988: 4-5；顧燕翎，1990: 117）。她對台灣性別問題的發聲，肇始於當年台灣兩個新聞事件的衝擊。一是大學聯考女性錄取率逐年攀升，媒體在 1971年時開始討論「防止大專女生過多之道」；隔年留美準博士鍾肇滿因妻子外遇，將其殺害後逃回台灣投案，輿論卻一面倒指責已婚婦女不貞。呂秀蓮針對這兩個事件投書媒體，主張應給予男女相同的發展機會，方能使女性發揮才能貢獻社會；並且痛陳「生命與貞操孰重」，批評傳統父權社會將女人貞操視為財產的觀念。系列文章見報後，呂秀蓮受《中國時報》之邀撰寫專欄，並開始四處演講，推廣新女性主義，在歷經多次制度化的努力，均遭戒嚴時期的政府否決或駁回後，遂於 1976 年成立「拓荒者出版社」（呂秀蓮，1988: 3）。

　　拓荒者出版社在 1976 年與 1977 年短短兩年間，除了出版探討性別議題的書籍外，也試圖在北高兩地，透過社會參與的方式推展兩性平權，如：舉辦講座、培力課程，以及婦女節相關活動；進行家庭主婦社會調查；成立諮詢婦女問題的「保護妳」電話專線等（顧燕翎，1989: 112-

---

1　《婦女新知雜誌》在 2004 年 7 月改名為《婦女新知通訊》，發行頻率由每月一次，改為每季一次。如今婦女新知基金會已建構數位化資料庫，收藏歷年重要的出版品、照片、影音紀錄等，網址為：http://awakening.lib.tku.edu.tw/

113）。由於政府當局的壓制，以及呂秀蓮本人遭情治單位跟監、調查再度出國，這些進展因此中斷；1979 年美麗島事件爆發，呂秀蓮入獄，台灣社會一度出現的婦運就此沉寂（周雅淳、黃嘉韻，2012: 20）。

除了這些活動與出版，拓荒者出版社與呂秀蓮的另一個重要貢獻，是讓當時對性別問題有所不滿及反省的個人，得以在這樣的過程中建立網絡，並為日後的集結奠下基礎。例如先後進入出版社的王中平、施叔青、曹又方、羅珞珈、張小鳳、鄧珮瑜等人；而李元貞、顧燕翎等，則是在呂秀蓮的演講及出版社等公開場合，認識彼此（顧燕翎，2002: 9）。婦運網絡從此展開，之後雖然歷經呂秀蓮的出國、入獄，但婦運已有的小小火花，還不致於完全中斷。

若以當時的政治與社會氛圍來看，當年的黨外運動已形成全台串連，呂秀蓮涉入亦深，加上婦女運動的推展屢遭當局刁難，因此她在一九七〇年代後期認為，婦女運動需結合政治方能達成目的（呂秀蓮，1988: 4），所以投入黨外運動、參選國大代表，終因美麗島事件入獄。呂秀蓮入獄後，受到極大衝擊的李元貞等人，並未放棄理想，她和其他後繼者嘗試了另一條路線：一方面降低政治色彩，試圖減輕政府當局的打壓（李元貞，2002: 2-3）；另一方面則強調婦女運動與其他政治運動、社會運動一樣重要，除了與其他社會運動、政治團體除彼此奧援，亦保持適當距離（李元貞，1997: 3）。

▍二、開創者的背景與事蹟

（一）發起成員的特性

呂秀蓮在 1979 年至 1982 年間入獄，以李元貞為首，包括薄慶容、吳嘉麗、鄭至慧、李素秋、徐慎恕（後改名謝百合）、簡扶育、黃瓊華、黃毓秀（後改名劉毓秀）、曹愛蘭、尤美女、李豐等人，持續輪流舉辦小型聚會，對於婦運的未來，只能限於小規模朋友間的討論。直到 1982 年，李元貞評估雜誌印刷每月成本僅需兩萬元，在自己的經濟許可範圍內，邀

集十位社務委員，每月捐款一千元，於二月開始發行《婦女新知雜誌》（李元貞，2002: 2）。

作者之一曾寫道，「運動的組織模式與行動策略的選擇，的確受到政治機會結構（以及制度環境）的影響，但這個過程，有很大的一部分並不是由結構截然決定的，而是行動者在結構的誘因與限制下，主動進行選擇而產生的」；「運動者的生命傳記背景，會影響他們對組織、議題與行動策略的選擇」（范雲，2003: 9）。這些早期參與者的特質，正好反應了這種狀況，從而為婦女新知三十餘年來的路線奠下基礎。

以李元貞為例，不但個人的生命經驗，歷經性別意識覺醒的過程，在從事婦女運動的初始，關注的焦點更是性別與階級。她在夏潮與天主教修女的介紹下，進入廣慈博愛院的婦女職業訓練所，擔任義務教師，輔導被查獲的從娼婦女。她在工作過程中發現，婦職所其實功能不彰，因此在1978 到 1981 年間，與其他以個人身分進入婦職所的各界人士，共同舉辦調查、義演、募款、募集物資等工作，但不論是在媒體、輿論或婦職所本身，都沒有得到很好的回應，工作也被迫終止（周雅淳、黃嘉韻，2012: 20-21）。

她事後反省，認為社會整體性別意識的提升，才是促進性別平等、解決性別問題的根本，因此轉向成立自主的女性社團：婦女新知雜誌社。在第一期的發刊詞中，明白指出「從前一些對婦女不公平的立法，需要重新修定，同時在家庭教育、學校教育、社會教育上，推行適合男女平等的兩性教育」，並且主張「哪裡有自己的權利和自由，要借助男人為我們爭取的道理！應當婦女們自己站出來，結合開明的男子們共同為新的兩性社會……」（婦女新知雜誌社，1982a: 4）。

若以 1994 年為界，在這一年之前與之後加入婦女運動的參與者，均為大學以上學歷，階級屬性則為中上或中產階級（范雲，2003: 153），加上雜誌社位於台北市，「都市中產階級女性菁英圖像」，相當程度描繪了這群早期成員的特性。成員全是大學以上的學歷，在當年兩性教育機會尚不平等的年代，相較於其他女性群體顯得更為特殊；其中更有許多人曾出國留學，或是醫生、教授、律師等專業人士。

這樣的知識與階級背景，也反應在《婦女新知雜誌》的內容呈現上。

雜誌社在 1987 年解嚴轉型為基金會之前，刊載於《婦女新知雜誌》的文章，除了每月固定的婦女新聞整理外，大致可分類為當代女性人物與清末以降婦運領袖介紹；相關婦女法律個案分析、評介及修法立法倡議；婦女議題如強暴、墮胎、工作權、婚姻等討論；國外女性主義理論、文學、藝術、電影等翻譯介紹，對一般民眾而言有進入門檻。李元貞回憶當時雜誌發行的狀況，就已體認「小雜誌的讀者最多時接近一千，平常約五百到六百，影響力很小且飽嚐其他人的冷嘲熱諷」（李元貞，2002: 2）。

（二）後續加入者

　　這些早期成員的特質；轉型為基金會後的立法倡議路線，加上《婦女新知雜誌》呈現的知識型態，新加入基金會的成員就如同范雲的分析：「某些運動組織形式可能使得某些特質的運動者較容易被甄補。」（范雲，2003: 154）婦女新知在解嚴後的新加入者，很大一部分來自北部各大專院校學生。在尚未解嚴前的 1987 年，婦女新知舉辦的華西街大遊行，吸引不少已參與民主運動、勞工、原住民、環保等運動的大學生加入，其中一些不滿社會運動及學生運動內部性別現象的女大學生，也在大學校園內成立女性研究社團，如 1988 年成立「台大女性研究社」，是台灣第一個女性主義學生社團；女研社創社成員柏蘭芝與曾昭媛等人，和婦女新知也互動頻繁。另一方面，女大學生也透過婦女新知進行跨校集結，如 1989 年成立的「挺角度」，就是一群年輕女學生，希望透過電影欣賞、讀書會、討論會、寫作等活動，以較為文化的層次進行性別運動（挺姊妹，1991），成員除了女學生，也包括當時婦女新知的丁乃非、王蘋、倪家珍等成員。婦女新知在 1990 年學生運動的高峰期，舉辦第一屆全國大專女生姊妹營，擴大校際連結；之後在清大女研社發起下，「全國大專女生行動聯盟」（簡稱「全女聯」），於 1991 年成立（胡淑雯，1998: 28）。

　　這些女性主義學生社團，除了在個別校園中，也透過全國串連進行活動，並與婦女新知保持密切關係，在各校性騷擾或女生宿舍門禁等議題上，彼此聲援串連。在連續發生數起校園性騷擾事件後，終於在 1994 年的師大女學生性騷擾案後，促使婦運團體與全女聯共同發起「女人連線反

性騷擾大遊行」，讓這樣的合作達到高峰（陳佩英、張譽馨，2006: 54-55）。

這樣的參與與合作經驗，讓胡淑雯在 1998 年即提出的「女學生運動的下一步可能是女性主義專業者運動」在今日實現（胡淑雯，1998: 32）。當年挺角度或全女聯的成員，在大學畢業後多在國內外繼續深造，其中許多更以性別為研究主題，在返國取得大學教職，或進入專業工作後，仍以專業在婦運團體中擔任職位，從事婦運。例如先後成為婦女新知專職工作者或董監事的柏蘭芝、孫瑞穗、曾昭媛、張娟芬、許秀雯、伍維婷、楊佳羚、官曉薇等，都曾是這些女學生組織中活躍的成員。

除了這樣的成員特性，婦女新知將組織主要力量放在修法及相關政策與文化倡議的方向，讓進入組織的門檻相對提高，即使初期已以中產階級婦女為主要成員，今日婦女新知的董監事更是清一色為律師、教授、建築師、文化工作者等專業人士，除了修法與政策倡議需要相當知識背景外，本文後半敘述的組織變遷過程，也可用來解釋這樣的成員特性何以形成。

（三）辦雜誌集結力量、宣揚理念

從今天的角度也許無法了解，這群女人為何會以「辦雜誌」作為運動組織的策略。然而，只要回到當時的背景，就能了解這個選擇的許多政治、經濟等實際考量。

在政治方面，台灣從 1949 年 5 月 20 日到 1987 年 7 月 15 日實施戒嚴，憲法保證的自由權利，如人身、言論、新聞、祕密通訊、集會結社、遷徙等，都受到大幅限縮，其中又以 1949 年施行的「台灣省戒嚴時期防止非法集會、結社、遊行、請願、罷課、罷工、罷市、罷業等規定實施辦法」及「台灣省戒嚴時期新聞紙雜誌圖書管制辦法」，影響台灣社會運動發展最鉅。由於國家力量的高壓統治，台灣的民間社會力，有將近四十年的時間難以集結施展，非但不能公開發表反對政府的言論，即使對一般社會現象有所反省或不滿，也難以找到表達的管道。為了突破政府的種種言論限制與封鎖，關心不同議題的社會團體，紛紛以「辦雜誌社」的方法突圍，除了宣揚理念，亦設法集結意識形態相近的人士（周雅淳、黃嘉韻，2012: 19）。

在解嚴前開始倡議「男女平等」的呂秀蓮和婦女新知等人也是如此。呂秀蓮在從事婦運之初，曾以「時代婦女協會」之名，向內政部提出成立申請，但當局以「其宗旨與婦女會之宗旨頗多雷同，自可加入婦女會為會員」拒絕（顧燕翎，1989: 110），因此以「出版社」為名，是在政治打壓與制度化努力失敗後，必然的策略和妥協結果。而在美麗島事件發生後成立的婦女新知雜誌社，更是明白地以這樣的方式降低政治色彩，以避免當局可能的政治聯想，並將「推廣男女平等觀念」，優先置於「挑戰政治威權」之前[2]。這樣的策略，成功為婦運在解嚴前取得一絲進可攻、退可守的有限空間，可以被稱為台灣婦運在威權時期的「擱置組織」（范雲，2003: 161）。當時的中文名稱「婦女新知」，可說是個四平八穩的選擇，反而是英文名稱 Awakening 傳達出濃厚的女性意識，以及要啟發廣大婦女群眾的動能。

在經濟層面，出版雜誌相對低廉、可負擔的特性，參與者不需太多外援，只需糾集少數理念相近的同志（通常也是女性知識分子或菁英），每月負擔一定的金錢就足以維持，使這個在當時局限於菁英女性的運動形式得以維繫。

事實上，除此之外的活動形式，需要的經濟能力遠超過當年參與者所能負擔。例如：拓荒者出版社成立第一年，出版十五本書及兩本小冊子，卻因存書過多導致財務困難，人事流動大增。第二年以台北市青商會為名，主辦「男士烹飪大賽」及「廚房外的茶話會」兩個活動，雖然造成轟動，但當時購買的數十個瓦斯爐具，也造成日後的倉儲費用負擔（顧燕翎，1989: 112）。婦女新知雜誌社在 1983 年，獲得亞洲在台協會奧援四十萬元，才有經費舉辦一系列婦女節活動（李元貞，2002: 2）。

就推廣理念與喚醒意識而言，雜誌社的型態雖然不無限制，但確實對台灣社會的性別意識啟蒙有相當影響，尤其是前述的女學生、女性專業人

---

2 如李元貞在〈思想起〉一文中回憶，1983 年婦女新知雜誌社舉辦的婦女節系列活動，就指出當時的活動除了有向中國婦運者致敬、墮胎門診、婦女議題座談、電影等，也有婦女舞蹈、婦女合唱、婦女雜誌展覽等；並且不談「女權」，而改以「婦女的潛力與發展」取代。因此活動順利舉辦，也達到觀念推廣、喚醒女性自覺等組織目的，參見李元貞，2002: 2-3。

士或一定知識程度的家庭主婦。我們可以說，初期「雜誌社」這種組織方式，以及參與者選擇的論述策略，在婦女新知的發展過程中，都對形塑其運作形態、成員特性，乃致於運動軌跡等，有相當影響。

▌三、組織的變遷發展

（一）經費與來源

　　1982 年，李元貞算出雜誌出版，每一期扣除稿費後，其餘編輯、印務等成本只需兩萬元，因此邀集十位左右的社務委員，以每月捐款一千元的方式，開始定期出版雜誌，但是長期下來仍構成不小的負擔。1984 年 7 月至 9 月，就曾因雜誌社經濟陷入困境，停刊三個月。於是，為了維繫已有的成果及網絡，在 1984 年 10 月至 1986 年 3 月間，縮減為八開四頁的報紙形式，每月出刊兩千份，免費贈閱。之後，有編務專長的鄭至慧進入雜誌社，加上獲得亞洲協會的計畫補助，以及主要成員如李元貞等人持續募款，才得以慢慢突破窘境（吳嘉麗，1992: 2）。

　　由於「雜誌社」在法律位階上是營利組織，使其不論在募款或活動推廣上都遭遇阻礙。1987 年解嚴後，相關法律規範也解禁，婦女新知雜誌社內部成員合力籌措六十萬元，並承諾永不取回，於同年 10 月組織轉型，立案成立「財團法人婦女新知基金會」。

　　轉型為基金會後，婦女新知的募款、財務等工作，終於能夠以非營利組織的方式步上常軌。由於基金會的資本額僅六十萬，孳息勢必無法支撐基金會運作及從事婦運工作，因此積極取得資金來源，在「從事婦運」的主要目標之外，成為另一項非常重要的工作。分析歷年經費來源，大致有以下幾種：

　　1. 年度募款：婦女新知每年會固定舉辦募款餐會，報告每年的工作成果及來年的計畫。和許多 NGO 一樣，這類活動是婦女新知重要的資金募集來源，也是與支持者面對面的溝通平台。

2. 小額捐款：這個資金來源除了不定期的個人捐款，機構本身也設計不同的勸募活動或管道，不僅開拓財源，也能藉活動機會宣傳機構理念[3]。另外，網站募款，以及從 2013 年開始結合發票電子化，申請愛心碼 3899 供民眾樂捐發票，都是網路化及電子化時代新闢的募款管道。以 2012 年為例，這項捐款與第一項捐款，就占了婦女新知收入來源的 75％。

3. 政府相關單位計畫補助：政府將難以執行的工作項目，外包給民間團體執行，一直是許多民間團體取得經費的重要方式。民主化之後，在民間的壓力下，有些政府單位也開放部分經費，培力民間團體。本文所受惠的婦女新知數位典藏資料庫，就是國科會補助支持的研究計畫。

4. 民間其他基金會或募款單位：部分金援充足，尤其是背後有企業支持的基金會，往往是許多公益 NGO 取得經費支持的重要管道。但婦女新知是帶有強烈批判父權色彩的倡議團體，不易取得偏好溫和議題的企業基金會青睞。因此，「中華社會福利聯合勸募協會」和「公益彩券盈餘」的專案補助，就成為每年推動重要年度工作的業務資金來源。整體而言，這方面的經費是婦女新知經費來源較少的部分。以 2012 年為例，包含（前項）政府以及聯合勸募等公益基金支持的專案收入，只占該年度整體收入的 23％。

（二）組織轉型：從雜誌社改組成基金會

　　「基金會」是婦運團體在政府解嚴，鬆綁公民組織形式的限制後，最常採用的組織模式。婦女新知雜誌社的核心社員，在 1987 年募集成立基金會所需的六十萬元，向內政部提出申請，正式成為第一個以基金會運作的婦運團體——「財團法人婦女新知基金會」。後來婦援會、現代婦女、勵馨等組織，也紛紛採取這種模式，成為台灣婦女運動組織的重要特色（范雲，2003: 162）。

3　例如婦女新知曾與趨勢科技合作，舉辦企業內 Give & Match 活動，只要捐款人數超過十人或五百美元，企業便同時捐出相對金額，參見婦女新知基金會，2011a。

　　根據婦女新知基金會的組織章程，基金會設董事會及監事會，董事會下設秘書長、秘書（後文稱工作室）及財務長。在實際運作上，是在董事會下設議題分組，由具有相關專長的董事及工作室成員加入，在小組會議中詳細規劃與討論各項工作，再交由工作室負責執行，並提交董監事會議決與監督（婦女新知基金會，無年代: f）。在工作室組織方面，目前設有秘書長、組織、政策、文宣等部，由於這類倡議型 NGO 通常議題繁多、人力吃緊，幾乎每個工作室成員都身兼數個重要的議題要推動。

　　受限於基金會不得招募會員的法律規定，使這種組織形式從一開始就沒有草根發展的可能。對照婦女新知雜誌社初始成員的都會、中產階級與高學歷等特性，採取這種組織途徑可以避開本身的弱點（如相對缺乏動員地方基層群眾的能力），並且最大程度發揮所擁有的有限資產（由少數菁英支持或小筆投入的資金）（范雲，2003: 163-164）。當然，解嚴初期也有成員擔心，會員制可能會被有心人士滲透、取代[4]。

　　婦女新知的這種組織方式與特性，加上婦運團體日益增加，婦運議題日漸分殊化與分工化，不可避免地要更加強「專業」和「知識」這兩個最重要的資產，也出現成員主要是各領域專業人士的結果。婦女新知作為運動組織，在如何與草根群眾銜接上，有三個不同的策略：一是以發展協會的方式，擴大組織並與草根結合，其中比較成功的是台北婦女新知協會，以及高雄婦女協知協會。另一項發展策略，則是與特定婦女群體的草根團體結盟。每個婦女議題都涉及不同的婦女群體，如職業婦女、新移民女性、教師團體等，透過與它們合作的方式，婦女新知得以專注於擅長的「理念文宣」、「修法」與「政策倡議」工作。第三則是長期穩定地訓練婦女義工，從民法諮詢熱線蒐集實際個案，以了解不同時期的婦女困境與需求。

（三）民法諮詢熱線與志工群

　　國民政府在 1945 年接收台灣後，直接施行 1931 年在中國通過的民法親屬編，到了 1980 年代婦女新知雜誌社成立，法令規定已相當不合時

4　感謝蘇芊玲閱讀本文初稿時補充的訊息。

宜，在處理婚姻、夫妻財產、親屬、子女等案件上，都出現了許多侵害婦女生存權、工作權、財產權、自由權的狀況。雜誌社成立後，具有法律專業背景的尤美女等人，開始長期撰文，詳細分析各種案例，批判諸多民法的性別不平等之處。到了 1993 年，婦女新知基金會與晚晴協會聯手，草擬「新晴版民法親屬編修正草案」（新知工作室，1993: 3）；隔年基於「女人幫助女人」的理念，以及想進一步貼近、了解各階層女性的需求，作為修法依據，基金會成立了「民法諮詢熱線」，培訓民法諮詢熱線義工，提供全國婦女有關婚姻與家庭的法律諮詢，以及社會福利資源轉介服務（林怡萱，2005a: 1）。

民法諮詢熱線持續運作至今，是婦女新知重要的業務之一，至今已召募十六屆志工，經過訓練、見習與面試後正式上線，每週一至週五都開放民眾以電話免費諮詢。志工團由工作室組織部管理，設有志工督導與志工，並有專業律師進行課程訓練及諮詢。除了接線外，志工也組成劇團，以戲劇的方式進行倡議工作。

諮詢熱線成立迄今，每年都有數千通諮詢電話，這些志工們除了多年不輟的接線工作，也在民法修法過程中扮演了極重要的角色。一方面，早期許多資深志工，本身就是舊民法的受害者，她們積極轉換角色，從「受害者」成為「助人者」；她們現身在抗議現場，往往就是有力的個案。另外，志工們配合婦女新知的修法策略並積極參與，更是這些策略成功不可或缺的原因。例如，在「新晴版民法親屬編修正草案」出爐後，民法親屬編修法種子隊，深入社區宣導萬人連署活動（古明君，1994: 8-9）；草案送入立法院後，為避免重蹈「兩性工作平等法草案」遭長期擱置的覆轍，志工們組成「婆婆媽媽立院遊說團」，直接進入立法院旁聽每一次民法審查會議，除監督立委問政外，也產生直接的民意壓力（婆婆媽媽遊說團，1995: 17-18）。

民法陸續完成部分修正後，志工們再組成「婆婆媽媽法院觀察團」轉進法院，從 1998 年 6 月至 1999 年 2 月，每天進入台北地方法院家事法庭旁聽，觀察法官審理家事案件的過程，並公布法官四大性別盲點（婦女新知基金會，1999c: 1-5）。次年再度組成第二屆婆婆媽媽法院觀察團，觀察對象除了法官，還擴及書記官、庭務、律師和當事人，針對各方提出具

有性別意識的建議；提倡應有專設家事法庭，並要求法院協助當事人認識訴訟程序（婦女新知基金會，2000: 8-16）。2001 年第三屆法院觀察團，則開始催生《家事事件法》（婦女新知基金會，2001c: 11）；同年為了進入社區，推廣修正過的民法新規定和性別平權概念，志工們組成行動劇團，之後在 2002、2005、2012 年都推出不同戲碼，針對民法、家庭暴力、兩岸婚姻、長期照顧等議題進行倡議（婦女新知基金會，2002, 2012a；林怡萱，2005b）。

▌四、運動與組織的關鍵事件

　　婦女新知基金會的歷史，至今已超過三十載，這把女權火從肅殺的戒嚴時期，到民主政黨輪替，至今依然烈焰熊熊，其議題橫跨婚姻體制的平權修法、身體自主、工作場域的性別平等、性別教育、婦女參政，以及晚近的多元成家與照顧公共化等，繽紛龐雜，難以在短短的文章中完整敘述。民法親屬編的平權修法，可以說讓台灣的異性戀婚姻體制較具平權性；目前推動中的「廢除刑法通姦罪」及「同志結婚權」，則可看作婚姻體制的第二波改革，重心移轉至性與親密關係的民主化。性別教育也是比較具有成果的議題，主要聚焦在教育體制內的性別平權改革。除了教科書的性別平等內容外，最重要的當屬 2004 年通過的《性別平等教育法》[5]。婦女參政則是另一個頗有成果的領域，其核心成就在於推動各級民選及政府公職的女性參政比例[6]。

　　以下，我們選擇四個較具故事性的事件作為切片，分別是國父紀念館

5　此法的總則中說明其目標為「促進性別地位之實質平等，消除性別歧視，維護人格尊嚴，厚植並建立性別平等之教育資源與環境」。此法案源自於教育部兩性平等教育委員會委託四位民間學者陳惠馨、沈美真、蘇芊玲、謝小芩負責研擬「兩性平等教育法草案」。這份草案即包括學習環境與資源；課程、教材與教學法；師資之培育與聘任（包括職前與在職教育）；性侵害與性騷擾之防治等項目。這期間由於國中生葉永鋕事件，推動者更為注重性傾向、性別特質、性別認同的部分，並且在 2002 年將名稱「兩性平等教育法」改為「性別平等教育法」。對性別平等教育推動過程有興趣的讀者，可以閱讀蘇芊玲（2001）。

6　有興趣的讀者可以參見黃長玲（2001）以及范雲（2010）。

事件、鄧如雯殺夫案、南洋台灣姊妹情，以及從母姓運動，讓讀者從工作
場域性別平等議題、家庭暴力、新移民女性權益，以及平權婚姻體制這幾
個運動議題中，了解婦女新知這個組織。然而，沒被揀選的主題不代表不
重要，很可能只是運動仍在進行，或是限於篇幅難以清晰呈現。這是不得
已的選擇，我們也相當遺憾。

（一）工作與歧視：國父紀念館事件

　　婦女新知自成立以來，性別與工作可說是持續耕耘、從未中斷的議
題。職場上的性別不平等，幾乎舉世皆然，台灣社會也不例外。例如，故
宮博物院在 1960 年代就立下院規，要求女性導遊人員在錄用時，必須先
寫切結書，同意在結婚後辭職（陳長華，1985 年 4 月 13 日，《聯合報》
七版）。《聯合報》在 1973 年也報導，鐵路局的莒光號小姐，即使通過
考試仍是約聘人員，而且結婚需立即辭職（聯合報，1973 年 3 月 8 日，
《聯合報》三版）；高速公路管理局自 1974 年起，限制未婚女性才能報
考高速公路收費員，而且一旦結婚就要離職，直到粉領聯盟 1995 年到泰
山收費站抗議後，才取消規定（賴燕芳，1995 年 3 月 3 日，《聯合報》
七版）。

　　從這種狀況看來，1987 年發生的國父紀念館事件，其女性服務員所
面臨的職場狀況，根本是整個社會的普遍現象。這個事件最大的特殊性，
在於這是台灣婦女歷史中，首度非個人單打獨鬥，而是有系統地進行組織
內（國父紀念館內女服務員）和組織外（如婦女團體婦女新知雜誌社；以
及其他單位如高雄中正文化中心、故宮博物院、國立歷史博物館等）的串
連，並以改變管理辦法與組織工會為訴求，試圖以制度改革取代個人式補
償的抗議行動。婦女新知長達十餘年努力推動《性別工作平等法》的立
法，即以此事件為起點（周雅淳、黃嘉韻，2012: 33）。

　　1987 年 8 月 3 日，國父紀念館五十七名女服務員共同連署一份委任
書，委託呂榮海律師寄出存證信函，要求館方在當年 8 月 20 日前，取消
約僱女服務員懷孕或年滿三十歲必須自動離職的規定，同時召開記者會，
說明國父紀念館的做法違憲，而且歧視婦女工作權。他們的主張得到輿論
支持，教育部要求館方檢討改進，但同時間其他跟進的團體，如高雄市立

文化中心的女服務員，她們的訴求就沒有獲得接受。

由於國父紀念館館方的態度不明，並且開始對服務員施壓，於是有六個婦女團體，在 8 月 18 日到國父紀念館遞交抗議書，並舉辦聲援記者會，包括婦女新知、新環境主婦聯盟、台大人口中心婦女研究室、台北婦女展業中心、進步婦盟、晚晴協會等。8 月 21 日，國父紀念館女服務員代表、委任律師及婦女團體，前往教育部及勞委會請願，都沒有獲得明確回應。直到 8 月 25 日，國父紀念館館方才修訂約僱契約書，取消懷孕及三十歲離職的規定，但保留一年一聘制。

然而，其他單位仍然拒絕進行任何檢討、改變，這些單位的女服務員於是在 8 月 31 日召開記者會，宣布成立「社交機構女服務員工會」，以團體方式爭取權益；婦女新知的尤美女律師，也同時宣布成立《男女雇用均等法》法案小組，推動立法，直接保障平等工作權（李瓊月，1987：1-5）。「男女工作均等法法案小組」成員包括尤美女、涂秀蕊、陳美玲、劉志鵬、潘正芬等律師，以及施繼明先生、馬維麟小姐，經過一年研議及三次公聽會修正後，提出完整的《男女工作平等法草案》，並在 1990 年 3 月 27 日，由國、民兩黨共三十九位立委共同連署，正式提案進入立法程序。這是台灣解嚴後，第一部由民間主動發起，並撰寫完整草案爭取立法的法律。

但法案提出後，面臨企業積極反彈、政府消極回應的狀況。在政府方面，以多項法律已有規定，無須重複立法的理由推諉；行政部門拒絕提出對應法案送立法院審查，以拖延議事進度；執政的國民黨也直接下達「緩議」命令，在立法院內冰凍審查程序。企業方面則以「工商建研會」為首上書李登輝總統，將《男女工作平等法》與《消費者保護法》、《環境保護法》，共同列為「企業出走的十大惡法」，並公開發表〈影響台灣經濟法令及政策建言書〉，反對制訂《男女工作平等法》，主張全數刪除民間提出的草案內容；在法案審查期間，還透過與政府單位及立法委員合作，以消極抵制和積極杯葛的方式，阻擋法案的審查進度。

從 1990 年之後的十年內，《男女工作平等法》多次排入委員會審查，都遭到擱置，直到 1999 年因第四屆立委上任，所有法案全數歸零，數個婦女團體發動「38 女人前進立法院」陳情活動，將修正至第六版的

婦女新知版《男女工作平等法》送入立法院；此時行政院終於提出相對草
案，並更名為《兩性工作平等法草案》，立法委員也提供了九個版本。經
立法院一讀決議，責成行政部門進行整合後逕付二讀。經過十五次會議討
論，2001年6月1日協商整合版本出爐，12月21日三讀通過《兩性工作
平等法》，並於隔年3月8日開始施行（田庭芳、伍維婷、羅儀芬、陳瓊
芬、林以加、吳麗娜，2002: 8-20）。從1990年3月正式提案，到2002
年3月開始施行，這個法案在立法院裡耗了十三年，才得以通過與實行。
實施數年後，立法院於2007年12月19日再次修訂，加入性傾向等內
容，更名為《性別工作平等法》。

　　在《性別工作平等法》施行前，婦女面對的職場不平等，包括禁婚禁
孕；工作機會集中在可替代性較高、薪資較低的傳統行業，而且難以升
遷，同工不同酬；經常面臨工作家庭二選一，或工作家庭兩頭燒的抉擇，
以及職場性騷擾普遍存在等（周雅淳、黃嘉韻，2012: 38-44）。婦女新知
基金會除了在立法層次上，持續在立法院與立法委員進行結盟、遊說等工
作，也與其他社運團體結盟，舉辦定期與不定期的街頭遊行與抗議活動，
並且進行個案聲援、支持或協助，例如遠東製衣廠彭菊英無故解雇案（婦
女新知雜誌社，1991: 2-3）、長庚楊姓護士控告麻醉醫師性騷擾案（婦女
新知基金會，2001a: 8-11）。此外，婦女新知基金會也拍攝《要孩子也要
工作》及《玫瑰戰爭》兩部紀錄片，探討懷孕歧視及職場性騷擾等問題，
並且長期、有系統地檢視公部門存在的性別歧視（鄭至慧、薄慶容，
1987: 8；婦女新知基金會，1999a: 12；婦女新知基金會，1999b: 1；婦女
新知基金會，2005: 2）。

　　在運動策略上，由於修法歷程跨越十餘年，為維持議題不墜，婦女新
知挖掘各種職場上的不平等現象，持續以各種不同方式，如遊行、記者
會、公聽會、座談會、訴訟、影片、連署、媒體投書、手冊或宣導品出版
等，對社會各族群進行溝通，在漫長的過程中喚醒公民意識、提高社會共
識，從而對政府施壓。

　　從國父紀念館事件到《性別工作平等法》立法的歷史，代表台灣婦女
運動中一個重要的路線——以立法為手段，推動性別平等的社會改革。不
可諱言，直到今日，工作場域中仍存在許多性別不平等，但以《性別工作

平等法》的立法經驗來看，制度改變的途徑，仍然有可能使社會進步加速（周雅淳、黃嘉韻，2012: 53）。

（二）婚姻暴力：鄧如雯殺夫案

婚姻暴力問題，始終是婦運關注的焦點之一。婦女新知從發行雜誌開始，就經常以女性主義觀點，探討婚姻暴力的問題，例如：婚姻暴力並非專屬於中下階層家庭，而是各階層普遍存在的社會現象；面對婚姻暴力，除了修正不合理的法條外，更要建立婦女庇護所，讓受暴婦女能夠得到安置（陳若璋，1989: 18-20）。然而，這些主張在解嚴前受到言論管制，解嚴後又缺乏聚焦事件來切入，加上台灣社會普遍存在「法不入家門」或「勸合不勸離」的風氣，婚姻暴力問題始終無法得到重視。

直到發生「鄧如雯殺夫案」，才開啟辯論和修法的可能。長期遭受丈夫暴力的婦女鄧如雯，在 1993 年 10 月殺害丈夫後，向警方自首。根據歷次審判的司法調查、媒體報導，以及聲援鄧如雯的婦女團體的文件紀錄，都顯示她不但本人長期遭受暴力對待，連身邊的家人也同遭威脅。

鄧如雯十五歲時，因為照顧生病住院的母親，遭到當時的鄰居林阿棋多次強暴懷孕，後來在市公所調解委員會介入調解，加上林多次暴力脅迫其家人後，被迫與林阿棋結婚。婚後鄧如雯仍長期遭受暴力對待，多次因不堪毆打離家出走，但林阿棋不但到娘家大肆毀損[7]，還以言語和行動恐嚇殺害鄧如雯全家，甚至揚言強姦鄧的妹妹，再賣到妓女戶，鄧如雯在威脅下只好被迫返家（李佳玟，2005: 33）。

鄧如雯的兩個孩子也無法倖免，而且在她將受傷的孩子送到醫院救治後，又遭到先生毆打（許維真，1994: 5）。鄧如雯在七年的婚姻生活中，長期遭受這種身體及精神上的暴力凌虐。案發當天，兩人又爆發激烈爭吵，林阿棋再度恐嚇要殺她全家。累積多年的精神壓力，加上保護家人與小孩的決心，她趁林阿棋晚上九點多上床熟睡後，持鐵鎚與水果刀將他殺害。

此案發生後，旋即引起數個婦女團體的關注，除了由律師王如玄、涂

7　參見《中國時報》，1994 年 2 月 17 日，中國時報新聞資料庫。

秀蕊出任辯護律師外，婦女新知基金會、民進黨玉蘭花聯誼會、婦女發展
委員會、台灣人權協會、晚晴婦女協會等團體，也在開庭時至板橋地方法
院（現為新北地方法院）聲援抗議，陸續還有四十個環保、人權、婦女、
社福、勞工等團體，加入連署聲援鄧如雯的行列。這些團體主張，鄧如雯
是家庭暴力的長期受害者，要求法院從輕量刑，並檢討當時付之闕如的法
律規定，迅速制訂《婚姻暴力防治法》（周雅淳、黃嘉韻，2012: 59）。

　　鄧如雯案發生後，在媒體上引發激辯。專家呼籲，家庭暴力問題必須
視為重要的社會問題（楊索，1994 年 2 月 21 日，中國時報新聞資料
庫），要求政府迅速建立家庭暴力救援防治系統（李文欣，1994 年 2 月
17 日，《中國時報》11 版），並在法院審理過程中擺脫「勸合不勸離」
的迷思（朱悅生，1994 年 2 月 19 日，《聯合報》11 版）。但同時也有輿
論認為，男性從此夜間無法安眠（江漢聲，引述自曾麗敏，1994: 12），
或認為婦女團體不應干預司法審判，將暴力合法化（何鳳鳴，1994 年 2
月 18 日，《聯合報》11 版）；甚至有人採取激烈手段，以電話及信件，
恐嚇聲援鄧如雯的團體（婦女新知基金會，1994: 8-10）。

　　鄧如雯案在當時引起廣泛的社會迴響，與當時台灣社會性別觀念的轉
變、衝突息息相關，李佳玟認為：「面對解嚴之後女性在各方面對父權制
度的挑戰，台灣男性呈現被奪權與閹割的高度焦慮。鄧如雯雖然有長期受
虐的事實，但是，殺夫的行為卻不折不扣是對父權的挑戰，在此背景下，
鄧如雯案的審判變成了不同性別意識形態競爭的場域。」（李佳玟，
2005: 6-7）。

　　李佳玟的解釋，指出了性別權力關係在變動過程中的衝突與張力，同
時也反應在國家與不同立場婦運團體主張的親近性與選擇上。鄧如雯案
後，婦女新知基金會持續倡議制訂《婚姻暴力防治法》，並進行立法研
究，於 1995 年完成《防治婦女婚姻暴力研究》，但未獲政府單位重視。
之後，內政部社會司提供的研究經費於一年計畫結束後終止，加上主事者
涂秀蕊律師的健康因素，整個法案推行工作就此中斷。

　　現代婦女基金會在 1996 年取代婦女新知基金會，推動立法工作，推
出高鳳仙法官研擬的《家庭暴力法》（後更名為《家庭暴力防治法》）。
林芝立指出，「現代婦女」與「婦女新知」的差異，在於「現代」當時的

董事長潘維剛，同時是執政黨立委，擁有較多國家資源；而兩者在議題焦點、是否夾帶性別議題、對行政部門的期待等，也都有所不同（林芝立，2002）。婦女新知採取女性主義的立場，以受暴婦女為主體，討論婚姻暴力問題，著眼於性別平權，希望挑戰父權家庭體制，讓家庭和婚姻關係更平等。婦女新知直指暴力問題的核心在於「權力」；暴力只是施展權力的一種方法，若不改變既有的權力關係，這樣的暴力不會消失（周雅淳、黃嘉韻，2012: 61）。

　　婦女新知對父權家庭的全面批判，令當年以「建立安全、健康、快樂的家庭」為社會福利政策目標的政府，感到坐立難安。相對而言，現代婦女基金會及提出的法案，鮮少有完整、公開的反家暴論述，只有在與公部門合作的大型活動中，宣導「和諧的家庭不能有家庭暴力」的單一概念，就成為政府安全的合作對象；加上現代婦女基金會沒有明顯的運動性格，又能挾大量政治資源，要求公部門配合；而且為求法案通過，理念與主張都能妥協，這些都可以說是《家庭暴力防治法》得以迅速通過的原因（林芝立，2002）。

　　回顧整個過程，婦女新知基金會等婦女團體，在事發後迅速介入為當事人辯護，影響輿論，並主動將個案轉化為立法議題，投入立法研究的努力，都是這個亞洲國家出現第一個防治家庭暴力立法的重要因素。

（三）橫向連結：南洋台灣姊妹情

　　根據內政部 2010 年的統計，台灣共有四十二萬婚姻移民，其中有超過九成是女性，主要來自東南亞國家、中國與港澳地區。台灣社會這種人口變遷趨勢，始自 1990 年代。婦女新知基金會在 2000 年後，開始關切這群因婚姻、遷移、語言或國際身分，處於多重弱勢處境的新移民女性。舉例而言，當時的法律規定她們居留權，「必須與其婚姻關係綁在一起。即使這婚姻已淪為暴力虐待，只要她想留在台灣、想與孩子守在一起，就不可能輕言離婚」。（范雲、曾昭媛，2007）。

　　婦女新知基金會為了發展新移民女性議題，邀請在美濃蹲點，長期研究與協助新移民女性的學者夏曉鵑加入。婦女新知基金會自此展開延續至今的橫向連結——南洋台灣姊妹情，新移民女性權益運動。

　　媒體長期以「外籍新娘」這個相當不尊重這群女性的稱號，報導涉及新移民女性的各種社會新聞，所以有結婚十多年的外籍配偶高呼：「不要再叫我新娘，我都已經是老娘了！」有鑑於此，婦女新知基金會舉辦「不要叫我外籍新娘」記者會，公布「請叫我——」徵文及票選活動，邀請這群女性外籍配偶參與。之後，「新移民女性」的稱號以第一高票獲選。這年，全台灣第一個以新移民女性為主體的民間團體「南洋台灣姊妹會」宣告成立；婦女新知基金會在成立當天也全員出動協助，並歡慶這個草根團體的成立。

　　之後，婦女新知基金會主辦「全球年代中的在地婦運與性別爭議」系列座談會，以及「姊姊妹妹站起來——大陸配偶公民教育工作坊」；2005年合辦亞洲女性移民／移工 NGO 組織者國際工作坊；2006 年與板橋社大合作「大陸配偶公民教育暨組織培力工作坊」，同年舉辦四場兩岸法律與台灣婚姻法律的課程；此外還舉辦「新移民女性講座」，培力熱線志工熟悉新移民女性議題，因應開始緩慢增加的新移民女性求助電話，提供更好的服務[8]。

　　新移民女性面對的是性別議題，也是跨越族群、階級與福利體系的層層矛盾，「須與不同議題的團體結盟才能逐步解開各種癥結」（夏曉鵑，2010）。於是，婦女新知基金會與南洋台灣姊妹會在 2003 年 12 月 12 日，邀集關注移民、人權與勞工議題的團體，共同成立「移民／住人權修法聯盟」。經過一年多逐條閱讀與討論行政院版的《入出國及移民法》草案後，在 2005 年 3 月完成移盟版的《入出國及移民法修正草案》，之後展開密集的遊說與抗議行動。

　　2007 年 11 月《移民法》三讀通過，移盟爭取到了防家暴條款、家庭團聚權、反歧視條款、建立正當程序、禁止婚姻媒合商業化與物化女性、鬆綁外國人參加集合遊行、移工與雇主訴訟期間可延長居留、保護人口販運被害人等內容。此外，要求政府放寬財力證明，卻歷經各種遊說而無法達成，移盟遂結合南洋姊妹會、台灣國際家庭互助協會、屏東好好婦女權益發展協會等移民草根團體，組成「沒錢沒身分行動聯盟」，在 2007 年

8　以上資料參考婦女新知基金會網站，關於新移民女性的大事記。

9 月 9 日發動「九月九，我們還要等多久」反財力證明遊行。這是台灣的抗議遊行中，首次以來自東南亞與大陸的近千名新移民女性為主體；加上之後總統大選的遊說與動員，台灣政府終於在 2008 年放寬規定（夏曉鵑，2010）。同年，婦女新知編訂「認識新移民手冊」，推動族群平等與多元文化，並且與世新大學合辦「國境管制暨新移民女性培力國際研討會」及「建立各國婚姻移民女性人權資料庫工作坊」活動。

來自中國大陸的外籍配偶，一直因兩岸關係而身分特殊，直到《兩岸人民關係條例》在 2009 年修改時，才爭取到相關權益，包括工作權、較完整的繼承權、取得身分年限縮短為六年，以及驅逐出境應開審查會等。

整體而言，婦女新知基金會在新移民女性議題上，初期的角色是牽成「南洋台灣姊妹情」，以本地婦女團體的資源，倡議新移民女性權益。在新移民女性草根團體「南洋台灣姊妹會」成立後，則共同成立關注移民與移工的跨團體聯盟。夏曉鵑[9]曾在一篇文章中，如此形容婦女新知的角色：

婦女新知是移盟的發起團體，而總愛尋找「帶頭者」的媒體很容易就聚焦在婦女新知。在移盟第一次抗議行動後，絕大多數媒體的報導以「婦團」之名形容此次行動，即使所有的文件我們皆以移盟之名。為了確保移盟作為一個跨團體聯盟的集體，在之後的行動，婦女新知有意識地低調行事，由不同團體輪流擔任記者會等公開行動的聯絡人、主持人，並不斷地突顯「移盟」作為一集體，以避免任何一團體主導，或者成為移盟的代言（夏曉鵑，2010: 153）。

之後，婦女新知身為移盟成員之一，長期關注、爭取新移民女性與移工的相關權益。直到今日，台灣仍有許多法律規定，讓新移民女性無法享有基本人權，特別是國籍法中，對其基本權益設下的重重阻礙。目前婦女新知與移盟專注在國籍法的修法，透過記者會和抗議等行動，積極遊說國會，希望修正後的國籍法能實現新移民的基本人權，讓新移民女性不必因

9　夏曉鵑曾經擔任過婦女新知基金會的董事與副董事長，有數年之久。婦女新知工作室在人力分工上，皆有一位專職成員，負責新移民女性議題。

為家暴離婚或不合理的行政程序，面臨不確定或更冗長的歸化過程，甚至因喪失歸化資格，被迫與子女、家人分離，成為無國籍的人（婦女新知基金會，2012c）。

（四）從母姓運動

在《性別工作平等法》之外，民法親屬編的修法，幾乎是婦女新知基金會從 1982 年創立以來就持續耕耘的工作。

民法親屬編在 1985 年第一次修正，迄今共歷經十五次大大小小的修法。在修正前，民法條文中充斥「男尊女卑」、「父權與夫權獨大」及「法不入家門」的概念，嚴重侵害婦女生存權、工作權、財產權與自由權。法務部在 1985 年發動的修法，婦女團體雖提出建議，但完全未獲採納。

解嚴後，國民大會在 1991 年終於全面改選，產生第二屆國大代表，於隔年開始修憲。婦女新知掌握此一政局變化的機會，開始積極採取「修憲」、「釋憲」、「訴訟」等政治及法律路線。婦女新知首先組成「婦女憲政工作坊」，並在隔年出版《婦女憲章》，內容包含人身自由權、工作平等權、母性保護、婚姻與家庭、參政權、服公職權、教育文化等，七項婦女基本人權，並主張違反性別平等原則的法令，自憲法修正公布施行日起，五年內失效（陳秀惠、崔梅蘭、李金梅、廖錦桂、范郁文、邱花妹、林玉珮，1991）。但 1992 年通過的憲法增修條文，僅在第十條第七項加入簡短的文字：「國家應維護婦女的人格尊嚴、保障婦女人身安全、消除性別歧視、促進兩性地位之實質平等」。

婦女新知與晚晴協會以此為本，於 1994 年 7 月發起釋憲運動，藉由受害個案聲請大法官會議解釋，促使第五屆大法官於該年 9 月 23 日，做出釋字第 365 號解釋，對於民法第 1089 條，有關父母對於未成年子女權力的行使意思不一致時，由父行使的規定，明文揭示與憲法第七條人民無分男女在法律上一律平等，及憲法增修條文第九條第五項消除性別歧視的意旨不符，應自解釋公布日起屆滿兩年時，失其效力（晚晴協會、婦女新知基金會，1994: 2）。在釋憲過程中，婦女新知發起「上草山，十問大法官」行動，就當時民法中違反憲法男女平等原則的部分，向第六屆大法

官提名人公開提問，迫於釋憲結果及此行動產生的壓力，法務部立即宣布三階段修法。1995 年，婦女新知繼續提出釋憲案，就民法親屬編施行法，未配合聯合財產所有權歸屬的修正，設有特別規定及夫妻住所，聲請大法官會議解釋，釋字第 401 及 452 號分別宣告其規定違憲（周雅淳、黃嘉韻，2012: 146-147）。

在這些釋憲行動前，婦女新知已經與晚晴協會合作，於 1993 年推出「新晴版民法親屬編修正草案」，並於 1995 年三八婦女節前後，由八十六名立委連署送入立法院。為尋求民眾支持、製造社會壓力、喚起輿論重視等，除了這些針對司法、立法等公部門之行動外，從 1991 年開始，婦女新知就開始長期耕耘，如多次召開公聽會；發起連署；組成「女人修法大隊」與行動劇團，進入社區進行民法修法宣導工作；開辦民法諮詢熱線；召募義工成立「婆婆媽媽立法院遊說團」，遊說及監督各黨派立委；1998 年組成「婆婆媽媽法院觀察團」，由熟悉民法的志工觀察法官審案的過程，檢視修法運動的落實狀況，並檢視法庭上的性別關係及性別意識（ibid: 141-146）。

在這些活動的強力監督下，依照法務部的三階段修法進程，在 1996 年通過民法親屬編施行法的修正，內容包括子女監護、夫妻冠姓、夫妻住所等修正案，並增訂民法親屬編施行法第六條之一。歷經十一年後，在 2002 年完成夫妻財產制的修正，以「所得分配制」作為法定財產制，取代「聯合財產制」，並增加「自由處分金」的規定。到了 2007 年則完成子女姓氏規定的修正，使子女姓氏不再強制從父姓（ibid: 148-149）。

由於 2007 年通過的相關規定，仍然為德不卒，婦女新知與「監護權媽咪聯盟」於是在 2010 年，聯手推動「驕傲從母姓運動」。在 1985 年通過的民法修正版本中，關於子女從姓的規定，要求必須同時符合「丈夫同意」及「母無兄弟」兩個先決條件，相當嚴苛而不合理，因此婦女新知從 2001 年開始，就針對民法 1059 條：「子女從父姓。但母無兄弟，約定其子女從母姓者，從其約定」的規定，提出爭取從母姓權利運動（婦女新知基金會，2001b: 4-5）。2007 年通過的修正法案，因為多方意見難以整合，仍留下三大缺失：一、民法第 1059 條第一項未明文規定父母雙方協議不成時，爭議的解決方式；二、民法第 1059 條第三項規定，已成年的

子女改姓，仍須得到父母的書面同意；三、民法第 1059 條第五項規定未臻妥善，與 2004 年修正通過的姓名條例第六條第三款規定：「有下列情事者，得申請改姓：『夫妻離婚，未成年子女姓與行使親權之父或母姓不同者』」產生衝突（婦女新知基金會，無年代 a）。

　　「監護權媽咪聯盟」是由一群單親媽媽、繼親爸爸組成的草根團體，她們透過建構網路平台[10]，進行人際連結、法律解析、受害個案分享、新聞轉載等工作；監護權媽咪聯盟與婦女新知基金會結盟，一方面借重婦女新知熟悉修法運作的經驗；另一方面，透過新知的民法諮詢熱線中介，讓更多處境相同的婦女與家庭得以結盟。在這樣的案件中，有許多不能曝光的當事人，但由民間組織彙整不同個案，進行集體倡議，使他們的共同經驗和問題，不至於因這些現實的限制而無法解決。當時，有一篇「從母姓心聲徵文比賽」的得獎文章，訴說這樣的痛苦：

　　離婚後有親權的媽媽，不能替小孩改姓？這個法究竟保護的是誰？有多少對離婚是喜劇收場？要簽一紙姓氏更改協議書，是要這些無權無勢的單媽再度被踐踏嗎？小孩有著一個讓人想到就心痛的姓，將來在家中，也只有他的姓和其他人不同，對他的心理會有多大的影響？單親媽媽，繼親爸爸三天兩頭要被別人冠上錯誤的姓氏，真是情何以堪！這對一個家庭的影響有多大，立法者可以想想嗎？[11]

　　民法 1059 條從 2007 年第一次修正通過到 2010 年間，一方面由監護權媽咪聯盟在網路上持續發聲；婦女新知也在這段時間，發表兩次年度報告；召開記者會；針對媒體不當報導進行監督；舉辦徵文比賽；草擬修正條文，尋求蔣孝嚴等立委協助提案（婦女新知基金會，無年代 b）。立法院終於在 2010 年 4 月 30 日，三讀通過現行版本，使成年子女可自主決定姓氏，不須父母同意；原法條在實務上難以認定的「不利影響」，也改為「子女之利益」。

---

10 2007 年成立「監護權媽咪」部落格，2010 年轉往臉書成立「驕傲從母姓」專頁。

11 參見婦女新知基金會網頁，「姓氏自主」欄位中，「2008 年母親節從母姓徵文活動」第二名文章。網址：http://www.awakening.org.tw/chhtml/topics_dtl. asp?id=25&qtagword，2013 年 11 月 30 日查看。

▌五、運作現況與自我評比

　　婦女新知基金會從前身婦女新知雜誌社創立至今，已經三十二年，在不同的歷史時期，始終肩負開創台灣重要婦女議題的任務。從平權婚姻體制、工作與性別平等、婦女參政、身體自主權、性別平等教育、原住民與外籍配偶權益，到多元成家等議題，婦女新知基金會可說無役不與。婦女新知做為民間組織，關切的議題除了除了延續既有的議題，也會隨著社會環境的改變，開創新的議題。

　　就財務而言，婦女新知基金會在規模上是偏中小型的民間組織，支薪的全職人員很少超過六人，每年預算大約七百萬，主要依靠占收入四分之三的捐款，結構相當單純與健全。

　　在人事上，婦女新知基金會的辦公室運作，相當依賴年輕的新秀，成員多半有性別相關的專業訓練；董監事則穩定、少量地更新換血，多數成員具有學術、法律、文化及其他專業背景。董監事不只是被動的諮詢角色，平常還會以議題分工的方式，與辦公室成員組成議題小組共同工作。在志工部分，維持二十餘位受過訓練的民法諮詢熱線義工，他們的背景大多是家庭主婦或退休職業婦女，除了接線外，也以劇團方式表達民法議題、長期照顧，以及友善生產等議題。從專職辦公室成員、義務董監事到接線與劇團志工，婦女新知基金會每隔一段時間，都有五十位不同世代與背景的女性，投入灌溉基金會關切的各種議題。

　　在運動策略上，婦女新知基金會以教育文宣、修法動員，以及政策倡議為主，把握體制內外各種可能改變的機會實踐理念。就組織定位而言，民法諮詢熱線算是直接服務，但婦女新知也將其定位為累積經驗與作為修法參考的管道。此外，不定期舉辦的大學女生姊妹營，則是持續對新世代的培力。

　　整體而言，婦女新知基金會發展的方式，比較像和不同群體的女性分享理念與資源，例如晚晴離婚婦女、外籍配偶、原住民婦女培力、中小學性別教育教師、希望子女從母姓的媽媽，或晚近以女同志為核心成立的「伴侶盟」。之後，就議題相關性與不同的草根組織或聯盟，共同推動政策、法律或觀念的變革。婦女的組成原本就相當異質、多元，很難有跨議

題、跨階級、跨身分的恆久草根組織；而婦女新知基金會作為台灣婦女運動的重要倡議團體，則展現了一種相當彈性而有效的橫向結盟、平等合作的運動方式。

六、未來的方向與展望

（一）從法律到文化的突破

性別平等的問題，向來不能只靠法律解決。婦女新知從雜誌社時期，就開始批判存在於文化、社會中的各種性別不平等現象，例如舉辦「台北先生選美」，反諷當年如火如荼的選美文化（婦女新知雜誌社，1987），還到選美會場抗議（溫盈盈，1988），批判普遍存在的美麗迷思；2006年則舉辦「廢除美麗統一綱領」系列活動，希望能將美的定義從主流、單一的標準中奪回，進一步理解年輕女性對身體的看法，重新思考與年輕女性對話的策略（婦女新知基金會，2007: 16-21）。此外，婦女新知也反省以父系家族為中心思考的傳統習俗，例如批判傳統祭祀文化中女性「入夫家」的性別規則，抹煞女人的多元性及個人選擇空間（婦女新知基金會，2003）；檢視存在傳統習俗中性別現象（婦女新知基金會，2006）；抗議政府部門性別歧視的祭祀官任用制度等（婦女新知基金會，2009a）。在民法 1059 條修正通過一年後，婦女新知在 2011 年進行修法檢視，以及國人子女從姓態度調查後指出，「雖然法律的條文已經平等，女性和男性一樣擁有子女姓氏命名的權利，但是數據指出社會改革並沒有真正被落實，家庭中的妻子，在擁有了『權利』之後，仍然擁有較少的『權力』」（婦女新知基金會，2011b）。近年來則推動友善生育環境（婦女新知基金會，2013a），籌組生育劇團等（婦女新知基金會，2013b）。

婦女新知著力甚深且時至今日仍有重大社會爭議的，當屬「婚外性除刑罰」。早在十餘年前，婦女新知就提出「不管是大老婆或外遇對象，都是刑法通姦罪的受害者」的觀點（婦女新知基金會，1996），強調在婚外情事件中，需要譴責的是其中的權力濫用和雙重標準（蘇芊玲，2002:

21）。學者官曉薇近年來的研究更指出，通姦罪這種看似性別中立的罰則，在實務上，外遇的妻子和女性第三者，定罪率卻高於男性（范雲，2011）。婦女新知為了讓訴求更為明確，在 2007 年以「通姦除刑罰」取代原來的「通姦除罪化」，主張「藉由除去刑法之罪，除去囚禁刑罰，讓人們學習用更健康的方式處理情感失落和親密關係，而非淪為報復，同時增加女性自由進出婚姻的權利保障，保留民法部分的實質經濟賠償，讓婚姻『始於民法，終於民法』」（婦女新知基金會，無年代 c）；到了 2010 年則進一步將通姦以「婚外性」的概念取代，希望能去除「通姦」兩字所隱含的汙名。

婦女新知在 2008 到 2010 年間，到全台各地（包括社區大學）舉辦草根座談會，與各地婦女團體及民眾座談，毫無意外地遭遇「破壞婚姻者應受懲罰」、「大老婆權益應得到保障」等反對聲浪（婦女新知基金會，2009b）。迄今，基金會仍持續以投書、民調、舉行記者會、發起連署等方式，呼籲廢除刑法第 239 條通姦罪，建立好聚好散的情感文化——婚姻和情感關係本就複雜多元，若不涉及公共利益，不宜由他人道德價值進行論斷和仲裁。所謂好聚好散，就是平時應維持平等尊重的互動關係，面臨分手時刻也才有基礎來保持平等尊重，最終才對人人都有利（曾昭媛，2007: 42）；而國家能做的，「是在婚姻契約無法繼續時，盡可能地讓雙方，特別是弱勢者得到應有的財產與親權保障」（范雲，2011）。

（二）多元家庭的想像

打破「唯有一夫一妻之異性戀核心家庭才是正常家庭」的迷思，在婦女新知三十年的歷史中不斷演進。雜誌社在創立之初，就已開始疾呼婦女權益，但仍將女人的生命想像，置於「進入婚姻」的框架中，例如創刊號一篇主張墮胎合法化的文章，有一半以上的篇幅都在討論「未婚媽媽的悲慘」，以及「未婚懷孕所衍生的社會問題」（婦女新知雜誌社，1982b: 9-11）。後來在雜誌內容中，幾乎沒有關於同志的論述；有關家庭議題的文章，大多環繞在反省傳統母職觀、肯認家庭主婦價值、批判與婚姻、家庭有關的法律等，整個雜誌的氛圍是從異性戀女人的角度出發，雖然對父權提出批判，但並未反省或撼動異性戀體制。

進入基金會的階段後，許多年輕、單身與高學歷的新成員加入，其中不乏女同志，內部開始出現不同的女性生命歷程，以及各種家庭想像的討論，加上同志運動在 1990 年代後興起，婦女新知與同運團體雖然採友善或結盟路線，但當時婦女新知著力甚深、如火如荼的民法修法運動，仍無法避免遭到同志團體「異性戀中心」的質疑（新知工作室，1995: 10-13）。然而回顧歷史，台灣女同志團體第一次向社會「現身」，就是在婦女新知 1992 年舉辦的「我愛女人」募款園遊會。婦女新知內部也主動在 1995 年 159 期到 163 期的通訊中，連續刊載「內爆女性主義」系列，並且舉辦內部座談（婦女新知基金會，1995a, 1995b）。內部辯論花費很長時間，還出現各方詮釋不同的「家變」事件，但婦女新知如今也脫離「異性戀中心」的視野，除了是友善同志的工作環境外，也與同志運動並肩作戰，共同反歧視與推動性別平等教育。

婦女新知在 2008 年提出研擬《同居伴侶法》，並於 2009 年發起成立「台灣伴侶權益推動聯盟」（簡稱伴侶盟），進行法條研擬；接著在 2010 年舉行徵文比賽、座談會等推廣多元家庭概念。2011 年，婦女新知基金會與台灣伴侶權益推動聯盟，集結投稿及邀稿文章，出版《我的違章家庭——28 個多元成家故事》，並在全台灣北中南，舉辦「伴侶制度及多人家屬草案」說明會（婦女新知基金會，無年代 d, 無年代 e）。2012 年，伴侶盟獨立運作，婦女新知維持聯盟個別成員身分參與。2013 年，伴侶盟提出民法親屬編、繼承編部分條文修正草案，包含婚姻平權（包含同性婚姻）、伴侶制度、家屬制度等三草案。

（三）全球化與勞動的挑戰

不可諱言，婦女新知將組織目標放在修改性別不平等的法律條文，在過去三十年已累積許多成果，但當他們近年來將觸角伸向生育、照顧、勞動市場、身體政治等議題，對象不光是政府，還包括更大的資本主義體制時，往往束手無策。例如在 2012 年，南瑪都颱風引發有薪家庭照顧假的修法提案[12]，因為該會期未進行審查而無限期擱置；馬英九政府將長照服

---

12 根據婦女新知記者會新聞稿，行政院提出的性別工作平等法「家庭照顧假」修法版

務私有化、財團化與保險化的政策取向，也與婦女新知及眾多民間團體提倡的「公共化照顧」，完全背道而馳（覃玉蓉，2013）。婦女新知長期進行媒體監督、文化批判，針對物化女體的現象，倡議改變美的標準，卻仍無法改變女人的身體與美麗，在全球資本主義快速成長下，成為消費市場中高附加價值商品的現實（范雲，2010: 135）。數個民間團體聯合組成的「反黑箱服貿民主陣線」，儘管對簽訂《海峽兩岸服務貿易協議》持續提出抗議與質疑，但到目前仍未減緩馬政府的政策進程（婦女新知基金會，2013c）。

　　這些問題，隱含了婦女運動必須挑戰市場，以及發展型國家目標背後的意識形態：經濟發展的目的是什麼？什麼才是人民要的幸福？未來，婦運能否結合其他社會運動，共同挑戰市場思維，重塑國家願景，將是下一階段的任務（范雲，2010: 136）。

｜參｜考｜文｜獻｜

古明君，1994，〈種子一顆、希望無窮──民法親屬篇修法種子隊〉。《婦女新知雜誌》142: 8-10。

田庭芳、伍維婷、羅儀芬、陳瓊芬、林以加、吳麗娜，2002，《兩性工作平等法立法大事紀》。台北：婦女新知基金會。

朱悅生，1994 年 2 月 19 日，〈鄧案若訴請法院，是否一定能離婚？法官，火線上婚姻就准離吧〉。《聯合報》11 版。

何鳳鳴，1994 年 2 月 18 日，〈婦女團體怎能將她的暴力合法化〉。《聯合報》11 版。

吳嘉麗，1992，〈十年回顧與未來展望〉。《婦女新知雜誌》117: 2-3。

呂秀蓮，1988，〈婦女在歷史轉捩點上──細數拓荒腳步，展望婦運前

本，完全向資方意見靠攏，要求惟有符合：1. 颱風等天災「停課不停班」的狀況。2. 家有 12 歲以下幼兒需親自照顧。3. 企業未提供托育措施，及雙方皆為受薪勞工時，才准請休有薪照顧假。當時勞委會主委王如玄也表示：「如果要比照公務人員，每年企業將多支出三百八十一億的人事成本（婦女新知基金會，2012b）。

程〉。《婦女新知雜誌》74: 3-10。

李元貞，1997，〈婦運的前世今生與未來〉。《婦女新知雜誌》177: 3。

──，2002，〈思想起〉。《婦女新知通訊》239: 2-3。

李文欣，1994 年 2 月 17 日，〈讓社會輔導資源介入，減少家庭暴力慘劇〉。《中國時報》11 版。

李佳玟，2005，〈女性犯罪責任的敘事建構──以鄧如雯殺夫案為例〉。《台大法學論叢》36(6): 1-56。

周雅淳、黃嘉韻，2012，《女權火，不止息：台灣婦女運動剪影公民影音教材教師手冊》。台北：婦女新知基金會。

林怡萱，2005a，〈熱線十年回顧與展望〉。《婦女新知通訊》272: 1-4。

──，2005b，〈我所知道的「女人戲法行動劇團」〉。《婦女新知通訊》274: 11-13。

林芝立，2002，〈國家與社會的互動──家庭暴力防治法立法過程研究〉。台北：國立政治大學碩士論文。未出版。

捱姊妹，1991，〈一個女人組織的成長──回顧捱角度〉。《婦女新知雜誌》106: 9-12。

胡淑雯，1998，〈女學運小小史〉。《婦女新知通訊》187-188: 28-32。

夏曉鵑，2010，〈新移民運動：慢一點，比較快〉。吳介民、范雲、顧爾德編，《秩序繽紛的年代：走向下一輪民主盛世》。Pp. 117-136。

黃長玲，2001，〈從婦女保障名額到性別比例原則：兩性共治的理論與實踐〉，《問題與研究》40(3)：69-82。

范雲，2003，〈政治轉型過程中的婦女運動：以運動者及其生命傳記背景為核心的分析取向〉。《台灣社會學》5: 133-194。

范雲、曾昭媛，2007 年 10 月 26 日，〈台灣在全球化年代的新移民資產〉，《中時電子報》。

范雲，2010，〈靜默中耕耘細節的婦運革命〉。吳介民、范雲、顧爾德編，《秩序繽紛的年代：走向下一輪民主盛世》。Pp. 117-136。台北：左岸文化。

──，2011，〈抓姦政治學，可以休矣〉。取自 http://www.awakening.org.tw/chhtml/topics_dtl.asp?id=269&qtagword。

婆婆媽媽遊說團，1995，〈婆婆媽媽遊說團行動聲明：修法路上，姊妹牽手向前行〉。《婦女新知雜誌》157: 17-18。

婦女新知基金會，1994，〈女人連線，在街頭〉。《婦女新知雜誌》145: 6-10。

——，1995a，〈女同志婦運 come out? 座談〉。《婦女新知雜誌》161: 9-15。

——，1995b，〈女同志婦運 come out? 座談，（下）〉。《婦女新知雜誌》162: 1-7。

——，1996，〈我是狐狸精？你才是狗男人！〉。《婦女新知通訊》169: 2-4。

——，1999a，〈婦女新知基金會、周慧瑛國會辦公室聯合新聞稿：招考性別歧視，公部門帶頭？！婦女新知與立委周慧瑛提出嚴厲譴責〉。《婦女新知通訊》203: 12-14。

——，1999b，〈婦女新知基金會新聞稿 1999.10.28：抗議公部門招考性別歧視〉。《婦女新知通訊》208: 1-2。

——，1999c，〈婆婆媽媽法院觀察報告：法官的四大性別盲點〉。《婦女新知通訊》200-201: 1-5。

——，2000，〈第二屆婆婆媽媽法院觀察報告：1999.8-1999.12〉。《婦女新知通訊》212: 8-16。

——，2001a，〈長庚性騷擾案定讞之重大意義——為何我們非得花這麼久的時間處理每件性騷擾案？〉《婦女新知通訊》229: 8-11。

——，2001b，〈台灣阿母的無奈——「姓」不「姓」由誰？——爭取從母姓行動記者會〉。《婦女新知通訊》227: 4-5。

——，2001c，〈第三屆婆婆媽媽法院觀察報告〉。《婦女新知通訊》232: 3-11。

——，2002，〈女人戲法・作夥玩——「walking women 劇團」表演暨法律講座巡迴活動〉。《婦女新知通訊》237: 4-5。

——，2003，〈從『孤娘』廟談祭祀的性別文化——清明節記者會新聞稿〉。《婦女新知通訊》250: 6。

——，2005，〈抗議國家考試招考條件性別歧視專題報導〉。《婦女新知

通訊》273: 1-12。

——，2006，《我國婚喪儀式性別意識檢討之研討會會議手冊》。台北：
婦女新知基金會。未出版。

——，2007，〈廢除美麗「統一」綱領，台灣女人需要新的選項。婦女新
知基金會 2006 年度報告書〉，Pp. 16-21。取自 http://awakening.lib.
tku.edu.tw/resources/ebooks-yearly/aw_2010_AR_
Article_2007_1_136_0008.pdf。

——，2009a，〈女兒不如長孫？！我們要性別平等的奉祀官制度！婦女
新知基金會記者會〉。取自 http://www.awakening.org.tw/chhtml/
topics_dtl.asp?id=64&qtagword。

——，2009b，〈「婦女團體面對面溝通平台：去除通姦罪罰，讓婚姻回
歸民法」結案報告〉。取自 http://awakening.lib.tku.edu.tw/resources/
everything/aw_2011_R_Article_2009_1_12_0046.pdf。

——，2011a，〈「捐款助新知」假如您是趨勢科技的員工……〉。取自
http://www.awakening.org.tw/chhtml/epaper_view.asp?id=67。

——，2011b，〈民法 1059 條修法週年檢視&國人約定子女姓氏之態度調
查——婦女新知基金會母親節記者會〉。取自 http://www.awakening.
org.tw/chhtml/topics_dtl.asp?id=249&qtagword。

——，2012a，〈婦女新知基金會首齣論壇劇場演出「顧人·願？」〉。
取自 http://www.awakening.org.tw/chhtml/topics_dtl.
asp?id=306&qtagword。

——，2012b，〈變調的家庭照顧假，我們無法吞下去——民間團體聯合
記者會〉。取自 http://www.awakening.org.tw/chhtml/topics_dtl.
asp?id=288&qtagword。

——，2012c，〈婦女新知基金會 2012 年年度執行報告書〉。

——，2013a，〈尊重女性生育主體，多元友善生育制度不可少！婦女新
知基金會、林淑芬委員辦公室 2013 母親節聯合記者會會後新聞
稿〉。取自 http://www.awakening.org.tw/chhtml/topics_dtl.
asp?id=374&qtagword。

——，2013b，〈徵『媽』啟事 生育劇團志工熱烈招募中！〉取自 http://

www.awakening.org.tw/chhtml/topics_dtl.asp?id=352&qtagword。

──，2013c，〈沒準備，別上路。《服貿協議》應由公民與國會決定生效要件：民間團體聯合記者會聲明稿 2013. 6. 21〉。取自 http://www.awakening.org.tw/chhtml/topics_dtl.asp?id=377&qtagword。

──，無年代 a，〈「子女姓氏修法」2007 年報告〉。取自 http://www.awakening.org.tw/chhtml/topics_dtl.asp?id=19&qtagword。

──，無年代 b，〈姓氏自主〉。取自 http://www.awakening.org.tw/chhtml/topics_list.asp?atype=I02。

──，無年代 c，〈「通姦除刑罰」2007 年報告〉。取自 http://www.awakening.org.tw/chhtml/topics_dtl.asp?id=29&qtagword。

──，無年代 d，〈婦女新知基金會大事紀（1982-2011.4）〉。取自 http://www.awakening.org.tw/chhtml/about.asp?id=6&atype=1。

──，無年代 e，〈伴侶權益推動〉。取自 http://www.awakening.org.tw/chhtml/topics_list.asp?atype=C1。

──，無年代 f，〈組織架構〉。取自 http://www.awakening.org.tw/chhtml/about.asp?id=2&atype=1。

婦女新知雜誌社，1982a，〈發刊詞〉。《婦女新知雜誌》1: 4。

──，1982b，〈未婚媽媽的問題──呼籲立法院注意，墮胎合法化應當首列「時間合法性」的重要性〉。《婦女新知雜誌》1: 9-11。

──，1987，〈台北先生 v.s 六位新女性談選美前後〉。《婦女新知雜誌》66: 7-9。

──，1991，〈婦女團體對彭菊英遭無故解雇的抗議聲明〉。《婦女新知雜誌》104: 2-3。

晚晴婦女協會、婦女新知基金會，1994，〈披荊斬棘來釋憲，民法修法才開始──婦女團體對 1089 條違憲解釋之聲明〉。《婦女新知雜誌》149: 2。

許維真，1994，〈殺惡夫無罪〉。《婦女新知雜誌》142: 5-6。

陳秀惠、崔梅蘭、李金梅、廖錦桂、范郁文、邱花妹、林玉珮，1991，〈一千萬婦女的心聲──婦女憲章〉。台北：婦女新知基金會。

陳佩英、張譽馨，2006，〈全女聯的興起和跨校串連〉。《性別平等教育

季刊》34: 53-56。

陳若璋，1989，〈正視婚姻暴力，亟速成立「婦女庇護所」〉。《婦女新知雜誌》81: 18-20。

曾昭媛，2007，〈學習好聚好散的情感文化〉。《婦女新知通訊》286: 41-42。

曾麗敏，1994，〈給江漢聲醫師的一封信〉。《婦女新知雜誌》143: 12-13。

無作者，1994 年 2 月 17 日，〈弒夫案嫌犯鄧如雯在庭訊中，辯稱行兇的動機是難以忍受〉。中國時報新聞資料庫。

覃玉蓉，2013，〈【媒體投書】馬政府辦長照：有錢國家照顧，沒錢各自逃命〉。取自 http://www.awakening.org.tw/chhtml/topics_dtl.asp?id=373&qtagword。

新知工作室，1993，〈民法親屬編修正公聽會報導〉。《婦女新知雜誌》133: 3。

──，1995，〈拆解婚姻神話，有志「異」「同」──民法運動與同志運動的對話〉。《婦女新知雜誌》158: 10-13。

楊索，1994 年 2 月 21 日，〈鄧如雯殺夫例子，猶如一扇社會問題的後窗〉。中國時報新聞資料庫。

溫盈盈，1988，〈拒絕反智的選美活動──反選美三波活動報導〉。《婦女新知雜誌》72: 8-10。

監護權媽咪，無年代，監護權媽咪部落格。http://tw.myblog.yahoo.com/carolin-fefe/。

鄭至慧、薄慶容，1987，〈一九八七職業婦女年專題──正視職業婦女所受的就業歧視〉。《婦女新知雜誌》58: 1-9。

蘇芊玲，2002，〈尊重自主意願，建立多元價值〉。《婦女新知通訊》234: 20-21。

──，2001，〈台灣推動兩性平等教育的回顧與前瞻〉。《兩性平等教育季刊》14：13-18。

顧燕翎，1989，〈女性意識與婦女運動的發展〉。中國論壇編委會（編），《女性知識份子與台灣發展》，Pp. 91-134。台北：中國論

壇雜誌。

——，2002，〈白頭宮女話新知〉。《婦女新知通訊》239: 9-10。

驕傲從母姓臉書專頁，無年代，https://www.facebook.com/pages/%E9%A9
　　%95%E5%82%B2%E5%BE%9E%E6%AF%8D%E5
　　%A7%93/118922798118368。

CHAPTER **6**

教改的春雷：
人本教育基金會

馮喬蘭

▌一、緣起：教育的春雷

「人本教育促進會」在 1987 年 11 月成立時，還不具法人身分，卻已開始各項工作，如受理校園申訴案；在大直國中籌設人本教育實驗班（最終因北市教育局不准而撤銷此案），並發起「愛他，就不要傷害他」運動，呼籲消除體罰。1989 年 6 月，「人本教育基金會」正式成立，首任董事會成員為史英（首任董事長）、朱台翔（首任執行長）、王震武、陳伯璋、黃炳煌、謝小芩、林和、鄭敏雄與詹益宏。

《人本教育札記》創刊號中的〈教育的春雷〉一文，闡明了人本的理想與宗旨（見附錄），並在〈我們為什麼要籌組人本教育基金會〉一文中，提出「我們應該振臂疾呼，扭轉家長們對升學與讀書的不正確觀念，支持家長們對於子女教育的合理要求，結合所有想要改革目前不正常教育的有心人士，一塊兒來挽救我們大家的下一代」，直接批判教育環境中的扭曲現象。

尤其在當年，許多人對台灣教育還抱以高評價，以為培養出幾個考試菁英，就是好的教育。於是，人本教育基金會提出另一個視野：「以人為本的教育理念，造就一個健全的『人』，就是教育的終極目的；『人』不應該被當作達成其他目的——如升學——的工具。」人本不是反對升學，而是反對把孩子當成升學的工具。

人本致力於督促政府落實教育正常化，要在「為升學而放棄教育理想」和「為了教育理想只好放棄升學」之間，指出一條坦蕩大道。換言之，就是一種尊重人格、培養自主性的正常教育。「要尊重他，所以必須禁絕身體上的侵犯、言語上的羞辱、心理上的威脅；因為要培養他的自主性，所以必須用鼓勵代替責罵，用開導代替教訓，用勸誘取代強迫。在這樣的教育之下，配合考前適度的衝刺，區區聯考又何足道哉」。也就是說，焦點應該放在教育，升學只是副產品。

這種主張雖然像是條明道，然而整個台灣的傳統社會環境和教育環境，卻完全相反。人本教育基金會提出教育權利宣言，具體列出受教者應有的權利，並同時指出當前（事實上現在亦然）教育的問題，同時也指出人本教育基金會的努力方向。人本第一年的工作計畫分三大項：「籌設人

本教育實驗班」、「成立親子協談中心」、「發動愛他就不要傷害他」；發展至今，無論是森林小學（簡稱「森小」）、父母學苑、人本教育學程、校園申訴中心、三重青少年基地或數學想想國等，都是為了在教育現實環境中，落實教育權利宣言。

▌二、教育應為公共事務：人本設校園申訴管道

（一）美芳的個案

因為一張學生紙條，人本展開了校園申訴處理。學生本來求救的是家務事，因為家裡大人打小孩的程度，根本就是虐待，而且不只自家大人打，姑丈還會教訓各家的小孩。然而，和家庭接觸後發現，孩子的學校問題也非常大，老師嚴重體罰，在學校與家庭聯手下，把寫紙條學生的堂妹，逼到逃學又翹家。當年的執行長朱台翔將這個「首案」寫成三期〈美芳的故事〉，刊登在《人本教育札記》試刊號、創刊號及第二期。

在這篇文章裡可以看見學校的態度——先否認體罰，再說只是輕碰，接著說是為了學生好，講不過了就說這是校園事務，外人憑什麼管。自從國民黨政府實施九年國教，政府從教育人事到教育內容，全部一手掌控，同時也讓教育體系成為封閉體系，以專業之名，不容外界置喙。一方面拒絕民間團體監督，另一面卻任由政治力量竄入。這樣的文化與習慣，從戒嚴到解嚴，沒有改變。

然而，人本代表學生、家長，直接和學校溝通各種問題，的確讓校園開始練習對外溝通；校園中發生的種種違法或違反政策的事，也無法再遮掩。教育是公共事務，必須受人公評。像〈美芳的故事〉裡所描述的情形，家庭也體罰，但不代表學校就可以體罰；雖然一開始人本是協助家庭內部的溝通，但不代表對孩子在學校的遭遇就可以置若罔聞。在這個案子裡，人本還對學生進行調查，從每個學生的證詞得知，老師打人並非單一事件，而是孩子在學校裡的「日常生活」。讓學生有機會說話，也是人本處理校園申訴的重要步驟。

　　在故事的最後，我們看到孩子與家庭的改變。在處理過程中，要跟家長溝通帶小孩的態度與方法，以及看待學校教育環境的眼光，使其能做出向上向善的決定；要聆聽孩子的委屈，了解他的處境，培育他的力量；最重要的是，要讓他們知道是非屈直，以及要為公義挺身而出。於是，這不只是個案的處理，而是生命的改變。

　　改變比較困難的是學校，校方會懷著報復的心態刁難小孩，這表示學校沒有真正理解自己錯在哪裡，還抱著「如果不是被申訴，我根本就……」。這是被威權對待以及受體罰長大的人，常有的典型反應。以為沒被抓到就可以酒駕，而不是充分理解與接受「不可酒駕」。到了 2013 年，每年的校園申訴案已達一千多件，召開記者會訴諸媒體的，只是其中極小的部分。人本還是希望，教育現場是透過認知、理解來改變，而不是因為懼怕被監督。

（二）蘭雅國中手銬案

　　二十多年來，人本為申訴案召開的記者會中，有許多指標性個案，無論是台北蘭雅國中手銬案；桃園青溪國中吐口水案；屏東勝利國小不適任教師案；花蓮中城國小體罰國賠案，以及這幾年來處理的各個校園性侵案，都讓人對校園的文化與結構體制有所「啟發」，也促成了社會覺察以及制度演進。

　　透過媒體報導這些申訴案，震撼社會的是「學校、老師是會犯錯的」。有些人認為這打擊了教師形象，或破壞了尊師重道的傳統。但是，長期躲在那種假形象與假傳統道學中，不僅對教育及學生權益毫無益處，對學校、教師亦無好處。曾經有訓導主任和人本工作人員，前後爭辯將近一個月，後來這位主任從此放下棍子，甚至不依賴懲罰，而是從啟發與鼓勵出發。對他而言，認識自己用了錯誤的方法，反倒是他建立師道的再出發。

　　1994 年的蘭雅國中手銬案，創下教育史上兩個第一——教育部長向全國公開道歉；教育局長公開指責教師很壞。這個案子有個重要的角色，就是當事學生的導師。導師舉發學校用手銬銬住學生，經人本調查並召開記者會，引起軒然大波。記者會召開前夕，訓導主任到學生家中施壓，使

家長和學生決定不出席記者會；但仍由導師出面說明過程，學生也透過錄音，清楚說明如何被打、被銬，以及在被銬住時還被打胸口。但是學校指責這是學生素行不良，教師群還出面說「訓導是教育的先鋒」，校方甚至聲稱沒有打人。種種作為，無非是逃避動用手銬的刑責，遮掩事發當天學生無辜的事實。

由於立委質詢此案，當時的教育部長郭為藩，以政務官身分為此事件向全國民眾道歉，並表示絕不護短；台北市教育局也展開事件調查。與此同時，人本舉辦「替台灣教育把脈」系列座談，以手銬事件為案例，檢視「頭髮尺度與生活教育」、「師道尊嚴」、「學生人權」、「校園輔導」、「民意監督」以及「家長會」等議題。人本希望教育局十天內提出調查報告，教育局卻透過馮機要秘書表示，「人本不應介入」，於是人本決定舉發此事。台北市教育局始終不肯說明調查結果，直到在一場由媒體舉辦的座談會上，董事長朱台翔與教育局林昭賢分別出席，朱董事長詢問林局長：「訓導主任到底有沒有打人？」林局長才小聲回應：「有打。」

終於，教育局發布「手銬案六點決議」，拿手銬來的校警記過一次；叫校警拿手銬來的訓導主任，記申誡一次；向人本舉發的導師，教育方式非合宜，列入年終考績參考；學生態度惡劣，又辱罵、毆打師長（其實是當時主任對學生伸出手，學生舉手擋開，雙方扭打起來，學生遭校警及生教組長壓制在地，由主任踢打），依校規處理。此外，林昭賢局長竟然在國小校長儲備班中，舉手銬事件為例，指責舉發的導師很壞。於是，人本發起給林昭賢的公開信連署，聲援導師，並公布官方調查的十大疑點。

士林地方法院最終以涉嫌用手銬銬住學生、妨害自由而起訴校警。但檢方偵查認為，訓導主任、生教組長與另一位職員，並未指示校警，因此予以不起訴處分。見義勇為、捍衛學生的導師被打壓；位階低的校警記大過被起訴；毆打學生的訓導主任幾乎全身而退，後來還成為台北市國中校長。這個案子成功讓當時流行的手銬離開校園，但打壓老師的局長和銬住學生的首謀訓導主任，在教育體系裡卻仍然仕途看好。總之，一個體系若不能淘汰不義之人，就會劣幣逐良幣，那麼絕對沒有自我再生的能力，而必須靠外界的力量才能促其改變。

（三）教育正常化遊說團

人本一開始先鎖定能力分班的問題，號召支持常態編班的朋友聚會討論，然後透過電話安排面訪，到各國中遊說，請其取消能力分班，回歸教育政策。這是一個義工組織，之後漸漸轉型成為申訴中心，由專職人員負責。

（四）性侵修法紀實

透過處理申訴案所看到制度的漏洞，就透過修法處理。試舉以下的性侵修法為例：

修法訴求一

2008 年 2 月底教育部修正「公立國中小學暨幼稚園教師申請介聘他縣市服務作業要點」，明定「涉校園性侵害或性騷擾事件尚在調查階段者」不得調校。

當校方知道某個教師「怪怪」的時候，反應機制往往是「讓他離開眼前就好」，彷彿這個人不留在該校，就等於問題解決了。就像我們所處理的 T 教師餵糖果案。

2005 年 4 月，家長申訴 T 教師以嘴對嘴餵食女學生糖果。人本接到申訴時，已經是 T 教師在第三所學校出事了。T 師原任職 A 校，A 校說：「他跟孩子比較沒有界線，要注意一點！」調 B 校後，因常常擁抱、親吻女童的臉及嘴，遭調整職務教低年級，理由是「低年級學生無第二性徵」。有教師質疑其行為不妥，他反駁：「我不過是抱小孩，你還打小孩呢！」由於家長視其為「不受歡迎人物」，打算拉布條抗議，兩年後 T 再度調校。C 校任用後立即發覺不對勁，去電 B 校抱怨：「這個老師有問題，你怎麼不早說？」B 校長答：「如果早點說，你們就不收了！」校長還說：「被擁吻的對象大多是眼睛大、功課好、聰明又漂亮的女生，老師只是沾一下嘴唇而已。」

在人本的監督下，C 校才通報。T 教師表示願意調到一百公里外的 D校，希望人本不要追究。人本去函縣政府，反對以調校方式處理性侵擾教師，請教育局督促學校開教評會，依教師法「行為不檢，有損師道」的規定予以解聘。局長卻說：「這老師結婚很多年都沒有小孩，他把女學生當自己的女兒疼。」人本只好反問：「如果是你女兒，你願意你的女兒被抱、被親臉、被親嘴、被用嘴餵糖果嗎？」最後，T 申請留職停薪一年，期滿要復職，由於聘約到期，學校以不續聘為由施壓，T 便申請縣內介聘，調到 D 校並擔任主任。人本費了一些力氣才找到改名的 T，得知 T並未就醫後，便積極連絡新任教育局長，但得到的回應卻是會請學校以同儕的壓力輔導。於是，人本不得不在 2006 年年底召開「拒絕性騷擾教師」記者會，要求：

(1) 教育部應建立不適任教師通報及查詢機制，防止不適任教師改名後四處流竄。
(2) 立法院盡速修正教師法，杜絕師師相護的現行制度；涉及性騷擾的教師應永不錄用。

之後，D 校召開專案輔導會議。校長找來里長和社區發展協會人士力挺 T 師，甚至說：「現代人會親親抱抱小孩沒什麼。」不久，學校與家長會達成共識：「T 要去就醫，T 教學時要有另一位老師在場。」最後以教育部 2688 專案人力協同上課。在人本鍥而不捨的追蹤下，教育局於2007 年 2 月召開評估會議，請專業人員鑑定 T 師狀況。結論為：建議 T多了解自己和別人，並請校方協助其建立人際關係。於是，T 繼續任教 D校，只是又改了一次名字。像侯鳥南飛般，七年遊走了四所學校的 T 老師，不久後被借調回教育處就近上班。

像這種「以鄰為壑」的作法，在校園中屢見不鮮。2005 年 6 月，原鄉也爆發 J 師在畢業典禮當天，以腳趾頭碰觸女生私處等猥褻行為。經查，J 師於七年前在「平地」任教時，就因為對學生有「不禮貌行為」，考績被打丙等，之後調往「山區」。事發後，教育局非但沒有督導學校通報，更沒有保護學生、隔離教師，還架空《性別平等教育法》，宣稱要等

司法處理。一年後，地院判刑四年兩個月，J 師帶著妻子到教評會上苦苦哀求，誣稱自己是平地人遭原住民排擠，讓教評會遲遲無法決議；若非家長會長揚言要全校轉學，恐怕還無法解聘 J 師。調校方式既可眼不見為淨，維護「校譽」，又能不得罪老師，於是成為學校處理燙手山芋的最佳選擇。在人本揭發校園的調校迷思後，教育部終於增修法令。

修法訴求二

2008 年地方政府開始修正「教師申請介聘本縣他校服務注意事項」，明定「涉校園性侵害或性騷擾事件尚在法定調查階段者」不得申請介聘；9 月開學前，教育部「不適任教師資料庫建置」完成；2010 年 7 月 13 日，教育部修正「國民中小學校長主任教師甄選儲訓遷調及介聘辦法」第 12 條第 1 項第 2 款：「涉校園性侵害或性騷擾事件，尚在調查階段者不得調校。」

人本在 2007 年受理四名國小男學童性侵申訴案，發現學校隱匿、包庇、吃案，若非媒體探詢，學校根本不通報；即便事後補通報，也把性侵害通報成性騷擾，甚至湮滅犯罪證據、破壞犯罪現場。在家長被學校以「避免二度傷害」為由說服，放棄出席調查會議後，案情竟然逆轉成「多名男童愛慕男導師」所致。

在陸續接到八件類似投訴後發現，雖然有《性侵害犯罪防治法》、《兒童及少年福利法》等法令，但校園卻豎立了某種銅牆鐵壁，讓這些保護學童的法令無法發揮作用。人本通盤檢討整個校園性侵事件的處理機制與法令，在 2008 年 6 月召開「要吊照，不要調校！杜絕校園性侵災害」記者會，除了質疑學校「保障當權，犧牲弱勢；保護自己，犧牲小孩」，並且再度訴求：

(1) 隱匿實情、維護狼師的校長，應視為不適任校長，應記大過或免除校長職務。
(2) 修法明定涉案老師一律停職靜候調查。
(3) 各縣市教師介聘辦法，應明定不接受涉及性騷擾與性侵害事件，尚

在調查中的教師。

(4) 修法明定性侵害與性騷擾的教師，應取消教師執照。

地方政府因此開始增修縣內介聘條件；2008 年 9 月教育部「不適任教師資料庫」總算建置完成；2010 年 7 月教育部再增修校長主任教師遷調及介聘辦法。

修法訴求三

2009 年 11 月 5 日，立法院三讀通過教師法第 14 條修正案，明定「教師涉及性侵行為，應先停聘靜候調查，若經學校性別平等教育委員會查證屬實者即予解聘。停聘接受調查期間，不得支領半薪。」

2009 年 2 月，人本又接到公立國中、高中、高職，甚至特殊學校教師性侵申訴。四所學校的共同點是：不解聘。於是，人本召開「老師性侵放假領半薪？！學生受害痛苦無人問－請立即修法解聘性侵老師」記者會。在這四個案件中，加害人幾乎都是累犯，受害學生無法計數；學校知情也不及時通報 113；即使學校性別平等教育委員會調查屬實、建議解聘，也都遭教評會置之不理。教評會最重處分停聘兩年，所謂停聘，就是可以在家坐領半薪，期滿恢復教職。連收押在看守所的加害教師，還在領半薪！因此人本訴求：

(1) 隱匿實情、淡化處理，維護性侵害教師的校長，應視為不適任校長。應記大過或免職，並不得參加其他學校的校長遴選。

(2) 立法院立即修正《教師法》，明定涉及性侵害或性騷擾案的教師，一律停聘靜候調查。凡經學校性別平等教育委員會調查有性侵害、性騷擾行為屬實者，教評會應立即解聘或不續聘，不得停聘。

然而，開記者會還是無法打動教評會。人本在忍無可忍之下，到校門口拉布條抗議：「懇求教評會解聘性侵教師，不要一錯再錯！」現場來的警察比拉布條、舉牌抗議的人還多。拉布條不應該是常態，對於學校的「三不政策」——不通報、不解聘、不杜絕，唯有修法、建立處理機制，

才是當務之急。2009 年 4 月，人本和黃昭順立委合作，在立法院舉辦「教師法第十四條修正案」公聽會，由黃昭順、江玲君、趙麗雲、黃志雄等三十八位立委提案修法，人本則再度呼籲：

(1) 修改教師法，明訂凡涉及性侵害的教師立即停聘，靜候調查。
(2) 修改教師法，明訂凡經「學校性平會」調查性侵害行為屬實的教師，應立即解聘。
(3) 教育主管機關應積極督導學校，落實性侵通報及校安通報，對於隱匿實情、淡化處理，維護性侵害教師的校長，應視為不適任校長。

同年底，趙麗雲等立法委員，主動提出「教育人員任用條例修正案」，增訂第 31 條第 7 款後段「或涉及性侵害之行為，經學校性別平等委員會調查屬實者，不得任用。」人本深表支持，並建議增訂「司法機關對於教育人員涉及性侵害案件之起訴書與判決書，應主動提供其所屬教育主管機關或學校。」以避免自動請辭者事後回任，或涉及外縣市案件導致任職學校不知情，從而建立更完整的防護網；立法院接著通過教師法第 14 條修正案。教育部終於在 2010 年 9 月 16 日增訂「公立高級中等以下學校校長成績考核辦法」第 7 條第 9 款：校長若「執行職務知有校園性侵害事件，未依規定通報」要記大過。

修法訴求四

2011 年 5 月 19 日立法院通過修正性別平等教育法，包括：未依法通報或偽造、變造、湮滅或隱匿他人所犯校園性騷擾事件之證據者，處三萬到十五萬罰鍰；違反通報規定，致再度發生校園性侵害事件；或偽造、變造、湮滅或隱匿他人所犯校園性侵害事件之證據者，應依法予以解聘或免職。

2009 年，花蓮有一名兼辦性侵害防治業務的體育老師，在八年間性侵害四名女學生。離譜的是，校長及主任早在六年前就得知，卻不通報、不調查、不解聘，導致後續至少有三名學童受害。人本於是在花蓮縣議會

召開「校園性侵斬不斷，你們有罪！控訴校方淪為性侵共犯，我們要求國賠！」記者會，要求縣府將包庇的前後任校長及主任撤職。教育處卻回應：「記過對校長而言已經很嚴重了。」因此，人本除了提出國家賠償、向監察院檢舉包庇者外，也開始思考包庇者的刑責。

在性侵老師入獄後，一位受害家長忿忿地說：「為什麼知情不報的校長都不用被關？當初如果通報，我的孩子就不會受害了。」在另一案中，校長隱匿、滅證，沒有依法通報及告發，卻不構成公文書登載不實及湮滅刑事證據罪，家長對此深感不平。這些「應作為而不作為者」、這些旁觀者，造成校園的重大傷害，為什麼不用負擔任何刑責？2011 年 2 月 21 日，人本和立委田秋堇、趙麗雲等人，召開「校園性侵修法必須是優先法案」記者會，要求對明知校園性侵卻沒有通報，而對公眾造成損害的教育人員處以刑責；同時質疑教育部遲遲未提出相關法條草案，讓校園狼師逍遙法外。終於在同年 5 月，立法院通過修正的《性別平等教育法》，內容雖然沒有納入刑責，但是加重了教育人員的通報責任；教育部也修正《校園性侵害或性騷擾防治準則》，要求學校應該將師生相處界線等校園性侵擾防治概念，納入教職員工聘約及學生手冊中。

修法的過程就是一場價值爭鬥的過程。即使知道教師有性侵擾行為，還是有人會以工作權來護衛，彷彿一個人只要當了教師，就不能剝奪其資格。當人本提出要加重處理隱匿不通報者，有不少人說：「這樣好嗎？又不是他們做的。」甚至有些人還說，現在的法令已經很周全了；然而隱匿性侵的校長或主任，等於就是加害者。真不知道這些人怎麼能眼睜睜，看到那麼多不合理而傷害孩子的情況，卻還安慰自己現在這樣已經很好了。

透過法令制度的建立和漫長的修法過程，透過一件又一件的性侵國賠勝訴，人本一再強調的無非是「教師性侵、學校有責，默許不義，就是罪行」。提供孩子一個安全正常的求學環境，是教育者的基本責任，而集社會之力，要求他們負起責任，是我們永遠的堅持。

▌三、森林小學：人本辦校

（一）森林小學的理念

　　人本在 1989 年為「創設森林小學」召開記者說明會，席間一位記者一連問了三題：「教育部宣稱，如果你們招生就要取締，請問你們的看法？」「如果教育部一定要取締呢？」「我再問一次，如果教育部不理會什麼正常化的要求，真的開始取締呢？」這是當時創設森小的處境。國家自己辦的學校全都在違反國家政策，諸如體罰、補習和能力分班，但民眾要辦一所正常的學校，竟然要被取締。

　　人本在 1988 年，想在大直國中設立教學實驗班，因為宣稱要符合「教育正常化政策」，被台北市教育局緊急喊停——如果實驗班是要實驗教學正常化，不就明白指出所有教育其實都不正常。教學實驗班喊停後，人本便轉而籌設森林小學。

　　說起來，人本籌辦學校不是為了自己可以玩玩，主要是為了改革體制。森林小學的設立，走過一段坎坷之路，詳細的紀錄都在《森小綠皮書》中。當時學界有三百人連署支持森林小學，連署書中表示「任何自由民主的社會都應該鼓勵各種教育理想的實踐。唯有當各種教育理想都能充分發揮的時候，國家的教育才能通過改革而進步。」、「義務教育是指成人有保障孩童受教育之義務，而非指孩童有義務接受某種特定的、統一的、官辦的教育。所以，請立即開放私人興學，而且將其設立條件降至最低，以保障各種形態學校之出現」、「在法令未盡趨合理前，請立即以教育研究計畫名義核准人本教育基金會繼續籌備森林小學」。當時政府凍結私人興學，以便掌控教育；人本辦學除了實踐理想、樹立典範，同時要求教育回歸專業，不應成為統治者的工具。人民要有辦教育的自由，選擇教育的權利。教育多元化不是指入學管道或考試方法，而是教育理念的型態不應一統。沒有多元，就沒有選擇權。

　　森小的建立，除了有人捐錢找地，最重要的是有一群「捐小孩」的家長。當時面對教育部的打壓，這些家長還發表了公開信，信中可以清楚看出他們對於教育的期待。

家長會給教育部的一封公開信

我們二十八位家長，願意讓一群五至十二歲的稚齡孩子參加這個計畫，是基於非常贊同且願意盡全力支持這種教育理念，不僅為了自己的小孩，也為了促進社會教育品質之提昇，詳細的說，就是：

(1) 孩子必須擁有較大彈性的時間與空間，以供內省與思考
(2) 孩子必須真正受到尊重、關愛、瞭解、鼓勵，以獲得自信、自重、自愛，進一步具備關懷社會、奉獻大我的恢宏胸襟。
(3) 必須啟發孩子學習的興趣與動機，使學習變成一件活潑、快樂且完全由自發意願激勵而去投注的事。
(4) 孩子必須學習獨立自主，並擴展生活經驗。
(5) 在教學型態上必須突破傳統流於教條與機械的背誦、抄寫等僵硬的方式。
(6) 教師必須具有一定的素質與人格特質，而且發展尊重人的教育方法。

因此，我們呼籲教育部能夠以「樂觀其成」的開放胸襟，來坦然面對這一研究計畫，並希望社會大眾及教育界能給予支持。

籌設森林小學期前教育研究計畫家長會
中華民國七十九年三月十日

目前，台灣已經通過實驗教育三法，法令漸趨完備；然而，政府單位仍習慣將實驗教育視為「體制外」，顯然政府仍以自己為辦學標準，但就是政府掌控了幾十年的國民教育和師範體系，才腐壞了教育。因此，不只需要法令更完備，還需要鬆動「標準體制」，使台灣走向真正的多元教育體制。

（二）辦教育變成教育犯

1994 年，士林地檢署王安明檢察官認為，森小的課程安排，已超出所謂實驗教學研究的觀念與範圍，所以森小招生違反私立學校法第四十三條，將森林小學校長朱台翔提起公訴。提告辦學者，是森小設立以來，一連串反撲動作的最高潮。之前有汐止鎮代，控告當時的台北縣長尤清和汐止鎮長廖學廣圖利他人，只因他們協助民間興學；還聲稱森小涉嫌歛財。後經朱敬一教授檢視財務狀況，提出報告，認定無歛財嫌疑。事實上，當時森小收到的學費，僅能支付支出的三分之二，額外的費用還得向社會募款。

更早之前，森小在林口創立時，也有民代說要拆除森小校舍，教育部也發公文說要解散人本教育基金會。當時陳定南、林正杰、李勝峯等立委，協助到教育部交涉，各大院校教授也連署聲援森小設立，還有許多立委主動在立法院提出質詢。這些力量讓森小砍斷荊棘，得以昂立。雖然風波很多，但也因此帶動社會覺醒，開始訴求台灣要有不同的教育。

然而，打壓的手段竟然用到了司法起訴。森小校長被訴的消息一傳開，許多聲援的力量出現了，包括各界連署聲援森林小學；家長到教育部門口拉布條抗議；立法院舉辦公聽會等。而歷經士林法院三個多月的審理，法官在 1994 年 8 月 8 日宣布無罪。這個判例對台灣民間興學影響重大，從此以後，各種興學力量奔放，台灣教育邁入另一個里程碑。

（三）森林小學的影響

森林小學成為進步教育的代名詞，許多體制內的學校甚至自稱「體制內的森林小學」。這說明辦一所理念學校，確實會衝擊與影響原有的學校，舉凡「開放教育」、「田園教育」、「現代教育實驗班」等，在體制內推行過的政策，都是衝擊下的產品。這些說起來都是好事，表示教育體制願意往好的方向走，但落實過程還是缺乏價值的突破與建立。

人本就曾接到教師的電話，說他們的校長在參觀森小之後，回校宣稱開放教育就是要使用小黑板，所以下令將所有黑板換成小黑板，還跟教師們說森小就是這樣做的。人本工作人員不禁莞爾，森小用小黑板，是因為空間不夠大。我們借來的校舍還要分出住宿空間，為了有足夠的教室，只

能將原教室一分為二，才能變出六間教室。這麼一來，教室變小了，當然得用小黑板。這是不得已的事，怎麼會成為開放教育的代表？這種形式化的思維，在後來政府推動九年一貫時也可以看見。有校長得意洋洋地說：「我們全校的學生都必須學吹直笛。他們都會吹直笛，因為直笛是可以帶著走的能力。」照這麼說，鋼琴可就帶不走了。培養「可以帶著走的能力」，是九年一貫的政策口號與目標，其實是還不錯，只是透過學校就變了調。

然而，改變本來就會歷經這種過程，只要能開始就是突破，其他的都有調整發展的空間。森小剛開始的課程安排，就有領域教學和合科教學，教師團隊也是一起討論、研發教學。這些都是政府在 2001 年實施九年一貫課程用的名詞，但森小從 1990 年開始就是這麼做，不是來自什麼綱領，而是對於教育和知識學習歷程的體會。

森小帶動了民間興學的力量，也迫使教育體制正視理念學校的存在，然而森小的任務不限於制度上的突破，更重要的是教育理想的實踐。森林小學的教學、生活和教育哲學等，都記錄在校長朱台翔所著的《森林日記》和《森林紀事》中，更多的文章則散見於《人本教育札記》。新竹師院在 2000 年主辦「學校教育實驗回顧與展望研討會」，森林小學發表的報告為〈自由與教育——從森小與夏山談起〉，文中對比夏山，談森小對於自由、知識與愛的看法和實踐。森小不將「自由」與「知識」對立，反而認為「知識是使人獲得自由的手段」，無論在教學、生活或內容呈現方式上，我們絕不把兒童局限在「童話世界」裡；也不將經典改編成兒童版；絕不以保護的名義，把兒童隔離在自發的人際衝突或內心掙扎之外；兒童有權充分體驗人生，並常有機會處於富含挑戰的困境中；兒童應該有嘗試錯誤的機會；兒童有「要求被拒」與「接受挫敗」的權利，這是一種權利而非義務，這是基於他應該要有認識並參與這個世界的機會；在「保護兒童免於身心傷害」和「提供探索冒險的機會」之間，應該取得適度的平衡。

既然教育為兒童所辦，這樣就不可能迴避與兒童斷不了關係的父母，以及在這種關係下的各種問題。森小相信父母的愛不能替代，學校有責任協助父母培養「愛的能力」，因此開辦各種大大小小的「懇親會」和「父

母成長班」。這些教學上的思考與實踐，都對現行體制發揮一定的影響力，但仍嫌不足，因為體制內的口號很多，徹底改變的卻很少。因此，森小還會繼續努力、創新，希望這些實踐經驗，能進一步影響體制內的教育，讓更多孩子受惠。

▌四、反體罰運動：建立不打小孩的國家

為了消除體罰，人本在 1989 年 3 月，發起「愛他，就不要傷害他」運動，除了透過文章在各媒體鼓吹「不打孩子」的觀念，還製作主題曲《愛他，就別傷害他》，由黃武雄作詞、紐大可作曲、葉璦菱主唱。當年在廣播電台播放，還有主持人會一邊播，一邊調侃：孩子不打，要怎麼教？同年，人本也開辦了父母成長班，藉著基礎理論的釐清及經驗的分享，來達成父母各方面的成長。在這影響下，許多國小也紛紛成立了父母成長班。

由於學生自殺及嚴重體罰等事件不斷，人本遂與各民間團體，在1991 年 4 月共組「救救下一代行動聯盟」，積極研商促進改革的策略，並在同年 9 月，舉行「九二九再見體罰」露天活動。當年在高雄前鋒國小，發生教師體罰學生成傷，因而被告的事件，台灣社會掀起大規模的體罰討論，人本因此在青年公園舉辦「再見體罰」活動，讓大家說出自己對體罰的感受。接著，人本在全國舉辦體罰辯論會，促使「教育過程不應使用體罰」成為社會共識。可惜的是，許多師範教授雖然常私下評論人本主張，卻又不願公開辯論，還稱體罰是既定政策，不需辯論，不願支持零體罰。教改的重大困境，約莫如此；所有的改革主張其實都是「既定政策」，只是他們通通反過來做。

1992 年正式展開「人本教育下鄉計畫」，推廣人本教育，提倡不打不罵的親職教育，提供觀念與方法，與各漁會、農會、工廠合作，提供講座。1993 年 3 月，人本發起「與孩子立約」運動，呼籲成年人加入立約，並提供《愛的手冊》給參與立約者，內容包括戒除體罰八週計畫、六大行動方案，以及思想準備。這項活動持續至今，立約條文如下：

　　我，一個成年人，因為非常關心下一代的福祉和人類的未來，願意以極誠懇的心，與現在以及將來所有的孩子們立下如下的誓約：

1. 在有生之年，我將給身邊的孩子以最好的教育，絕不依賴體罰為管教的手段。
2. 在有生之年，我將愛憐疼惜身邊的孩子，和顏悅色地對待他們，絕不以「刺傷孩子的話語」為正當。
3. 在有生之年，我將一直站在孩子的立場看事情，絕不默許在我身邊有任何人傷害任何一個孩子的身體與心靈。
4. 在有生之年，我將盡全力，在可及的範圍內，為所有的孩子謀求更好的生長環境與發展機會，絕不逃避這種責任！

　　「體罰」的定義是：以「直接造成身體上的痛苦」，或以「控制其身體而造成心理上的痛苦」為手段的懲罰。

　　「不默許」的原則是：或直接制止、或委婉勸說、或循其他途徑找尋其他力量的支援，對已經發生在眼前的事，盡一己之力改變之。

　　同年，另一個重要的議題是《教師法》。人本反對《教師法》納入懲戒權，並舉辦「體罰與懲戒權」公聽會。到了 1996 年，人本反對教育部用「暫時性疼痛管教」偷渡體罰，直接到教育部與訓委會主委鄭石岩對談。教育部再度聲明反對體罰，主張「暫時性疼痛」是種管教，而且不由原教師施行，但明眼人都明白這是偷渡體罰，引起社會不小的反彈聲浪，因此後來沒有實施此草案。這段期間，人本處理許多體罰申訴案，包括北新國中體罰案；蘭雅國中手銬案；民生國中體罰案；協助武功國小和中正國中學生按鈴申告體罰；揭發古亭國中體罰性騷擾案等。1999 年 9 月，人本公布國中小體罰問卷調查結果，有八成國小生及八成七國中生曾被體罰，歷年數據變化請參見表 6.1。

表 6.1 歷年國中小體罰問卷調查結果

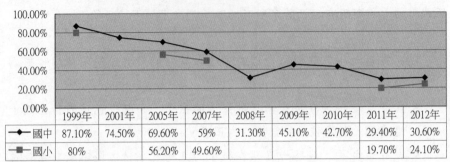

	1999年	2001年	2005年	2007年	2008年	2009年	2010年	2011年	2012年
國中	87.10%	74.50%	69.60%	59%	31.30%	45.10%	42.70%	29.40%	30.60%
國小	80%		56.20%	49.60%				19.70%	24.10%

　　體罰申訴案從沒斷過，桃園青溪國中案、台北光復國小案、連台北市安置機構「愛之旅學園」也被申訴。人本在 2004 年舉辦記者會，主張教師聘約準則應納入「不體罰」，違反者解聘；同年 8 月發起「以啟發取代懲罰，建立一個不打小孩的國家」運動，〈建國宣言〉如下：

建立一個「不打小孩」的國家

　　凡人皆生而平等，不因血統、性別、年齡、階級等等而有差別待遇；凡人身皆受保護，應免於傷害與侵犯；凡心靈皆得自由，應免於威脅與恐懼！

　　這些撼動人心的詞句，應該是某一部憲法的宣言；但對於未來的公民，也就是現今的小孩，這樣的國家尚未建立，這些夢想，也從來不曾得到普遍的承認！仍然有人以為，是成人手中的棍棒，在兒童之間建立了規範；而從未想過，秩序也可以出自小孩內心自然的需要。仍然有人相信，隨時揮出巴掌，可以促使兒童學習；而從未想過，好奇是小孩的天賦，認識這個世界，是小孩生而為人的本能。仍然有那為人父母的，寧可放棄親子之間的天性，卻不明白唯有愛與疼惜，才能陪伴小孩成長，帶領小孩走出他自己的人生！

　　疼痛可以帶來理解，這是謊言！証據就是，過往疼痛的童年，並未使我們更知道怎麼解決問題，若其不然，我們就不會為教養小孩而苦惱不堪。畏懼可以造就德行，這是謊言！証據就是，充滿畏懼的童年，並未使

我們更能守護善而抵抗惡，恰恰相反，我們總是懷疑自己而不敢勇往直前！

體罰，是一種惡性循環！我們身上的疤痕，正透過我們的雙手，慢慢移轉到小孩的身上；當我們動手打小孩的時候，在某種意義上，是潛意識裡的自我治療，治療至今未曾平復的小時的傷口。當我們隨口說出「我小時……你現在……」，這就代表著，報復不一定要加諸於原來的對象！

體罰，是無止境的複製！我們小孩的思想，正經由我們的雙手，在扭曲中逐漸成形；每當身上承受一記責打，在潛意識裡就烙下一個印記，這個印記將終生提示他：強者對付弱者的手段，就是透過人身控制，以遂行其個人意志。任何人都可以預見，他將來面對自己孩子的時候，也絕不耐煩理性說服，或感性召喚的過程！

是時候了，是我們這一代人的責任，來斬斷這一循環與複製；是時候了，是我們這一代人的榮耀，來徹底消除這種「人可以打人」的邏輯！我們於是將為現在和以後的兒童，建立一個「不打小孩」的國家！

2005 年 6 月，聯合國秘書長兒童受暴研究計畫，舉辦「東亞太平洋區域會議」，人本組團參加並加入「全面終止體罰全球連線」，反體罰運動接軌國際。8 月，人本與兒童代表共同拜會行政院長謝長廷，傳達聯合國最新兒童人權標準。謝院長承諾建立一個不打小孩的國家，為台灣史上最高行政首長首度零體罰宣示。9 月，人本邀請「國際拯救兒童協會聯盟」代表來台，共同拜會陳水扁總統。陳總統承諾於《教育基本法》中納入禁止體罰的條文。10 月，《教育基本法》禁止體罰的修法連署成案，並通過一讀。12 月，委員會通過條文審查進入院會，國民黨團提議朝野協商。

2006 年 3 月，人本出席國際拯救兒童協會聯盟東南亞太區域反體罰工作坊，台灣進入區域反體罰網絡。4 月，王金平院長承諾支持零體罰修法；人本則聯繫一百個民間團體共同發起活動，響應「430 國際不打小孩日」。2006 年 5 月朝野完成協商；與此同時，高雄縣長楊秋興卻主張鞭刑，人本於是召開「旁門左道是無能者的法寶──楊縣長，鞭子是不行的」記者會。

2006 年 6 月，西湖國中體罰案請求國賠勝訴，台灣史上首次確認「教師體罰，國家有責」。7 月，人本舉辦「台灣孩子的聲音，聯合國想聽到」兒童座談會，帶領台灣兒童加入聯合國反兒童受暴的全球行動。10 月，兩位人本工作人員與兩位台灣學生正式受邀，赴曼谷出席「聯合國兒童受暴研究報告東亞太平洋區域發表會」。

2006 年 11 月，舉辦「終止體罰國際研討會暨聯合國兒童受暴報告台灣發表會」，邀請聯合國相關研究計畫委員和顧問來台。12 月，立法院三讀通過《教育基本法》禁止體罰的條文，台灣成為世界第一百零九個明文禁止校園體罰的國家。立法通過的隔天，爆發花蓮中城國小教師虐童案，本會受理申訴。

在修法的過程中，看似朝野都有意修法，但檯面下卻狀況頻傳。全國教師會一邊宣稱反對體罰，一邊卻以體罰界線不明為由，阻撓修法。在某次對談中，人本工作人員忍不住，問全教會理事長與副理事長：「請說明你們反對的體罰定義為何？我們就以你們說的為範圍來修法吧！」但仍未得到清楚的答案。協商過程中，各黨團都已簽字通過，就等國民黨團，人本董事長史英還屢次到立法院拜訪。然而五月完成的協商，硬是拖到年底才通過，同時附帶決議，要求教育部提配套措施。教育部修訂了「學校訂定學生輔導與管教辦法注意事項」，其中列舉何為體罰。在各方角力下，罰站以「站立反省」之名列入管教方法，而非體罰，參與會議的人本教育基金會出具不同意見書。

2007 年 4 月，人本因應零體罰立法，翻譯聯合國教科文組織出版的《正面管教手冊》，供教育界參考，並舉辦「正面管教教師營」。另外，也與台北縣教育局合作零體罰工作坊，與建功高中合辦「專業 VS 挑戰──教師工作坊」。

圖 6.1　2007 年「430 國際不打小孩日」嘉年華親子踩街遊行：呼籲大人放下體罰，給予孩子正向的支持力量。

五、青少年工作：人本的青少年關懷

（一）1990 年的青少年關懷專案

　　人本規劃了「專線」、「協談」和「親子成長課程」交織的完整方案，一方面協助家長建立新的教育觀，降低衝突，重建親子關係；另一方面協助青少年成長，找到表達的方法。

（二）1995 年的青少年工作專案

　　從召開「終止大人與小孩的對立」記者會開始，籌備了「榮觀專案」、「國中校園青少年輔導專案」、「活水工程義工培訓專案」等。國中校園青少年輔導專案，是和台北縣教育局合作，在板橋的十所國中進

行。這個案子的精神，除了希望協助青少年，還著眼於「支援教師」。這個案子也是人本思考「學校支援系統」的具體開始。

由於人本處理申訴案的名聲遠播，學校及教師對人本避之惟恐不及；現在他們的上級教育局竟然與人本合作，學校不敢說不，但必然有所防衛。所以工作的第一步，是到板橋每所國中舉辦說明座談。座談會特別說明工作的方法與精神，包括「是幫忙，是加人力，是要減輕負擔」、「如果班上有令老師十分困擾的學生，請老師提報名字，由此專案人員協助輔導」。一般輔導教師要負擔許多行政工作，還要準備課程，被剝奪許多直接照顧學生的時間。這項計畫希望學校提撥一個空間，同時徵求學校教師成為自願專案教師，不負擔課程，專職此工作。這個專案特別希望專案老師專職，一方面彰顯輔導工作人力必須專職，另一方面是為學校增加實質人力。

為學校增加的人力包括義工，也就是「活水工程師」，每所學校約有八到十名義工協助。人本將義工培訓專案取名活水，希望將社會資源（活水）引進各個需要的地方，灌溉幼苗（青少年）。學校一開始會質疑：「義工行嗎？」實際運作後發現，具有各種不同背景、經驗和專長的義工群，除了可以專心陪伴孩子，也能提供孩子多元的視野；而學校只要看到孩子進步，疑慮很快就降低，看待孩子的眼光自然也不同。

專案教師一開始被當成「人本老師」而被規避，到後來孩子的導師不但會請教他們問題，也會討論如何在班上搭配，讓學生有系統完整的輔導。專案進行一年後，這些專案教師都希望能繼續，還提出許多精進的方式，例如當孩子不在學校時，結合社區資源照顧他們。然而，由於專案成效卓著，台北縣教育局決定自己執行，不交給民間團體，專案從此被納入體制，排拒外界資源（如義工）。當時專案教師群打算直接到教育局陳情，希望繼續和人本合作；然而，人本認為，如果民間團體的工作得到官方認可並願意承擔，不一定是壞事，所以最後決定不挑戰教育局的決策。

專案教師群認為，與人本合作最大的啟發，是教育價值觀的思考——將學生當成要解決的問題，還是一個需要協助發展的人。一般輔導工作比較像修補或導正，總以規訓、社會化為績效指標，但這次的專案工作加上了教育的概念，連讀繪本、安排課程學習，都可以成為「輔導內容」，除

了聆聽情緒、抒發委屈、討論人際，還有心智的啟發、視野的拓展，這些都讓孩子有深層的改變。專案教師非常擔心，沒有體制外的力量與資源，一則人力實質減少，再則工作價值觀不同，無法展現成效。

以這一年的經驗為基礎，人本推動「學校支援系統」，認為學校需要增加資源人手，而且以學校社工為佳，可以帶來不同專業的視野。台灣教育沉痾已重，若只靠原有的系統，恐難再生。台灣目前雖然還未形成學校支援系統，但有幾個縣市都外加了巡迴輔導人力。理想上駐校還是最好，但仍需要時間過渡。1998 年，人本因為與縣市首長簽訂教改合約，在台中縣也進行了類似的專案，台中縣政府採外聘模式，第一期聘了二十位輔導人員，由人本擔任督導。

（三）2001 年青少年基地

人本在南部承辦了高雄三民西區社會福利中心，以及鳳山五甲青少年中心的中輟生追輔工作，後來都終止合作。人本每次和政府合作，必然賠錢，每樣工作人本都得投入大量人力資源，但政府的核銷項目卻有限而不合理；加上組織重整，人本於是終止各項承辦方案。人本中部也曾設立青少年劇團，現已暫停運作。

綜合各種形式和領域的青少年工作經驗，加上機緣，人本在 2001 年成立了「三重青少年基地」運作至今。青少年基地是孩子成長過程中的中繼站，在學校與家庭之外的第三歸屬，這裡提供孩子溫暖、理解、包容與協助，是所有受挫孩子重新出發的所在。開館十年，分析來館孩子的學校所在地，除了三重，也包含鄰近的蘆洲、新莊以及台北市的大同、萬華等地。「基地」除了照顧弱勢青少年，更希望從建設面著手解決青少年問題，在「防範犯罪」之外有新的嘗試。我們的理念與實踐如下：

【理念】

1. 轉變青少年生活型態

　　青少年的生活可以不只是功課與無聊，或是只有上網打電動。如果環境願意提供並「向孩子宣傳」，孩子會很樂意參與各項不同的活動，增加各種不同的體驗，從中獲得學習的能力與經驗；長大成人後，必然不是個生活索然無味的成人。開館兩年後，已經有孩子不需要依賴跑廟會才有成就感，而能重新面對現實生活，這說明只要給他們機會，青少年的生活型態就有可能轉變。

2. 開啟青少年學習的機制

　　三重基地的軸心是學習，一種永續、落實在生活裡的學習，這種精神與方法，落實在每項活動裡，甚至在人與人的談話裡。開館頭一年，孩子回饋給我們，說他們愛來基地的理由之一，就是光跟你們聊天就能學好多事。可見，只要學習機制啟動，孩子就能主動學習，改變自己命運的力量是掌握在他手中的。

3. 賦予青少年歸屬感

　　人都需要歸屬感，青少年也不例外，當家庭與學校不大能讓孩子有歸屬感時，我們就面臨跟惡劣的社會環境（如黑社會）競爭孩子的局面。開館後，孩子們都說三重基地是另一個家，即便沒事路過，都要進來一下，包括翹家、蹺課、教師找不到孩子時，也能在青少年基地找到。所以孩子們之間流傳：沒地方去的時候，就去三重基地。基地的確為青少年提供了很好的安全感及歸屬感。

4. 協助青少年家庭

　　三重基地不能取代孩子們的家，但可以成為這整個家庭的重要夥伴與

橋梁。由於基地位在社區內，是很在地的空間，可以與家庭有更緊密的聯繫，協助家庭變得更溫暖。這幾年已經有孩子的家長變成基地的義工，他們看見自己的孩子成長，也改變了自己看待青少年的眼光。

5.探索青少年專屬空間的經營模型

三重基地是社區的、小型的、民間的，比公設大型少年福利中心更容易貼近在地，而且因為不收費，青少年更容易進來，人與人的關係也更親近。同時，我們以教育專業結合社會工作的技巧來經營，期待這是一種可行的新模式，將來能在不同的地方實施，也許有機會為台灣建構以社區型青少年機構為基礎的青少年服務網絡。

【實踐】

1. 拉回擺盪的青少年

人本希望藉著聯結家長、學校的力量，把孩子從幫派的手中搶回來。從人本的經驗可知，只要讓孩子相信有些大人可以信任，是跟他們同一國的，孩子就有可能走出黑道。

2. 青少年館也是社區父母、孩子和學校老師的交流中心

一個座落在一般住宅區的活動場地，如果不能取得鄰居的信任，成為鄰居的活動場域，也就失去當初承接的意義。因此，三重青少年基地是可以同時進行「親職教育」、「安親教育」、「青少年活動」外加「社區活動」的青少年館。

3. 另類輔導：不打罵、不考試，找回學生自信

三重青少年基地每年都會照顧、輔導約五十名學習落後的孩子，有別於依賴打罵、考試、重複練習和死背的課輔方式，人本透過猜想、反駁及對話式教學，提升青少年的學習興趣，重建孩子學習的信心。

4. 不只陪伴，還要學習——給弱勢少年的多元教育

學習是認識事物、掌握事物的能力，也是人在世界生存的基本能力。因此，我們透過學科及各種社團、才藝、討論、研究等，提供孩子各種與肢體、興趣、思考、發展有關的課程或活動，讓孩子得到多元的教育機會，享受學習的樂趣。當學習的機制被喚醒、被啟動，孩子就有機會掌握自己的人生，往自己想要的方向發展。

5. 走出惡性循環，幫助家庭恢復功能

孩子們說，基地是他們第二個家。孩子對基地的信任讓我們感動，但這個說法讓人心酸——若不是第一個家功能不彰，孩子們並不需要第二個家。因此，當孩子出了狀況，我們必須一併照顧孩子的家庭、學校、同儕等環節，和孩子的家庭一起面對問題、尋求資源，讓孩子的家庭健全，有能力改變與成長，如此一來，才能真正解決孩子的問題。

▎六、結語：人本的社運串聯

人本以教育改革運動團體自我定位，當然也會與其他社運界，建立相互支援的網絡，以達成改革台灣的總目標。人本與其他團體在 1994 年發起「410 教改大遊行」，訴求「小班小校」、「廣設高中大學」、「制定教育基本法」、「教育現代化」。同年 9 月，行政院以呼應民間要求為由，成立「行政院教改會」，這是政府收割民間教改力量的代表。然而，人本並未加入行政院教改會擔任委員，亦未參與制定任何方案。

為了救援蘇建和、劉秉郎、莊林勳等三名因刑求逼供而無辜入獄、死刑定讞的年輕人，人本與其他團體在 1996 年成立「死囚平反大隊」，發起「反刑求、救無辜、重建司法正義」活動，在二十八天內進行二十一項活動，迫使當局不敢輕易執行死刑，包括發動義工半夜到敦化南路，在路樹繫上黃絲帶，讓清晨上班的人經過時，會看見一段「平反冤獄．免除恐懼」的黃絲帶。這些動作終於突破媒體，讓社會大眾有機會得知此事。

　　人們總是不喜歡反對的聲音，但社會運動更怕的是毫無聲音。此案後來在社會引起不少爭議，表示能見度夠；而透過爭議的過程，無罪推定的概念和科學辦案的想法，才有機會被提起。人本參與此案的救援行動，也引來跨界的質疑；然而社會運動團體雖然有專業分工，但關心、投注與行動卻不需設限。救援此案對台灣社會意義重大，首先是不讓台灣社會背負冤魂；再則無罪推定概念並非只適用於司法，這是人類文明邏輯的代表；另外，讓民眾了解冤案、了解司法的問題，則是社會教育的過程。綜合以上因素，人本責無旁貸。

圖 6.2　1996 年「死囚平反，讓無辜的孩子早日回家」大遊行：遊行中蕭靜文舞蹈團以行動劇演出三死囚遭刑求不公的司法折磨。

　　到了 1997 年，人本與其他團體發動「五月民運」，一個月裡舉辦三場大型的遊行、集會，分別是「504 悼曉燕，為台灣而走」、「518 用腳愛台灣」和「524 陪台灣到天亮」。在這之前，410 教改大遊行沒有政治動員，也不是抗議團體，而以一般民眾為遊行主體，算是非政黨遊行和民

眾遊行的代表；而 504 遊行更盛大，第一大隊「婦幼隊」幾乎都是沒上過街頭的民眾。

　　白曉燕案在當時引起社會震盪，但也考驗台灣社會的選擇，是走向法西斯限制人民，或是要求更多的民主開放、要求更有擔當的政府。五月的三場活動，成功展現民眾意志，不但集結了公民團體，還激發更多公民力量，與 504 遊行相隔兩週的 518 遊行，人數更是突破十萬。當年的訴求是「總統道歉‧行政院長下台」，當時的舉牌設計、雷射投影到總統府等，都是創新的作法，也啟發後來各種遊行的安排。

　　1999 年 921 大地震後，人本組成「台中縣災區工作隊」，號召義工投入災區工作。民眾響應非常熱烈，人本分別在東勢、大里、豐原都設有駐站人員。之後展開教育重建計畫，成立東勢工作站、埔里工作站，與建築師、學校、社區共同合作。隨著校園重建，人本也共同發起新校園運動，訴求空間改變，帶動教育新思維。

圖 6.3　1997 五月民運：當總統府牌樓被雷射光打上「認錯」二字時，民眾歡呼，心裡明白：這個國家需要靠我們自己來守護！

　　2000 年，人本與環保、婦女、原住民等團體，共同發起「1112 非核家園、安居台灣」大遊行，約有十萬民眾冒雨參加，訴求有四：（1）停建核四，建立非核家園；永續發展，拒絕核四汙染。（2）停止政治鬥爭，回歸民生議案；停止權謀立法，進行審查預算。（3）反對玩弄罷免手段，付出巨額社會成本。

（4）政府決策透明，人民安居台灣。這次遊行的訴求，因應當時政治局勢，除了要求非核，更要求停止政治鬥爭，可惜台灣的政治鬥爭從那一年加劇後，只有持續擴大。這一次遊行為了突破媒體宣傳，人本找來八位孕婦，在肚子寫上「非核家園‧安居台灣」，終於突破封鎖、引起注意。

2005 年，人本與五十七個團體發起「公民搶救公視聯盟」，到監察院檢舉新聞局增聘公視董事違法，並要求（1）公視預算受《公視法》第 2 條保障，政府與國會不得以任何理由扣押或凍結。（2）公視受《公視法》第 11 條保障，屬於國民全體，獨立自主，不受干涉。政府不得將公視視為傳聲筒，妨礙其自主經營。（3）公視的治理與管理應該透明，公視董監事會必須稟承《公視法》精神，捍衛公視的獨立自主。

2008 年，人本與其他團體召開記者會「不展示人民的威，他們就有了絕對的威」，呼籲民眾參與抗議海協會會長陳雲林來台的圍城行動；之後也和各團體發起「我控訴」行動，控訴圍城期間的國家暴力。2013 年，人本與其他團體個人共同發起「終結核四‧催票行動大聯盟」……。有些歷史來不及全部記錄，便待以後的機會；有些歷史還在創造，便待未來的發展。人本自 2007 年起，宣示了新的任務：

　　這些年來，我們持續不斷，努力不懈，浸淫於教育的實踐與創造；並不僅是那些表面上的教育事務，而是涉及人如何認識自己、發現自己、建構自己、並成為他自己的深層機制。這種個體「成人」的過程，和群體「成為一個國家」的過程，有著對應的關係，並且是同構的；因而我們應該將在前者累積的經驗，轉移到後者來。

　　這是一個新的任務，正如二十年前，當人們消極地要求改革教育的時候，我們提出積極的人本教育做為努力的目標；從現在開始，我們將要透過各種方式，在教育改革之外，更集合台灣社會共同的智慧，共同來回答「到底要成為怎樣的一個國家」。懷抱著這個新的任務，看著掩映在同仁身軀之間的滿屋子的小孩，我們於是微笑。

▌〉附錄

教育的春雷──籌備者的話

　　經過四十年的嚴寒，四十年的蟄伏，教育界是到了該打雷、降雨、發芽、抽枝的時候了。四十年來，我們的教育土壤裡似乎只栽種一種植物。對於絕大部份的種子而言，它們沒有聽過春雷。四十年來，我們有了越來越多的小留學生，越辦越大的升學補習班，愈鬥愈勇的不良少年，直線下降的自殺年齡。受教育是個令人不愉快的經驗，它用考試、補習、體罰乃至於威嚇、欺騙與羞辱，來填滿學生們清醒的時刻。原本，大家相信「教育的試煉」是有益的，相信那流淚播種的必將歡笑收割。然而，一個社會之令人不快，豈不也源於社會裡的人，大多也有不愉快的童年。飽受折磨的童年如何帶來其後成功的人生。我們想說的也就是這一點：並不是所有的這些「試煉」都是有益的，甚或是必要的。幾十年來，有一群心理學家從治療人的經驗中發現，即使是瀕臨絕望的人，只要適度地加以協助，給予機會，他就能摸索、掙扎著自我調整，找到一條自我實現之路。這些經驗乃是人本思想的發端點。人本思想的核心是對人的關愛與尊重，是相信只要打雷、降雨、施肥，就能看到種子發芽、抽枝與成長。我們不要求任何一顆種子都長成玫瑰。我們尊重它成為海棠、柏樹或葡萄的潛能。我們欣賞每個孩子成為他自己。然而，四十年來，就台灣的教育界而言，人本教育是何等奢侈的願望！經過四十年的盼望與等待，同仁們覺得教育已經不能再「等因奉此」下去了。我們要站起來，伸出雙手，實踐我們的尊重與關愛。我們關懷孩子的成長環境，也關懷教育的工作環境；我們尊重教師的事業尊嚴，也尊重孩子做為人的尊嚴；我們抗議大環境，也關心小問題。我們要說：是時候了，讓種子發芽、成長吧，讓我們成為春雷。

　　本會宗旨──結合家庭、學校、社會的力量，協助教育當局，革除當前教育積弊，共同推動以人為本的教育。

　　人即目的，不是工具，每一個小孩都是會思想有感情的生命個體，他會看、會想，有快樂也有悲傷。教育是為了使他汲取人類從不懈的生活體驗中艱苦得來的知識，使他的視野胸襟開放拓展，不至侷限於一己的生活天地，使他在潛移默化中能更真切地看，更活潑地思想，更自然無疑地流露或涵蘊

自己的情感。他的身體，他的思想，他的心，是從事教育工作者所應當由衷珍惜，而不能任加扭曲或傷害的。他不是集體規劃或其他意志的工具，他的本身，他的充實發展，他的自在快樂，便是教育的目的。只有引起他們內發的熱愛知識，知識才能為他們吸收消化而靈活運用。只有尊重他們，啟發他們深入觀察，自由思辨，世間的是非價值才能為他們尊重，人類珍貴的文明也才能期望他們來守護與發揚。

我們的理念

1. 教育的目的在使學生得到自由而充分的發展。因此，升學雖是好事，卻不是教育的主要目的。
2. 每個階段的教育內容都是配合學生個人發展階段的需要而設計的，而不是為了通過下一階段的考試而設計的。
3. 學校的設施、制度與教學方式應配合學生的個人需要，具備彈性與因材施教的特性。
4. 教育成果的衡量，應從學生心智的成熟與人格的健全等層面去衡量，不應僅由升學、就業率去衡量。

我們反對的

1. 基於尊重學生的人本精神，我們反對體罰，尤其反對羞辱性的體罰。
2. 基於尊重學生的個別差異，我們反對統一教材、統一進度、統一參考書、統一測驗卷。
3. 基於學生身心發展的需要，我們反對太長的留校時間，尤其反對課後留校、假日留校。
4. 坊間的測驗卷及參考書是典型的升學主義產物，它嚴重傷害學生的好奇心、求知慾、以及思考、判斷力，我們反對在正常的教學時間中，使用它們。
5. 課後補習的意義是補救教學。但如果大多數學生皆需要課後補習，表示教學內容不當或教學方法有問題。因此，我們主張教育工作者應面對教學內容與方法的問題，謀求解決，而非實施課後補習。

6. 不按課表上課、忽視美勞、音樂、工藝、體育等課程，破壞五育平衡，自然影響學生身心健全展，自為人本論者所反對。

7. 就現階段的教育環境而言，能力分班並不符合教育機會均等的理想，並使學生心理不平衡，本會期期以為不可。

工作原則

本會同仁深信，以上目標得以愛心、耐心為基礎，透過協調、溝通、討論、研究、以及傳播，而逐一達成。同仁在工作的過程中，將謹守下列三大原則：

客觀原則：凡事深入調查，並以客觀蒐集而得的資料為行事、判斷的依據。

漸進原則：對個別的當事人盡可能採說服的方式，除非不得已，不採取較強烈的手段。

對事不對人：就事論事，不涉及對人的好惡。

| 參 | 考 | 文 | 獻 |

人本教育基金會，1989 年 4 月，《人本教育札記》試刊號。

──，1989 年 7 月，《人本教育札記》創刊號。

──，1989 年 8 月，《人本教育札記》第二期。

──，1990 年 7 月，《人本教育札記》第十三期。

──，1994 年 6 月，《人本教育札記》第六十期。

──，1995 年 7 月，《人本教育札記》第七十三期。

人本教育基金會，1994，《不是教具——蘭雅國中手銬事件》。台北：人本教育出版。

人本教育基金會，1993，《森小綠皮書》，台北：書泉。

CHAPTER 7

以教育守護環境的實踐者：
荒野保護協會

黃柏睿

人類所謂的荒野，是人用有限的眼光，從短視的經濟角度來思量，它就成了沒有價值的地方；荒野其實不荒，它蘊藏著無限生機，充滿著形形色色的物種，更是野生動物的天堂。

人應學習從生態的角度來看待它，那麼荒野不只有情，還藏有解開生命奧祕的智慧；總有一天，人類會明白，荒野是我們留給後代，最珍貴的遺產寶藏。

徐仁修 1995 年 5 月

▌一、前言

荒野保護協會是依法設立的公益社會團體，也是一個由民眾自發組成的環境保護團體，自 1995 年成立以來，以關懷臺灣為出發點，放眼全世界，致力以全民參與的方式，透過自然教育、棲地保育與守護行動，推動臺灣及全球荒野保護的工作，為我們及下一代締造美好的自然環境。荒野保護協會致力於生態永續實踐，以透過購買、長期租借、捐贈或接受委託的方式，取得荒野的監護與管理權，將之圈護，盡可能讓大自然經營自己，恢復生機，使我們以及後代子孫能從這些刻意保留的臺灣荒野，探知自然的奧妙，領悟生命的意義。

荒野保護協會是生態永續實踐的非營利組織，成立逾二十年，累積許多人的熱誠、善意與願力，大家齊力以自然教育、參與環境議題、保育自然棲地、社區生根、推動志工組織等方式，為保護臺灣環境做出無私且非凡的貢獻，並繼續朝向專業化、社區化與國際化邁進。事實上，荒野保護協會致力於生態保護、永續實踐行之有年、頗富盛名，已是國際知名的組織。以下就簡單介紹荒野保護協會的發展歷程、重要貢獻與未來展望。

▌二、發展歷程

荒野保護協會自成立以來，歷經六屆、四任不同理事長的帶領，逐漸

站穩腳根，致力發展環境教育，期盼藉由環境教育的推廣，使社會大眾能更理解環境保育的重要。

（一）荒野遊俠的結義：民生健士會

當過童軍團團長的牙醫師李偉文認為，參與童軍活動時的夥伴，各個擁有特殊之處，而且認為朋友是可以一起瘋狂、一起做事的夥伴，應該交往一輩子；若能將夥伴們集結在一起，將會是個充滿多元文化的社群。於是，李偉文秉持「自願承諾、義務服務」的童軍精神，於 1990 年在家中創辦「民生健士會」。「民生」源於最初的舉辦場所在民生社區，「健士」即健全之士，也就是力求做個各方面均衡發展的健全之士。為了記錄這群認真生活的朋友，愉快相聚、共同成長的可貴時空，故將社團取名民生健士會。

參與健士會的人多半為童軍夥伴，卻不標榜童軍團的性質，所以吸納許多各行各業的精采人物參與（李偉文，2003）。民生健士會的聚會相當隨性，但有「三不共識」，不談論政治立場、不述說宗教觀點，以及不做業務推廣。政治立場與宗教觀點是主觀意識造成，無須多做爭辯而傷和氣；不做業務推廣不是絕口不提工作，而是大家可以隨意交流自身專業，或被動等待夥伴諮詢，但不主動詢問夥伴是否需要幫忙。三不共識之外，民生健士會不收任何費用，夥伴不需負擔額外支出。

在這個夥伴情誼純粹的社團中，社團成員沒有企圖心，聚會以各種形式呈現，以人的本質來認識與交往，珍惜不被利害關係所侵犯的情誼；成員共識就是認真生活，改善自己的生活品質，結交相伴一生的朋友，彼此分享單純友誼的溫馨，與豐富精采的生活。由於社團純粹的情感，讓這群健士們彼此心繫，在沒有社經地位的牽絆下，可以無拘無束的對話，溝通心底的想法，為成立荒野保護協會，種下美妙的種子。

（二）荒野保護協會成立：跨出行動第一步

在李偉文醫師的界定下，民生健士會的定位是家庭聚會，並非正式團體，而且由於這是一個半開放性的團體，所以吸引了許多人共襄盛舉，藉由彼此分享、介紹，讓民生健士會總是充滿歡樂及內涵。

　　民生健士會從提供成人休閒的平台，轉型成積極推廣環境教育的組織，關鍵是生態攝影家徐仁修的加入。徐仁修透過一位來自香港的健士推薦，加入民生健士會，並在 1994 年的社團室內例行演講中，述說親身的攝影經歷與臺灣自然生態之美，引起社團健士們廣大迴響，荒野保護協會的雛型也悄悄成形。該年四月，徐仁修帶領健士會中的三十幾位夥伴，在思源埡口一座廢棄的軍營裡，揭開荒野保護協會的序幕。

　　李偉文在著作《你每天都在改變世界——一個牙醫師的荒野大夢》中提到，當時一群好友圍著營火，心中也暖和。《天下》雜誌總編輯鄭一清也是健士會的一員，並在當次的社團紀錄上寫著：

　　思源埡口的風呼嘯著，圍繞著簇簇跳動營火的他們，心越來越熱。一群來自不同地方的朋友，既醉心於臺灣的美，也痛心於環境的破壞。他們熾烈地討論：怎麼讓臺灣交到子孫手上時，仍保有流水深深、禽鳥弄波的清澈，回覆鷹隼盤旋，雁鴨繽紛的藍天？怎樣可以凝聚這一團熾熱的火，匯集眾人的力量，自己關心自己的環境？那一夜，他們決心要成立一個以保護自然生態、推廣自然教育圍宗旨的荒野保護協會。

　　成員們一方面感動於臺灣山川富麗、自然生態的豐盈，但也見識到因為人民貪婪無知、為一己之私，使大自然千瘡百孔；體會到臺灣對大自然的破壞，不能只靠政府被動的法規規範，而有必要以民間的力量，為我們自己、為子孫、為自然盡一份心力（李偉文，2010）。那一夜過後，經過近百位社團夥伴的討論、籌備，民生健士會化身為 1995 年 6 月 25 日成立的荒野保護協會，開始漫長的荒野行腳。

　　「荒野」不是一群知名人士登高一呼，匯集物質、錢財而成的組織；「荒野」代表的，是一般社會公眾對居住環境問題匯聚的行動力量。「荒野」不是獨自享受大自然靜謐孤獨、物我兩忘的團體，「荒野」是進入自然，感同身受，為了共同理想自願承諾、義務回饋的推廣教育。一群原本只是互相分享生活的好友，因緣際會接觸徐仁修對自然的感動，透過民生健士會的結合，成立荒野保護協會，開啟他們對於臺灣自然土地的謙卑心，以服務自然的生活意識，推廣環境教育、回饋土地。

（三）荒野大夢的開端：從孤軍奮戰到群策群力

　　民生健士會由「遊手好閒」的社團，成為政府「登記有案」的荒野保護協會；為什麼民生健士會不能以原本的名義，進行推廣環境保育的工作？第二任理事長李偉文，從以下針對個人效益的角度，討論為什麼要從「組織」層面推廣環境教育：

> 原本民生健士會只是一群夥伴的聚會，若以此形式進行推廣環境教育，可省下許多行政成本，但人在政存，人去政息。真正有意義的貢獻，需要長期不間斷，才有辦法造成價值的改變，此時唯有靠組織和制度的協助，才不會因受個任情緒、時間或生活等因素影響的變動而如期完成任務（李偉文，2007）。

　　推廣環境生態保育和環境教育，並非一蹴可幾，需要長期無私的付出，才有辦法達成小小的改變，所以集結個人力量，以正式組織運作，是可行且必要的。

　　非營利組織若是擁有正確的理念、使命、願景與價值，就能吸引許多志同道合的人才投入、奉獻。個人雖然天賦異秉，但絕非三頭六臂，為社會服務與訓練人才加入服務，很難同時達成，若有組織制度的輔助，貢獻與培訓雙管齊下，對達成使命、目標都有一定幫助。李偉文在《你每天都在改變世界》一書中舉例，徐仁修的身分是生態攝影家，有沒有荒野保護協會，對他在自然環境的貢獻可能沒有差別；但有了荒野保護協會，徐仁修可以透過組織制度的協助，促發更多社會公眾投身環境保育的行列，這就是成立組織的重點。

　　在一個廣大的議題下，個人的力量或許微不足道；但若能招募志同道合的夥伴，將彼此的經驗、做法和思維傳遞到他人心中，擴大影響範圍，這就是成立組織或團體的好處。而且，個人會因為時間改變、興趣移轉或生命有限等因素，影響投身公共事務的意願；個人的貢獻也會因為無法延續，而喪失對社會的影響力。因此，若以個人游擊戰的方式做公益，無法累積對社會更大、更長久的影響力（李偉文，2003）。

　　透過組織制度的協助，可以號召社會公眾，累積社會影響力，把個人

力量轉化為群策群力，改變更多公眾的觀念，達成組織使命。只要願意，個人可以為組織做任何事情，但在組織裡奉獻，必須了解所參與的是非營利組織，無法為個人帶來金錢上的實質利益，而且成員是自願進入組織奉獻，無分職務高低，所有成員的意見或努力，都能以任何形式呈現，將組織力量最大化。

組織與個人的最大差別，在於組織能夠多元發展。自然環境不只包含生物多樣性，也包含議題多樣性，以個人或非正式團體的形式推動環境生態保育，所能觸擊的面向不夠寬廣。成立正式組織，能讓真心期望付出的夥伴，找到個人發揮的舞台。在這個典範快速轉移的時代，不管社會如何變遷，荒野的多元發展，都能讓志工找到符合時代趨勢的次團體或工作委員會來因應。

不論趨勢如何變動，一個多元發展的組織具有多面向的優勢，有助於從不同角度深入組織所倡導的議題，共同為環境付出實際關懷和行動。成立協會對這群人而言是有效的管道，藉此可以激發大家的信心；而認同並為環境付出的人，無論職業高低貴賤、權力大小，都盡心盡力為組織爭取資源，讓協會逐漸完整，造就今日荒野保護協會在環境保育推廣的重要地位。對於一個團隊領導者或籌畫者而言，找到「對的人」上車、知人善用，有助於組織推廣的信念。

（四）團隊力量的開展：志工群組的大量產生

荒野保護協會的組織宗旨，是希望透過購買、長期租借、捐贈或接受委託，取得荒野的監護與管理權，以促進公眾參與為使命，盡可能促發公眾參與環境保育活動。荒野根據宗旨與使命，成立初期就努力在組織架構上達到此願景（李偉文，2003）：

發展組織：希望各縣市都有分會，各鄉鎮、社區都有聯絡處，以便就近
　　　　　照顧或守護荒野地。
擴增會員：會員是志工的來源，也是荒野財務獨立的基礎，擁有數量龐
　　　　　大且盡心、熱心的會員，才能讓荒野維持理想、達成目標。
志工培訓：透過志工培訓，發展基礎的服務和行動，進階訓練課程隨組

織成長規劃；除了基礎志工培訓，也加強定點觀察制度，陪
養未來圈護地的管理、調查與教育能力。
專業化發展：除了志工組織盡心盡力，秘書處專職夥伴的發展專業化，也
是讓荒野能夠達成使命、願景及目標的重要工作。

　　組織運作初期，仰賴眾多志工的熱忱與善意，不斷齊心致力於自然教
育推廣、環境議題參與、自然棲地保育、社區生根，以及推動志工組織。
荒野保護協會在成立初期，將志工分為解說訓練組、出版發行組與活動企
劃組等三組。為了促進公眾參與，創會理事長徐仁修希望會員進入協會
後，變成自然觀察家，而不是只有捐錢幫助組織。自然觀察家自己親近大
自然，如果願意進一步為組織和自然環境付出更多，可以接受相關訓練，
擔任解說員或推廣講師。經過協會大力推動，加上政府訂定《志願服務
法》，荒野保護協會的志工群組開始蓬勃發展。荒野保護協會要因應國家
政策，還必須兼具擴大公眾參與，因此對志工的學歷、社會地位或專業知
識等參與資格，都不設限，採取「順應自然」的方式面對志工群組的成
長。
　　經過將近二十年的組織發展，荒野保護協會的志工組織，已拓展擁有
解說教育、兒童教育、親子教育、特殊教育、推廣講師、綠活圖發展、自
然中心發展、棲地工作、鄉土關懷、原住民、學術及研究發展、國際事務
與資訊管理等十三個委員會，超過一百個以上的次級志工組織；在全國各
地擁有十個分會，有多達一萬多個會員家庭，甚至有三個海外分會，是全
國志工人數最多的生態保育團體。志工組成涵蓋各領域的民眾，包括公職
人員、民意代表、學者、企業主管、教師、新聞工作者、家庭主婦、退休
人員、學生、計程車司機、木工師傅……等。沒有政治企圖，不求名利，
憑著熱愛台灣、珍惜自然而熱情付出，在自己的工作與家庭中散播環保種
子，積極主動參與荒野自然教育與生態保護工作，數量龐大的志工，是荒
野保護協會達成組織目標的最大助力。對組織領導者而言，著眼全局，進
行宏觀的控制，在求才、求賢上有所為，在組織事務上無為，開放的態度
才能施展組織的規模。

（五）團隊領導成形：從個人英雄到團隊領導

荒野經過十九年的成長、茁壯，組織領導架構已成形。就荒野保護協會組織架構而言，理事長是該組織的最高領導者；但其實，荒野保護協會的創會會員，同時也是協會榮譽理事長李偉文在《溫柔革命：愛，在荒野流動》一書中提到，在荒野裡是採合議制，由大家共同討論，以團隊合作的方式來做事。此外，在訪談現任理事長賴容孝的過程中發現，荒野保護協會不願意產生「造神運動」，因此採取「團隊領導」的方式進行組織導引。

荒野保護協會的幹部都是志工，在組織內部賦予任務之餘，要顧及工作與家庭，所以如果採取菁英模式，也就是由單一領導人領導組織，將造成該領導者極大的負擔。關於團隊領導，專家學者認為認為董事會、秘書處與義工組織所組成的「鐵三角關係」，使三個部門協力運作，不但溝通無礙，組織的各項活動也符合預期成效。因此，在非營利組織運作過程中，治理行為、領導過程能否運作順暢，行政人員的專業與有效是不可或缺的要素。非營利組織的領導團隊，涵蓋的範圍不只理事會或董事會；而除了志工對組織的奉獻，秘書處的專職行政人員也扮演極為重要的角色。

荒野保護協會與其他 NGO 組織類似，同樣設有理事會，對會員負責；但不同的是，荒野目前的組織領導、決策模式，採取團隊領導，由常務理事會、志工群組召集人，以及秘書處共同組成，分別敘述如下。

1. 常務理事會：政策引領者

從組織架構來看，荒野保護協會是內政部登記的社團法人，組成的基礎是社員，組織架構的最高層級則是會員代表大會。會員代表大會投票選出理事二十七人、監事九人，分別成立理事會與監事會，每半年召開一次理監事會。理事會中再選出常務理事九人，組成常務理事會，每月開會，隨時掌握組織發展方向與運作細節。理事長三年一任，由常務委員九人中選出一位擔任，主要任務為帶領理事會，以及透過與常務理事合作，執行團隊領導，代表理監事會及會員代表大會，處理協會日常業務。

常務理事會最大的兩項責任，其一為決定組織走向。荒野保護協會常

務理事會處理的事務，經常是大小通吃、包羅萬象，但主要還是以組織大方向的重要決策為主。其二，常務理事會在組織中扮演政策引領者的角色，政策涵蓋組織內部與外部，內部政策包含未來的走向與展望，以及組織關心著重的議題；外部政策則是對於政府、其他組織，甚至是社會公眾議題的引領。更直白地說，常務理事會導引了組織未來的發展與社會議題的脈動。

2. 志工群組召集人：群眾領導者

從荒野保護協會的組織架構來看，會員代表大會是最高的權力單位，實際上的核心領導則為常理會，但比較特殊的是，荒野保護協會有眾多的志工組織，而常理會人數有限，無法直接與眾多志工直接聯繫、溝通，與基層志工最直接、頻繁接觸的，就是群組召集人。想掌握各群組志工的想法與作為，就必須想辦法將志工群組召集人納入領導團隊。

組織的想法和理念，必須靠召集人遊說底層志工。荒野的志工群也橫跨各分會，每個分會都有召集人，還有一名全國召集人。全國召集人與各分會的召集人溝通後，再由他們回去與志工們溝通，所有溝通內容會回到委員會的幹部、召集人與委員會中，與理事會溝通協調，保持組織內部的對話順暢。

從組織架構的角度來看，志工委員會在組織中並不屬於上層階級，但荒野保護協會全靠規模龐大的志工，才有足夠的影響力；領導團隊往往須借重志工群組召集人的力量，將訊息、想法傳遞給志工，造就志工組織召集人在組織運作與溝通上舉足輕重的角色。然而，組織內部近年來也有不同的想法，認為過去幾年有些群組的志工領導沒有表現，因為太尊重自由發展，可能成為組織將來的隱憂，是往後發展應注意的重點。

3. 秘書處：組織支持者

根據前述荒野保護協會願景階梯的最後一項：專業化發展，專職秘書處的專業化，是帶動組織進步的動力。由於常務理事也都是無給職的協會志工，不會天天出現，每天的會員服務和辦理相關活動，都要靠秘書處來

完成,每天都忙不完。

　　除了處理會員服務,許多組織外部訊息傳回的第一線就是秘書處,往往沒有充裕的時間,等待常務理事們掌握完整的資訊再採取行動。現在秘書處裡也有各個領域的專業人士,甚至欲聘請國會遊說和媒體宣傳的專業人士,這些都是運作整個秘書處或整個組織所必須的人和能力。此外,秘書處的專職夥伴也認為,秘書處的角色必須隨著社會潮流脈動,掌握外部資訊提供給組織。秘書處因應組織內部需求與回應外部環境脈動,並補足志工參與組織時間受限的困境,適時提供專業能力與人力,成為整個荒野保護協會的重要支持者。

　　一般而言,非營利組織的治理,探討核心大多是董事會或理事會的角色及運作;然而,在荒野保護協會實際的運作過程中,組織事務能否運作良好,有賴於志工幹部與行政人員的有效配合。常務理事會對於政策的引領、志工群組召集人對志工的領導,以及秘書處適時提供專業能力與人力的支持,成就了荒野保護協會今日對社會的影響力。

(六)組織沿革

　　從民生健士會到荒野保護協會,組織領導形式一直轉換,大致可將荒野保護協會的發展分為草創、成長、轉折、穩定與發展等時期。

　　荒野保護協會在草創期與成長期,領導者為促進社會公眾支持並實行環境保育工作,廣招社會大眾共同參與荒野保護協會的活動,志工資格沒有設立任何門檻,並任由志工組織以「順應自然」的方式發展,不強行設立依專業知識分類的志工群組,給予志工極大的自主性,志工群組也開始大量成立。組織草創期的核心團隊志工或幹部,都有濃厚的革命情感,所以整個荒野保護協會沒有太多「層級節制」,組織主體以志工為主,協會的走向則以志工的意向為主要考量。

　　荒野保護協會在組織發展中的第一個轉折,是李偉文在 2001 年接任理事長。協會頭兩任理事長為徐仁修,當時協會的主要方向,都是以志工的意向為主;李偉文接手後,開啟團隊領導的模式,嘗試以常務理事會、秘書處與志工群組召集人為主體,組成荒野的領導核心。這個核心的領導團體集思廣益,將荒野保護協會發展為極具規模的非營利組織,志工組織

也成長迅速，努力擴大荒野保護協會的影響力。

　　荒野保護協會發展步入軌道之後，在林耀國與賴榮孝擔任理事長時，讓志工組織穩定發展，同時也逐步成立親子教育、兒童教育等志工委員會，藉由帶領親子與兒童的活動，深耕環境教育。此外，國際委員會的成立，使荒野保護協會與世界各地的環境組織有更多接觸，逐漸拓展荒野的視野，也讓世界各地藉由荒野更看見臺灣。

時期	時間	理事長	
草創期	1995－1998 年	徐仁修	每個志工都是幹部，革命情感深厚，建立整個荒野的大架構。
成長期	1998－2001 年	徐仁修	1. 起初傾向領導者為主導力量。 2. 穩定中可以踏出去，進行更多發展。 3. 志工群組迅速發展
轉折期	2001－2007 年	李偉文	1. 轉折變成團隊領導。 2. 發展更有規模的組織。李偉文的個人魅力很強，幫荒野建立很好的人脈公關和知名度，並廣發訊息。
穩定期	2007－2010 年	林耀國	在穩定中繼續往下走、更深耕。志工在此時期成長最快。
發展期	2010 年迄今	賴榮孝	國際發展委員會正式成立，穩定組織。努力進行環境公益信託，守護棲地。

三、荒野的貢獻

　　環境保育是重要且迫切需要關注的議題，荒野保護協會從 1995 年起，就致力於提倡環境教育，試圖提升社會大眾對環境保育議題的關注。如今在環境議題的推廣上，荒野很自豪為自然環境做了一些小小的貢獻：

（一）成功的棲地守護

　　荒野保護協會成立以來，致力於棲地守護，如今在全臺灣關注的棲地數量，高達六十三個。透過棲地守護的概念與行動，可以達成以下目標：

1. 從溼地保育擴及整體流域

　　整合淡水河流域周邊溼地並推動保育和教育計畫，以達到自然溼地保護、原生水生植物復育，搶救遭破壞的溼地，恢復生態平衡，以面積更大、更完整的方式，推動溼地保育。

2. 透過山林保育經驗，加強都市棲地保育觀念

　　協助臺南三崁店與嘉義諸羅樹蛙棲地的棲地與物種保育；解決新竹大山背梭德氏赤蛙路死的問題，並加強都市棲地保育觀念，持續利用環境教育基地的整合來推動保育、教育、復育工作，達到生態、生活、生產的三生平衡。

| 圖 7.1　荒野在陽明山搶救台灣水韭。

3. 戶外教學、親子成長

引領更多孩子感受自然、體驗土地，學習與尊重自然法則；也持續以長期陪伴的方式帶領孩子，將來自大自然的豐富能量，轉化成滋養生命的泉源。

圖 7.2　650 名小朋友與家長齊聚陽明山童軍活動中心大聲唸出環境宣言

（二）推展環境教育

環境教育是荒野保護協會積極參與環境議題的作法之一，在提供環境教育的同時，荒野保護協會也用不同方式，讓社會公眾接觸環境教育。

1.環境教育持續深耕

持續辦理培訓課程，號召更多有志的社會公眾加入荒野的行列，我們也積極推廣更多面向的荒野守護力量，除了原有的自然生態，更努力結合節能減碳、環境議題的教材，以持續深耕參與環境教育的人數。

2. 開發多元的企業合作方式

　　荒野匯集十多年來的環境教育與棲地守護經驗，樂於分享給所有願意關心環境的企業組織，如花旗銀行就長期贊助「淡水河左岸綠色走讀計畫行動」，除了金錢上的資助，這項活動也將在地的走讀踏查，融入花旗全球義工活動；由立賢基金會贊助的「小小海蛞蝓校園守護計畫」，則是融入大專院校服務學習課程，讓大學生帶領濱海小學生，啟動在地守護行動。此外也透過歐萊德公司，邀請超過五千家美髮沙龍，一同響應「地球關燈一小時」活動。這些多元合作模式，串連更多社會力量，讓環境教育擴及社會每個角落，使一加一的效應大於二。

3. 參與環境議題不再悲情

　　荒野希望以「溫柔而堅定、對話取代對抗」，還有擴大志工的培訓參與，落實全民關注環境議題，邀請所有的「貨源夥伴」（荒野慣用詞，指參與或開心荒野活動的潛在荒野人），從參加各分會的議題講座、閱讀荒野快報的專欄文章開始，進一步參與各地辦理的培訓課程，與荒野一同關心環境議題，期許每個人將自然美好的感動，轉化為環境守護的行動，守護我們的大地母親。

（三）提倡海洋教育

　　海洋是地表最大的荒野，臺灣人對於海洋環境的認識，卻仍停留在假日遊憩與海鮮饗宴上。荒野每年都透過世界海洋日巡迴影展，讓更多人認識海洋的真實面貌；在 2012 年更導讀了超過兩百場海洋電影，帶領八千人透過鏡頭，看到海洋迫切的危機。其中，鯊魚面臨最嚴峻的生存威脅，2011 年發起的「愛鯊 DNA 檢驗計畫」，藉由全台志工的追蹤與搜索，累積近千份的鯊魚樣本，發現臺灣市面上至少販售二十二種以上的鯊魚，而且超過一半是國際保育組織認定生存已受威脅的種類，顯示國人正一口一口吃垮海洋中的食物鏈。

　　淨灘是守護海洋最直接的行動。例如「2012 國際淨灘日」的主題，

是「遠離塑命、海缺你加入」，不但編輯新的培訓教材《塑誰殺了信天翁？》，還運用社群網站 Facebook，連載漫畫〈小阿信便當日記〉，呼籲民眾正視塑膠廢棄物危害海洋生物的問題，並透過影像傳遞太平洋中途島上海鳥的求救訊號。這場淨灘活動在全台灣有二十五場，有將近五十個企業組織、學校與團體，約七千人響應。眾人揮汗讓二十公里長的海岸線，恢復往日美麗的景象，清理出兩千六百多包、超過一千七百公斤的垃圾，其中光是寶特瓶蓋就有八千多個，可見人類將垃圾棄置海灘的問題有多嚴重。

　　未來荒野保護協會將持續替沉默的大海站台，透過全新系列的海洋紀錄片，散播海洋珍貴的價值，也將繼續捍衛瀕臨危險的海洋生物。淨灘是一堂扎實的環境教育，透過擴大淨灘活動的參與層面與學習深度，呼籲社會公眾面對、思考與處理廢棄物問題，才能航向海洋永續的願景。

（四）帶領弱勢兒童走入環境教育

　　孩子是最容易接受大自然洗禮的族群，也是影響最大的族群，荒野近兩年來發展兒童教育有成，有一百三十八位志工參與長期陪伴計畫；一千兩百九十六位小朋友與我們一起領略生態之美。

　　荒野於 2010 年嘗試展開弱勢兒童的長期陪伴計畫，以一年六次的自然體驗，引領來自育幼院、學校或教會等團體的孩子們，享受大自然中的每個驚奇。到了 2011 年，緯創人文基金會與夏日星辰人文藝術基金會，給予這項計畫更多愛與支持，荒野正式開啟弱勢兒童長期陪伴計畫。

　　活動以荒野定點的在地活動為主，利用志工溫馨陪伴，透過自然體驗活動，引領兒童了解身旁的自然與人文環境。我們觀察到，自然體驗活動帶來的能量，無論在個性上或接觸自然的方式中，都讓他們在心中、在行為上，產生正向的影響；志工們的愛與付出，更讓孩子在大自然裡成長，也讓計畫發揮長期陪伴的深度目標。

　　荒野在 2012 年舉辦首次兒童長期陪伴計畫夥伴共識營，透過長期陪伴兒童的方式，讓他們體驗環境教育，並將最終目標定為「用生命關懷生命，用生命感動生命」。秉持這樣的理念，新竹分會親子團——滾動團，以及高雄分會親子團——飛熊團，以尊重生命為主軸，使兒童實際感受動

物的生存環境與關懷認識生命。臺南分會親子團——飛凰團，則帶領孩子們親近河流，觀察河口生態及關心廢水、汙水流入河川的狀況。臺北的特殊兒童營則以生命的進化遊戲為媒介，感受由浮游生物演化成哺乳動物的生命歷程。宜蘭分會的雙連埤營隊，透過三天兩夜的主題活動，讓孩子以身體感覺自然，傾聽大地的脈動。

目前荒野全國有九個長期陪伴團體，每兩個月和孩子分享我們對大自然的喜愛，陪他們認識大自然這個可以結交一輩子的朋友。荒野的夥伴們運用大自然的力量和活動設計，引領孩子們尊重生命，思考「人與自我」的關係，進階思索「人與人之間」的關懷，期待孩子體會到「人與自然之間」共生互利的和諧關係。

長期陪伴的核心價值，是透過長期陪伴孩子們的過程，讓他們漸漸體會「愛自己、愛別人、愛生命」，這是一門在大自然裡上的「生命教育」課程，不只要帶孩子們認識環境，更要加強關懷生命的感受力。如此我們在孩子心中播下的小小種子，將來才有可能成為守護環境的力量，這份大自然的滋養也將被隨孩子們一輩子。

孩子們是最能接受新知識與事物的族群，期待能讓孩子學習「用眼去觀察生命、用耳去聆聽生命、用手去觸碰生命、用心去體會生命的奧妙」，讓孩子們成為我們環境守護的重要尖兵。

（五）編撰系統化的環境教育專書

荒野保護協會在 2012 年出版了《公民參與有 go 力！環境公民行動手冊》。過去荒野常常接到民眾詢問，住家附近的樹被砍了怎麼辦？有不當工程進行怎麼辦？但其實荒野本身關心的環境議題非常多，沒有多餘的心力關注每件事，加上環境教育本來就是荒野的主要精神，自然漸漸考慮從教育著手，操作環境議題。此外，荒野也參與過許多環境議題的倡議，如松山菸廠、蘇花高速公路、國光石化等，但以往環境運動都是一個傳授一個，參與環境運動的前輩儘管個人經驗豐富，卻無法有系統的分享與學習。因此，荒野培力小組試圖編撰一本工具書，教導一般民眾面對周遭環境破壞時該如何採取行動。

荒野編輯小組花費許多時間討論此書的架構與步驟，後來發現美國加

州的環保團體曾出版一本環境議題手冊，但那是給其他環境團體參考，加上美國民情不適用臺灣民眾，於是決定打破原書架構，將目標讀者從NGO 工作者，改為一般社會公眾，在書中加入議題與臺灣在地的案例。為了使這本書的影響層面擴大，更容易閱讀，編輯小組還在書中加入小松鼠的繪本故事插畫，變得更精采有趣。

對一般人而言，最困難的是不知道如何參與環境議題，所以本書主要分為三大部分、九個步驟：第一，收集資訊、了解問題；第二，怎麼尋找支持夥伴；第三，做什麼事跟怎麼做事。除了正文與插畫，還提供各種媒體操作的工具箱，可依不同個案或不同帶領者而有不同選擇。

最重要的是，這是一本開放版權的教科書，歡迎各界使用，每個人可以依自己的需要，擷取自己專業的部分來介紹或討論。但此書尚未推廣，只在內部志工幹部會議及會員代表大會分享，未來會以講座或短期工作坊的形式推廣，結合分會所關注的環境議題，以培力在地社區的環境守護能量。

「拯救荒野必須先從拯救荒心開始」，唯有更多人了解自然的美麗與哀愁，守護的力量才能源源不絕。從孩子到成人，都是我們希望發揮影響力、散播自然心種子的地方；沒有種子的地方就無法發芽，但只要播種，種子就有機會發芽茁壯。因此荒野透過倡議活動、推廣講座、企業合作、大專院校服務學習等各種方式，延伸觸角至社會各領域，讓更多人接近自然。希望讓每一個人在參與的過程中，能夠找到人與環境的相處之道，進而有機會改變自己，並且付諸行動、守護環境。

▌四、未來展望

荒野保護協會已成立十九年，是臺灣公民社會中，守護自然環境的重要力量；但荒野不會因此自滿，荒野期盼在未來提升不同面向的作為，如倡議的議題、組織內部氣氛，以及外部影響力等，以滿足社會大眾的期待：

（一）持續拓展棲地守護

荒野保護協會的組織宗旨，明訂「透過購買、長期租借、接受委託或捐贈，取得荒地的監護與管理權，將之圈護，盡可能讓大自然經營自己，恢復生機。讓我們及後代子孫從刻意保留下來的台灣荒野中，探知自然的奧妙，領悟生命的意義。」至於圈護後的目的與功能，是讓我們以及未來的臺灣人，有機會從這些刻意留下來的最後野地，窺見福爾摩沙的美麗原貌，得到大自然的啟示與靈感。

荒野保護協會自創立以來，發展了許多志工組織，參與相關環境議題、累積經驗。我們將荒野成立的第十八年稱為「棲地守護元年」，我們希望將來能用棲地守護的作法，參與環境保育，發揮對社會的影響，改變社會大眾的生活習慣與價值觀，建立一個可以與環境、萬物永續共存的世界。

（二）積極提倡能源教育

全球暖化對生物棲地產生影響，人類生活勢必隨之變化，如何調適成為一門新課題。荒野希望透過能源教育，提升民眾能源意識，減少能源使用、二氧化碳排放，以及電廠的興建，並透過地球關燈一小時等倡議活動，期待能影響政府政策，促使高耗能工業轉型。

荒野在 2012 年已舉辦十五場節能推廣志工講座，培訓近百位節能推廣志工。影響層面擴及各個年齡層，從五歲的幼稚園小朋友到八十歲的老人家，有將近一千名民眾聽過節能減碳講座。未來期盼能更加推廣能源教育，讓社會公眾更了解節能的重要與必要。

（三）以共同願景建構心靈社群

願景的塑造對任何組織都相當重要，組織有願景，才有前進發展的方向。一般企業團體以績效作為最高指導原則，但非營利組織不一樣，非營利組織是「經營人」的團體，建立共同願景更顯重要。非營利組織領導者利用建立共同的價值、信念和目標，引導組織成員的行為，凝聚團體共織，促進組織的進步與發展。

不管在企業界、教育界或非營利組織，願景（vision）的應用相當普遍，是耳熟能詳的名詞，它可視為一種視野、遠見、想像力、洞察力，提

供組織未來的發展方向。組織有了願景，前景才能看好，也充滿希望，這是願景受到高度重視的原因。

荒野保護協會將願景視為「溝通平台」，藉此創造一個「心靈社群」，建立成員的行為規範，並藉此讓組織成員找到發揮的舞台。荒野的願景是經由共同討論所得，而不是單純由個人設立的願景。因此，一個好的願景不只是一個共有的價值與目標，還能鼓舞組織成員，願意接受挑戰並幫助組織達成計畫。

非營利組織願景的發展，絕非一蹴可幾，而應該循序漸進、按部就班，過程需要不斷反思、行動和檢視。起初可根據組織特性、需求和理想，製作書面程序，然後透過領導者與組織成員的對話，以及志工群組間的討論，慢慢凝聚共識，形成組織共享的願景。在既有的組織文化下，如何建構兼顧國際潮流、環境變化，以及國內政治、經濟環境的共同願景，相當重要。對荒野保護協會而言，與組織成員共同建構願景，共享組織價值與未來，澄清組織發展方向，提供成員統一的目標，有助於凝聚內在意識，創造組織各層級充滿熱情的氣氛。

（四）讓志工成為會員

荒野成立初期，為推廣公眾參與，降低會員入會門檻，僅須一千元入會費，受到熱烈迴響。加入協會後，每位會員對於組織參與的角度不同，有些擔任志工為協會勞心勞力，有些則選擇以捐款支持組織。之後，國家建立志工制度，規定志工不須強制加入某個團體，僅須接受志工訓練與服勤，即可成為《志願服務法》所定義的志工。為了配合國家政策，順應社會脈絡，荒野捨棄原先「志工即會員」的想法，開始輔導社會公眾擔任自然導引員或棲地保育員，取得國家志工證。經過多年的發展，荒野保護協會會員如今已成長至兩、三萬人，但志工的數量遠超過這個數字，而組織絕大部分的資源也運用在志工上。

會員與志工比例失衡，加上組織給予志工群組高度自由的運作模式，導致組織與志工不同步，出現拉扯。此時必須適時、適當的處理，才能確保組織發展。協會認為，順應現今社會之道，採取看似無為的作法，不用強迫志工加入會員，利用調整志工培訓方法就能改善現況。

在組織發展的過程中，雖然遇到國家《志願服務法》的衝擊，但組織的每位成員都認為，個人有義務為自己和後代子孫的居住環境，盡一份力。荒野的領導團隊希望，現在的志工面對組織發展能「道法自然」，順應社會環境之道，不作激進的變革，藉由改變志工培訓方式，透過新進志工影響舊有志工加入會員，同時也讓志工在剛進入組織時，就能了解不問付出，只求身體力行的荒野精神，以增加對協會的認同感。

（五）邁向專業化的環保團體

荒野保護協會成立已十九年，代表它已長大成人，需要負擔更多的社會責任，以及扮演好公民團體該有的角色；也要提供更好、更多的平台，讓更多人透過參與而改變自己，進而付諸行動。秘書處是荒野保護協會的中樞神經，也是後勤支援部隊，建立運作快速而有效率的組織，是一個很重要的課題，也是秘書處一直努力的方向。

在科技日新月異的現代社會中，加強科技工具的利用，可以提升秘書處的工作效率，也讓秘書處有更多時間與心力，處理更重要的工作。從2012 年起，秘書處開始導入會員／志工關係管理系統，逐步建立各分會的部落格與 Facebook，讓訊息的傳遞更準確；此外還建構了視訊系統，讓全國各分會的秘書能夠一起參與線上會議，更加了解彼此的狀況。

有了科技工具的輔助，秘書處未來最重要的課題是組織分工，以及共同目標與願景的建立。如今，荒野保護協會的總會秘書，會從全國角度來構思整體業務的推廣，同時聆聽分會的執行意見，修改原本的方案，期盼分會秘書也能將執行意見與想法，透過健全的溝通管道與總會討論。

荒野成立以來的宗旨與使命，是以各種方式取得荒野土地的經營管理權，再達到最少人為干擾，讓大自然自己經營自己，留給後代子孫探究生命的奧祕。歷經第六次總會改組後，讓棲地守護明確成為共同的目標與願景，努力從棲地守護的點、線、面逐步發展，期許未來能達成全民守護棲地的夢想。而秘書處也必須增進自身能力，提供更專業的支援以滿足組織的需求，並達成社會公眾對荒野保護協會的期待。

（六）國會遊說

　　面對全球環境快速變遷，地球資源將在短時間內面臨匱乏，如何讓環境生態永續發展，成了相當重要的課題。世界各國對於環境保育所設立的法案漸多，希望透過法律條文的約束，加強落實環境保育；國際上也嘗試在環境保育、節能減碳方面，協議出讓世界各國都能信服的條約；台灣的國內立法也試圖與國際接軌，在《環境教育法》通過後，希望通過更多有關環境保育的法案。

　　荒野從 2013 年起，希望藉著過去的環境教育和棲地守護經驗，透過國會法案的關心與遊說，整合全國環境議題的行動，讓環境教育與保育力量可以拓展，提升公眾參與環境守護的能量。

　　在政策導引方面，荒野嘗試增加環境保育的比重，並與社會公眾多些互動，讓他們了解環境保育的重要性，集結公眾的力量，希望影響政策的制定與施行。此外，荒野也試圖倡議永續發展，而且不限於經濟，還包含環境與社會，這和過去只強調經濟發展、忽視環境衝擊的概念很不一樣。荒野所要尋找的，是可以兼顧經濟、環境和社會三個層面的典範，落實永續發展在地化及生活化。

| 圖 7.3　反對蘇花高記者會

（七）加強與外界的多元合作

隨著政治開放與經濟成長；社會環境快速變遷，以及社會價值多元化，使政府、市場無法滿足公共議題的需求，使非營利組織應運而生。根據內政部在 2012 年統計，臺灣社會已擁有超過一萬個人民團體，如此數量龐大的非政府組織，若是單打獨鬥，效果將會大打折扣。因此，各種類型的社會團體，應當互相連結，發揮加成效果。

荒野近年來與「千里步道」合作，持續帶領志工與居民，在大崙尾山與福州山，以手工舖設自然、舒適又好走的手作步道，不讓水泥與花崗路面破壞當地生態；每年的地球日，荒野也邀請民眾參與各分會的活動，直接親近土地、了解棲地的美麗與危機。荒野在 2012 年，以「水泥叢林裡的荒野天堂」為主軸，在一個月內舉辦二十三場棲地工作假期，與一百零六場棲地相關活動，帶領近萬名民眾，動手維護自然與都市棲地。

此外，還有花旗銀行員工的「走讀淡水河」；英特爾（Intel）百名企業夥伴參與「夢湖淨山行動」；臺北與臺中荒野夥伴，與東華海洋生物多樣性及演化研究所副教授楊懿如，展開移除外來種「斑腿樹蛙」的計畫；新竹分會與社區合作種植笑白筍，感受人與土地之間的連結；嘉義分會長期觀察蘭潭後山的生態，藉「定向越野」活動推廣環境守護觀念；臺南舉辦三崁店諸羅樹蛙棲地工作假期，讓在地居民了解三崁店的生態價值；花蓮則以實地探察，體驗原住民與自然相依相存的文化。難能可貴的是，許多企業與親子主動報名加入志工，為生活周遭創造更多生態跳島與都市棲地。

荒野期盼在將來能帶領民眾變身「自然好野人」，與數量更多、型態更豐富的團體組織合作，鼓勵大家多留心自己生活周遭的微小棲地，打開身體的感官，體會人與土地的關係。

（八）利用社會創新精神達成組織獨特性

除了社會團體間的連結，與企業團體的連結也相當重要。非營利組織與企業團體連結，一方面可以拉到更多贊助，以利組織推動關心的議題；另一方面可藉由與企業團體合作，改變企業主的想法，甚至使企業員工投身非營利組織所關注的議題。例如荒野與花旗銀行在連結的過程中，花旗

銀行不僅在金錢上提供贊助，亦派遣員工參與荒野的活動，投身環境保育，擴大公眾參與。

除了實質上的影響，透過與企業團體交流，也能將企業創新精神引進荒野保護協會。一般非營利組織都希望企業團體能捐款贊助，但很少想到身為非營利組織，能給予企業團體什麼。荒野保護協會將企業互利的想法，創新發展在組織運作中。荒野與企業合作，往往不只要財務上的捐贈，也要人力上的挹注；對企業而言，捐贈非營利組織能夠節稅，是最實質的益處；而荒野提供環境教育的場域，讓企業吸收環境保育資訊，如果能影響員工，為公司減少能源上的開銷，也是一大益處。

對於非營利組織而言，擁有創新的手法和想法，學習企業運作的思維，才能改善組織體質，提升組織的經營管理能力；而透過創新途徑滿足社會上的需求缺口，則能對組織內部，甚至整個社會造成深遠影響。當今社會環境取向的非營利組織不在少數，荒野保護協會期望能以創新觀點，創造與眾不同的價值。

（九）利用團隊領導確保荒野永續發展

協會榮譽理事長李偉文，在《溫柔革命：愛，在荒野流動》一書中提到：「在荒野裡，是以合議制，大家共同討論以團隊合作的方式來做事。」「人」具有變動的必然性，非營利組織如果以個人魅力為號召，有一天組織中的超級明星或明星的魅力不在時，將對整個組織的經營造成危機；而且「個人」魅力也容易對整個組織的運作造成誤導。

荒野保護協會由志工組成，協會中的常務理事同時具有志工身分，並非專職；若整個組織單由理事長一人領導，對理事長而言是不小的負擔。所以，李偉文與徐仁修在草創初期，就意會到這一點，並且採團隊領導，希望能集思廣益，減輕負擔。

荒野保護協會的幹部都是志工，在組織賦予任務之餘，有工作與家庭要顧及，若採取菁英式，也就是單一領導人來領導組織，將對該領導者造成極大的負擔。為了讓組織永續發展，荒野保護協會將團隊領導視為組織的領導制度，較不會產生領導明星，有助於組織的永續發展

▌五、結語

諾貝爾和平獎得主高爾說：「人蒙受痛苦時，生態環境便蒙受痛苦。」所以人只要改改變自己，找到生命的意義，環境就不會遭受痛苦。破壞環境的是人，唯有改變人心，才是守護環境最根本的方式。

荒野保護協會成立十九年來，不只提供活動，還建構了一個人人皆可參與的志工組織，透過十多個工作委員會，超過一百個以上的次級志工組織，不論大人、小孩，來自各行各業的會員，都能找到適合自己的舞台。我們創造讓民眾有機會行動的環境，讓每個人在行動中，逐漸改變自己的價值觀和生活態度，這種從內而發的改變才是真正的力量。

荒野需要人的參與、人的行動，當一個人願意加入一個團體，就是行動的開始，而行動就是改變的契機，「唯有瞭解，才會關心；唯有關心，才會行動；唯有行動，生命才有希望！」（引自珍古德博士）。非營利組織存在的目的不是獲利，而是引導每個參與者改變生命。推廣講師透過影片深入企業、社區和學校，傳遞我們所居住的寶島的訊息；解說員分享在自然中感受到的美好及喜悅，藉此邀請朋友們加入荒野大家庭，成為荒野的一分子。每個人的加入，每分力量的投入，都能為荒野帶來正面的改變。

然而，有時聽夥伴閒談提到：「我的朋友目前不能參加我們舉辦的活動，所以暫時不加入協會。」這實在很遺憾，因為這不僅讓「個人」錯失行動和改變的機會，協會也損失了一分力量。因此，破除這種觀念，是我們接著要面對的重大考驗。

各種毒物的汙染、變質的水和空氣、逐漸枯竭的自然資源……這些受到我們人類破壞的環境，正威脅我們的下一代。因此，我們需要更多會員加入，只要贊同我們的理念、希望擁有更美好的居住環境，都歡迎加入；即使不能參加活動，只要有更多朋友加入，就能讓守護荒野的訊息傳遞到社會每個角落，而這些夥伴就是荒野的潛在能量。會員人數夠多，協會才有籌碼影響其他企業組織；才有足夠的力量影響政府決策，這就是我們希望的「行動帶來改變」。

環境守護的迫切性與長遠性，需要大家的攜手努力。荒野保護協會相

信，唯有每個人願意付諸行動，從自身改變，讓改變的力量從自己身旁產生漣漪，才有機會改變別人、影響他人，共同守護環境的美好。邀請您加入荒野保護協會並繼續與荒野同行，讓所有荒野夥伴的願力與行動，呈現萬物生命的意義與價值。

｜參｜考｜文｜獻｜

李偉文，2003，《你每天都在改變世界：一個牙醫師的荒野大夢》。新北市：正中。

李偉文，2006 年 5 月 18 日，〈從鄭和下西洋談非營利組織的發展〉。部落格文字資料，取自：http://blog.chinatimes.com/sow/archive/2006/05/18/60840.html

李偉文，2006 年 5 月 21 日，〈從飄流的思想談 NGO 的創新〉。部落格文字資料，取自：http://blog.chinatimes.com/sow/archive/2006/05/21/61548.html

李偉文，2006 年 7 月 14 日，〈一些感想跟以 NGO 為職志的伙伴分享〉，部落格文字資料，取自：http://blog.chinatimes.com/sow/archive/2006/07/14/79056.html

李偉文，2006 年 8 月 5 日，〈組織的使命與挑戰──非營利組織的經營與管理〉，部落格文字資料，取自：http://blog.chinatimes.com/sow/archive/2006/08/05/84911.html

李偉文，2010，《溫柔革命：愛，在荒野流動》。臺北市：日月文化（大好書屋）。

荒野保護協會，2001，《荒野 6 年特刊》。未出版之原始資料。

荒野保護協會，2007，《荒野 12 年特刊》。未出版之原始資料。

荒野保護協會，2013，《荒野 18 年特刊》。未出版之原始資料。

荒野保護協會，2013，《荒野 2012 年成果報告書》。未出版之原始資料。

黃柏睿，2013，〈非營利組織領導意識與組織發展之探究──以荒野保護協會為例〉。國立臺灣師範大學碩士論文，台北市。

服務篇

PART

我們 沒有 不同

我們希望獨立生活，我們願意投入職場
我們期待享有行動自由，我們努力追求夢想

我們，沒有不同。

黃鴻升
伊甸公益大使

CHAPTER **8**

持之以愛、永不放棄：
伊甸三十的組織發展

黃琢嵩、潘若琳

三十之前是在需要上看見自己的責任
三十之後是在責任上看見社會的需要

▌一、前言

　　伊甸社會福利基金會自 1982 年創辦迄今，三十年來在上帝的恩典中發展，尤其近年來組織服務規模擴展快速，期待這樣的發展有助於更多弱勢族群得福。值得探究的是，伊甸如何以及為什麼會如此發展？在公民社會中，非營利組織的出現，原因可說是政府失靈與市場失靈，社會上有一群人為了解決特定社會問題、捍衛公義價值、回應弱勢需求，創設第三部門。每位非營利組織領導人的初衷，都期待有退場的一天，因為這意味著已滿足原本關切的弱勢需求，社會問題已獲得解決，但是台灣的非營利組織，在數量上卻是逐年增加。

　　伊甸三十年來從兩個半職人力，到如今超過兩千名以上的專職服務人力；從最早服務的台北市，至今遍及二十個縣市八十個服務據點，海外服務超過七個國家；每年所需籌募的服務經費，也從第一年的二十萬元，增加到十六億元。伊甸從身心障礙者的職業訓練起家，因應社會弱勢個案的需求變化，逐步朝向以失能家庭為核心的全人全生涯服務，致力於無障礙生活環境，與社區和教會組織攜手守護弱勢社區。創辦人劉俠女士在三十年前領受上帝的呼召，在需要者身上看見自己的責任，成立了伊甸，幫助百萬殘胞站出來；伊甸三十之後，創辦人的精神永在，伊甸因著上帝的恩典與社會各界的託付，更要在責任上看見社會的需要，持之以愛，永不放棄。

　　伊甸之歌傳唱著「在基督的愛中，將人間的不幸，化為光榮的冠冕」。如同《聖經》〈約翰福音第九章〉，有一天門徒問耶穌：「對於生來瞎眼的人，是誰犯了罪？是他的父母嗎？」耶穌回答：「不是這人犯了罪，也不是他的父母犯了罪，而是要在他的身上彰顯上帝的作為。」伊甸人的事奉觀，相信助人者及受助者彼此尊重，以真誠相待，是服務倫理的重要基礎；即使再弱小的人，生命都有無窮的潛力可以發揮，協助其展現

生命的價值；見證基督的愛，幫助人恢復與神應有的永恆美好關係。「服務弱勢、見證基督、推動雙福、領人歸主」是伊甸的組織使命與宗旨。「雙福」的理念，是結合社會福利與福音宣教，伊甸相信每個人生的意外，都將因著上帝的同在，帶來恩典蒙福的意外人生。

　　雖然因應外部環境的瞬息萬變，作為一個本土社會福利的非營利組織，必須面對許多內外部治理的課題，蛻變中的伊甸，在組織管理與發展方面，唯一不變的法則就是改變，以期持守住組織的核心價值，回應當代弱勢需要。本文透過歷史文獻檢閱、深度訪談和參與觀察等研究方法，探究伊甸不同時期的組織發展策略與藍圖，進而分析影響組織發展的關鍵因素，做為自我省思組織存在的核心價值與社會意義。

▌二、創辦人：杏林子的生命之歌

　　天下沒有十全十美的人，誰沒有缺陷呢?外體的缺陷不足以懼，可怕的是心靈的殘缺。何況，如果因為缺陷而使你更珍惜生命，發揮生命；如果有形的缺陷足以幫助你追求一個更完美理想的人生。那麼，缺陷就不是詛咒，而是一種祝福了（杏林子，1982:15）。

　　劉俠，筆名杏林子，是一位僅有小學文憑的才女，憑藉自學成為激勵人心的作家，獲得十大傑出女青年與國家文藝獎的殊榮。由於十二歲起即罹患重症，終身與輪椅為伍，在風起雲湧的 1980 年代，一肩扛起服務身心障礙者與社會運動的重責大任。三十年前，劉俠女士深感身障朋友飽受社會誤解與歧視，沒有人為他們爭取福利與權利，痛心疾首之餘與一群社會公益先驅共同創立了伊甸基金會。在劉俠女士的自傳中說：「我無法獨身於其他殘障者之外，命運註定我們是同一國人，生命共同體」、「他們都是我的兄弟、我的骨肉之親。」[1] 劉俠女士在 2000 年 4 月 1 日，伊甸成立二十週年前夕，主動宣布提前辭去伊甸所有的職務，只保留創辦人的

1　摘錄自九歌《俠風長流：杏林子生命之歌》。

身分，並希望大家「忘記劉俠，只要記住上帝」。然而，每個伊甸人的心中都知道，如果沒有當年劉俠女士決定將自己奉獻給上帝，立志為台灣百萬身障同胞服務，也沒有今日的伊甸[2]。因此，在探討伊甸三十的組織發展之前，首先要說明創辦人劉俠女士的生平事蹟，以及夢想中的伊甸藍圖，這些是影響組織日後發展的關鍵基石。

- 1942 年 2 月 28 日出生於中國陝西省扶風縣杏林鎮，終身作家。
- 1954 年畢業於台北市北投國小。後因病輟學，劉俠女士甚以此學歷為榮，表示日後的學識都是她自修的。直到 1997 年，獲頒靜宜大學榮譽博士學位。
- 1980 年榮獲第八屆十大傑出女青年獎
- 1983 年榮獲第八屆國家文藝獎
- 1982-1990 年成為伊甸基金會創辦人，任第一、二、三屆董事長
- 1989 年教育部特殊教育委員會委員
- 1989-1992 年中華民國殘障聯盟創會理事長
- 1991-2000 年伊甸基金會第四、五、六屆常務董事
- 2001 年中華民國國策顧問
- 2003 年 2 月 8 日逝世

創辦人劉俠女士在著作《另一種愛情》中，首次提出「夢中伊甸」的願景（杏林子，1982:141），那是她長久以來的夢想。

夢想有一塊地，一大片山坡地，為那些殘障的孩子開辦農場，因為她相信聾啞和失明的孩子，有足夠的體力和智力管理果園。智能不足、精神異常和心理障礙的孩子，通常是社會處境最可憐、被社會排斥的一群人，但他們也是人，也應該享有人的尊嚴與公平待遇；當他們經過教育與訓練後，不僅能照顧自己，也可以負擔一些簡單的工作。在這裡沒有壓力、緊張和焦躁，透過連結醫院與學校，提供復健與治療。任何一個人只有在自

2　摘錄自伊甸永不放棄時光藝廊，創辦人紀念館，網址 http://30.eden.org.tw/founder。

立之後，才能獲得完全的自尊與信心，因此她希望能為肢體殘障的孩子設立一些工廠，如手工藝、家具、成衣、印刷等，讓他們有工作的機會。另外，再成立一家養護院，專門收容重度殘障，沒有能力照顧自己的孩子，紓解家庭中父母弟妹的壓力。這個「伊甸山莊」不是逃避世界的隱藏之所，而是要讓孩子們保持與社會互動；誠如「伊甸」在聖經是樂園的意思，她衷心希望夢中伊甸能成為殘障孩子的樂園。

夢想是否遙不可及？劉俠女士常引用《聖經》說道：「眾人以為美的事，就要留心去做。」若是上天垂憐這片苦心，自然會引導開路。若不是眾人皆以為這是件美事、眾志成城，夢想又何嘗不能實現？也許內外部環境瞬息萬變，唯一不變的是伊甸服事耶穌基督的信仰，只有領受神的同在與恩典，才能在人間持續實踐夢中伊甸的願景。當時她為整個社區規畫了四個五年計畫，是伊甸最早出現的組織發展規畫（杏林子，1982:146）：[3]

- 奠基期：人才的訓練、工廠的設立、土地的開發墾植、家畜的飼養等等，這一段時期因尚不能立即生產，一切的設備與開支均需依賴社會的救助。
- 成長期：生產納入正軌，工廠的作業及農牧的經營已漸有收成。此一五年計畫完成後，我相信即可達到自給自足的目標。
- 發展期：除了本身的福利之外，營利所餘尚可逐漸發展一些小型醫院和學校，如整型外科、復健科、精神病科、語言矯治、啟智中心、重度殘障養護院等。
- 回饋期：當組織發展已經達到飽和點，行有餘力回饋社會，參與社會各項福利工作，如老人福利、兒童福利，取之社會，用之社會。

3　摘錄自伊甸永不放棄時光藝廊，創會歷史，網址 http://30.eden.org.tw/founder/history/item/15-夢中伊甸.html

創辦人劉俠女士最初勾勒的四個五年計畫，透過職業訓練、附設企業部、公益義賣、愛心事業，到 2008 年後成立庇護工場，伊甸以身心障礙者的自立生活為發展重心。在伊甸十五週年時，創會董事陳俊良先生曾問劉俠女士：「當初規畫的『夢中伊甸』是否已經達成？」劉俠女士說：「已經達成了。」當時伊甸只有一甲地的「伊甸山莊」，怎麼說已經達成了？因為廣義而言，在上帝的帶領下，夢中伊甸已完成階段性任務，促使身心障礙者在台灣獲得的福利服務，在過去三十年來大躍進，尤其是政府投入身障福利的預算大幅成長，從 1980 年代的八億元，到 2013 年超過三百五十億元，顯示政府對身心障礙福利的需求已有政策回應。接下來將從伊甸三十年來的組織沿革，探討影響伊甸發展的內外因素。

▎三、伊甸組織發展的幾個關鍵轉型期

伊甸三十週年，誠如非營利組織的生命週期，經歷啟始、成長、茁壯到更新，組織發展以「服務弱勢、見證基督、推動雙福、領人歸主」為宗旨，面對不同年代的內外環境變遷，採取必要的組織策略，持續實踐創辦人夢中伊甸的願景。

伊甸成立初期，由創辦人劉俠連續擔任三屆董事長，與六位創會董事共同管理基金會事務。劉俠女士卸下董事長一職後，第四屆董事成員增加到十一位，納入身心障礙員工代表，以及醫療、企業等相關背景專業人士，目的在於提升專業服務與績效。隨著伊甸的組織規模與營運基金擴大，董事會於第五屆決議增加監事一位；第八屆董事成員增加到十三位，監事成員也於第九屆增加到三位。

伊甸基金會董監事會成員專業背景多元，對於組織內外部環境變化、回應社會需求，以及中長程發展藍圖等治理議題，相當關注，平均一年召開八次以上的會議（內政部規定一年為四次）。董監事會成員的投入，源自於傳承劉俠的創辦精神，以及認同組織使命與價值；董監事會運作相當活躍，與執行團隊形成緊密的互動關係，也是伊甸基金會的治理特色之一。

　　以下將從創辦人早期規畫的四階段，對照實際運作及投入策略的內容，探究影響伊甸組織發展的關鍵事件。

（一）奠基期：體制外的伊甸社運（1980 年代）

· 1982 年 12 月 1 日成立「台北市伊甸殘障福利基金會」。
· 1989 年成立「殘障福利法修正行動委員會」，催生中華民國殘障聯盟。

　　劉俠女士和六位志同道合的朋友，因著上帝的呼召，期盼為身心障礙朋友，打造一個和諧快樂的伊甸園。於是，他們在 1982 年時，以每月五千元的租金，在台北市景美的溪口街四十號，租用一間二十餘坪的民房，由兩名半職人力開始會務。創辦人劉俠女士最初規畫的伊甸藍圖，是從身心障礙者的職業訓練起步，希望幫助身心障礙朋友經濟獨立；同年 12 月 1 日成立「台北市伊甸殘障福利基金會」；隔年 1983 年開辦「中國結手工藝班」，成立福利工廠，開啟國內愛心卡片義賣，希望以訓、產、銷的方式，達到自給自足、自立更生。早期的資源與人力有限，又面對社會充斥「殘者必廢」的傳統觀念，以及缺乏無障礙環境，即使開辦職訓班，障礙者出門不便，無法來上課，更不用說上班。伊甸警覺到，如果大環境不能改變，就像在沙漠種玫瑰，即使有再好的園丁也開不出美麗的花朵；唯有改革政府政策、法令、社會制度，才能徹底解決身心障礙者的問題。

　　有鑑於此，伊甸創會初期強調社會教育與觀念宣導，不僅明顯改變社會大眾對身心障礙朋友的認知，障礙者自我權益意識也逐漸覺醒。當時外部環境受到政治解嚴、經濟起飛的影響，台灣在民主化的過程中，民間集會結社蓬勃發展，伊甸也從體制外的社會運動開始，在 1980 年代結合其他身心障礙團體，運用正式的團體壓力，透過各項請願活動、座談會、公聽會與行動劇，促使政府與社會大眾正視身心障礙者的權益問題，特別是政府必須在政策方面全盤檢討與改善，包括生存權、教育權、工作權、考試權及無障礙環境等。在劉俠女士的帶領下，歷經了爭取捷運無障礙設施；放寬大專聯考病殘生設限，以及「一一九拉警報」等活動。

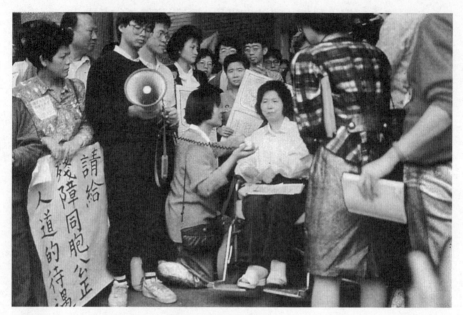

圖 8.1　走上街頭爭取身心障礙者的就學權益

　　政府為了趕搭「國際殘障年」的列車，在 1980 年頒布《殘障福利法》，但過程倉促，未與民間充分溝通，條文只有宣示性，不具實質約束力，被譏為「殘障的」《殘障福利法》。殘障團體一致認為，《殘障福利法》自訂定以來，始終沒有明顯成效，障礙者仍然遭遇諸多問題。於是，伊甸在 1989 年結合七十三個身心障礙團體，成立「殘障福利法修正行動委員會」，拉開修正《殘障福利法》的序幕；而這也是今天「中華民國殘障聯盟」的前身。

　　籌組聯盟的意義，是為了擴大民間政策倡導的代表性，希望集合跨障別組織、全國及地方團體的意見，不再只是伊甸單一組織的意見。全面推動《殘障福利法》修法，在 1997 年修訂為《身心障礙者保護法》；2007年修訂為《身心障礙者權益保障法》，並監督政府依法編列預算，促使社會福利預算在 2013 年超過三百五十億元（雖然相當高的比例仍是以現金給付為主）。事實證明團結力量大，殘障聯盟的成立也促使其他社福領域群起效尤，爾後催生許多聯盟組織加入政策倡導工作，包括台灣社會福利總盟、中華民國老人福利聯盟、公民監督國會聯盟、社會住宅推動聯盟等。

　　伊甸體會到政策的影響力，尤其自《殘障福利法定額雇用條例》實施

後，中輕度身心障礙者告別以往一職難求的窘境，成為僱主爭相聘用的員工，大量舒緩伊甸服務工作的阻力，讓伊甸有更大的空間和能量，延伸規畫中、重度身心障礙者與肢障以外障別者的服務，如視障者、聽障者和多重障礙者；從專業的職訓，到職能復健、醫療養護、庇護工場等。伊甸從 1992 年起，舉辦中、重度身心障礙者的腦性痲痺實驗班，規畫福利中心服務，發展轉型計畫草案，並辦理相關教育訓練與生涯發展，為伊甸的轉型奠定基礎。

圖 8.2　身障人權：障礙者與一般人沒有不同

　　這個階段的關鍵發展，是伊甸吹起體制外身障社運的號角，啟蒙自我倡權的意識，成立中華民國殘障聯盟為使政策倡導更有代表性。伊甸的政策角色是否就此消失？從公共政策階段論的觀點來看，伊甸的政策角色，歷經只是從形成政策問題的倡導工作，在《殘障福利法》修正後，轉為協助政府規與執行者。特別是 1990 年代受到政府再造與民營化風潮的影響，政府開始引進公辦民營、契約委託等方式，促進民間參與和提供公共服務，身障福利也不例外。評估與組織使命相符的服務項目，運用公私協力輸送福利服務，成為下一個影響組織發展的關鍵因素。

（二）成長期：推展全人全生涯服務（1990 年代）

　　·1994 年改制為「財團法人伊甸社會福利基金會」
　　·服務發展順序：身障成人→遲緩兒童→老殘→921 災民→新移民

　　台灣有多少身心障礙人口？在杏林子劉俠女士的遺著《俠風長流——劉俠回憶錄》中提到：「據聯合國衛生組織統計，一個國家的殘障人口，約在 5%-10%。台灣近兩千萬人口，最保守估計也有一百萬殘障者。但是當時台灣有領身心障礙手冊的人數卻不到二十萬人。」世界衛生組織 2011 年最新公佈《世界身心障礙報告 2011》（*World Report on disability 2011*）揭示：「全球身心障礙平均普及率已經攀升為 15%–19%，遠高於 1970 年代 10%的估計。」而在台灣，根據衛生福利部統計處 2014 年 9 月公布的資料，全國領有身心障礙手冊者超過一百一十一萬人。2011 年衛福部及勞動部調查身心障礙者發生障礙的原因，只有 16.53%是先天障礙（即出生就是障礙者）；換言之，國內中途致殘占總身心障礙人口數的比例已超過八成，最高的是因為後天疾病（46.95%），其次為老年退化（8.13%），交通事故（7.15%）、職業傷害（5.53%）等。後天障礙的類別包括精神障礙、截肢、脊髓損傷、腦創傷及顏面損傷。每年單是脊損病友，就大約新增一千至一千兩百名案例；精神障礙者更以每年 10%的速率增加。這些中途致障者的年齡集中於青壯年人口，也就是就業或家庭主要收入的年齡層，例如腦傷與脊損，大多發生在二十至五十歲。

　　根據伊甸的經驗，許多中途致障者往往將自己封閉在家中五到十年，才願意走出來；若能及時導入專業支持，重建的時間可以縮短一半以上。伊甸中途致障者的生活、社會及職業重建服務，每年提供七千四百名以上的名額；以身心障礙者的平均薪資；中途致障的待業人口與求職期間，以及重建服務可縮短的時間推估，中途致障者如果都能重返職場，可為台灣創造近三百億的社會經濟效益，對於直接面對挑戰的家庭來說，更是即時而關鍵的支持。伊甸最初規畫的服務項目，有職業訓練、心理輔導、庇護工場、職能鑑定、就業轉介、才藝訓練與文康活動等，但是最重要的還是福音傳遞，只不過是用福利把福音包裝起來，期盼帶給台灣百萬身心障礙者有尊嚴的生活。

　　伊甸在 1994 年改制為「財團法人伊甸社會福利基金會」，是重要的分水嶺，服務範圍從台北市跨出淡水河，一路挺進全國，如今二十個縣市有八十個服務據點。伊甸的服務功能與對象，隨著時代變遷而調整、轉型

與消長，但不變的是對當代弱勢族群所需的關切；伊甸從個案工作到家庭工作，整合出以「失能家庭」為核心的模式。當家庭成員遭逢意外成為身心障礙者，不但本身受苦，家人往往也因這突如其來的衝擊，在心裡、婚姻或經濟上陷入困境，破壞家庭原有的功能。伊甸期盼能「幫助一個人，活了一個家」，多年來見證許多遭逢意外的人，在伊甸的陪伴下，活出更精彩的意外人生。這就是伊甸獨特的「雙福理念」，強調「福利」與「福音」並重，期盼透過福利服務，解決身心障礙朋友在生活上的問題與困難，同時透過福音，帶給人們心靈安慰與幫助。透過雙福並進的服務，除了希望身心障礙者的身體得到照顧與醫治，更期待他們能得到心理安慰，靈魂得到救贖，並經歷福音，這是一種身心靈全備的全人服務。

　　為了實現夢中伊甸的願景，伊甸基於「全人關懷」的理念，為了滿足身心障礙者的就醫、就學、就業、就養與無障礙環境等需求，開始發展「全生涯服務」；具體而言，就是從原本成年身心障礙者的職業訓練、就業輔導與心靈重建，延伸至發展遲緩兒童的早期療育服務，以及高齡長者照顧服務。「守護慢飛天使」至今已二十年，回首二十年前的台灣社會，普遍沒人聽過「早療」，對於發展遲緩的兒童，充斥著「大隻雞慢啼」的錯誤觀念；加上交通不便，家長很容易錯過孩子零到六歲接受療育的黃金時間。

　　伊甸基金會最早在台北市，透過地毯式的需求調查，主動尋找個案，運用跨專業團隊模式，首創「兒童發展評估聯合會診」服務。到了 1995 年，伊甸八德服務中心正式承接台北市早療業務服務，結合醫師、物理治療師、職能治療師、語言治療師、特教老師與社工，提供家長充足的資訊並照顧他們的心情。最重要的是，伊甸以不同專業提供孩子不同的處遇，透過社工整合個別化家庭服務計畫，建置完整的早期療育服務體系；在偏遠地區有效整合政府的教育、衛生、社福跨部門專業與資源，提供聯合評估鑑定、通報轉介、個案管理、安置服務等，並倡議政府應該編列經費，補助這些慢飛天使的家庭，讓他們不會因經濟因素而放棄孩子療育的機會。目前伊甸每年服務約一萬五千名發展遲緩兒，全台十三個縣市，設立了二十五個服務據點，並拓展至離島、澎湖、馬祖。

　　伊甸不放棄任何一個需要療育的孩子，守護他們成長更是一貫的堅

持；「哪裡有需要，我們就往哪裡去」，伊甸早期療育是全台服務最廣、歷史最久、服務最深入、偏鄉服務最多的單位。2014 年正值伊甸早療二十週年，慢飛天使成長起飛，當年接受療育的孩子們長大了，提供服務的社工奉獻了二十年的青春。將來伊甸將持續關心這些成長起飛的慢飛天使，了解他們在邁向上學、就業、成家之路上的全方位需求，並提供多元與自立生活的支持服務。

伊甸也看見台灣邁向高齡社會的需要。我們有一天都會老，也可能遭逢人生意外，當行動不便或生活無法自理時，一頓飯或一次如廁、沐浴都是挑戰，全台目前有超過三百萬的高齡者及身心障礙朋友，面臨相同的處境。伊甸從最早「長青家園」的概念，到近期積極推動「雙福園區」的發展，以在地、連續和全人關懷的核心理念，整合機構式、居家式及社區式的服務項目，包括居家照顧／喘息、送餐服務、家庭托顧、日間照顧／社區關懷據點、二十四小時重殘養護、長青學苑、瑞智學堂、緊急救援、生活照護網等，並首創「扶老祕書」、「以房養老」的社會照顧模式，無縫延伸生活照顧到醫療照顧，讓長輩享有尊重、尊嚴、尊榮的晚年生活。

另外，伊甸也致力於住與行的議題，推動無障礙環境。伊甸倡導居家無障礙的開端，是 1996 年時透過九九重陽活動，連結企業資源進入社區，了解獨居長輩及身障者對居家無障礙環境的需要，包括廁所、衛浴、廚房、扶手安裝。接著在 1999 年，伊甸成立無障礙住宅網絡平台，在立法院舉辦公聽會，透過公布資訊，讓更多民眾了解無障礙住宅的重要。伊甸為了擴大產業、學術界及社會人士的參與，在台灣首創「住宅改造王——友善空間設計競賽」。2011

圖 8.3　長期照顧服務

年伊甸與民間團體共同發起社會住宅運動，推動住宅法有關社會住宅專章

及相關通用設計規範。從倡議到實作，2011 年結合住宅健檢活動、改造台北市萬芳 C 友善家園無障礙住宅，並接受新北市政府委託，將警眷宿舍改造為青年住宅、承辦大台中活絡閒置住宅專案等。2012 年，伊甸在台南貸款購置大林國宅作為國內首座社會住宅，以中繼屋的概念，輔以生活及職業重建方案，提供身心障礙者、老人及經濟弱勢家庭居住。除此之外，國內目前唯一以房養老成功案例——郭老先生，在十年前透過民法附負擔捐贈房屋，由伊甸負責照顧安養服務，雖然郭老先生已於 2012 年過世，其遺愛人間的愛心棧，目前已全面修繕提供癌友短期住宿使用。伊甸藉由居家與社區無障礙環境改造，輔以社會福利與復康巴士愛心接駁，破除弱勢居住的鄰避效應與刻板印象；一方面改造無障礙環境，一方面導入福利服務，「軟硬兼施」陪伴不同世代的弱勢者安心家。

今日四鐵共構，台灣實現一日生活圈，復康巴士與無障礙計程車滿街跑；但很少人知道「復康巴士」命名的由來，也不知道台北捷運興建之初，捷運公司認為身心障礙者外出有礙公共安全，所以沒有電梯。1980 年代的身心障礙者，未出門心先懼，許多障礙者受限於交通困境，降低他們出門就學、就業或就醫的意願。因此，劉俠女士和伊甸董事陳俊良，親自前往香港復康會取經；長江獅子會也在 1983 年，捐贈加裝輪椅升降梯的九人座車「長江一號」，作為身障者及伊甸服務專車，成為全台首輛無障礙專車，伊甸稱為「愛心一號」。至於全國第一輛大型復康巴士，則是由華航捐贈給台北市政府，交由伊甸負責規畫，打造成無障礙交通車，讓坐輪椅的身障者可以藉著升降設備進入公車。

台北市政府於 1999 年委託伊甸經營復康巴士，除了陸續接受縣市政府，如新北市、台中、新竹、台南、高雄、澎湖等，委託經營復康巴士交通服務外，更爭取新北市、台北市跨縣市服務使用，不受戶籍限制。根據 2013 年 3 月 31 日公布的數據，台灣復康巴士有一千一百七十八輛，其中伊甸營運已逾三百三十輛。伊甸車隊的司機超過一百二十五名弱勢就業者，包括五十歲以上的中高齡者、單親、中低收入戶、原住民、輕／中度身心障礙者及災民等，每日服務逾兩千五百位身心障礙的朋友，一年出車趟次超過六十萬趟。在淡水捷運站、機場、服務據點、台南大林國宅雙福園區，伊甸也提供免費愛心接駁。復康巴士就像部分身心障礙者的

「腳」，滿足他們移動的需求。

伊甸因應國內外社會變遷，在身心障礙以外，相繼增加弱勢族群的關懷協助。伊甸在服務身心障礙者的過程中，發覺越來越多身心障礙者的另一半是外籍配偶，當時台灣社會談論的，大多是新移民人權的議題，但伊甸看見她們在生活適應、婚姻經營上的各種問題，於是從 2002 年起，在台北、台南、台東設立服務處，滿足她們家庭服務的需要。此外，由於臺灣天災頻傳，伊甸也為意外中途致殘者，提供中長期的重建工作，最早是服務九二一地震和桃芝颱風受害災民，近年來則延伸到國際災民的人道援助與生活重建。

（三）發展期：E 化、國際化、志工化（2000 年代）

國內大型非營利組織，向來較少談論領導人逝世或更替後的使命傳承與發展，有時甚至視為禁忌議題。但是，伊甸創辦人劉俠女士，卻在 2000 年 4 月 1 日伊甸成立二十週年前夕，在宴請內部高階主管的餐會中，主動宣布提前辭退伊甸所有職務，只保留創辦人的身分，並希望大家「忘記劉俠，只要記住上帝」。伊甸當時正準備邁入新世紀，迎接二十週年慶，在任的執行長陳俊良先生評估台灣整體大環境受到加入 WTO 的全球化衝擊、政黨輪替以及兩岸關係的改變，加上經濟不景氣與九二一地震，對於非營利組織的捐款造成衝擊，這些因素對於伊甸創會以來，對於協助身心障礙朋友就業、生涯發展的定位，其實衝擊很大。為了因應台灣內外部環境的變遷，陳俊良執行長提出五化的轉型方向，分別為 E 化、國際化、志工化、集團化與分權化，前三者對於伊甸的組織發展影響特別深，茲分述如下：

1. E 化

隨著資訊科技社會的來臨，伊甸可說是最早開始規畫與執行 E 化工程的非營利部門。數位伊甸的構想，主要是希望透過網路整合資訊，提升管理效率，並提供各類遠距服務、網路社工及福音服務。伊甸將資訊科技應用於非營利組織的經營管理有多項創舉，如 1997 年成立伊甸官方網站；1999 年建置 ED885 個案管理職業媒合配對系統；2002 年導入安全線

上捐款機制，建置官網線上捐款；2001 年建置員工入口網站 EIP 系統；2002 年導入 VPN；2003 年導入電子公文系統，並將捐款系統改為網路版；2006 年建置 ERP 系統、進銷存系統、人力資源系統、內部簽呈系統、專案管理、個案管理系統等。運用資訊科技有助於伊甸管理國內外各區域與各項專業服務，節省行政成本，促使社會資源投入公益服務的效能最大化。伊甸內部資訊部門的主管、講師，有多位是從早年伊甸電腦職訓班的學員中晉升，他們對於推動數位伊甸、服務 E 化具有高度的使命及行動力。

2. 國際化

在全球化的時代，科技實現地球村的無限可能，伊甸的國際工作以「愛無國界，接納多元文化；深耕台灣，邁向世界舞台」為願景，一方面藉由國際交流，向先進國家學習如何提供弱勢族群更好的服務；同時將伊甸的經驗推廣至全球，兼具 NGO 外交且善盡全球公民社會責任。伊甸國際化的組織的發展內容，主要可歸納為三大部分：

(1)身心障礙國際交流活動

1980 年代中期成立的伊甸盲人喜樂合唱團，原本每位成員都有一份收入頗豐的按摩工作，但為了追求理想毅然投身公益服務，多年來練習正統聲樂、和聲、作曲、樂器學習，還修習文學詩詞，藉著歌唱抒發情感，也為信心、為愛、為希望而歡唱。走遍國內、海外巡迴演唱超過六千場，接觸三百萬人次，深入世界各地教會、學校、醫院、監獄、育幼院、養老院、身心障礙機構、社會團體，唱出上帝所賜的美妙歌聲，鼓勵安慰心靈受傷、身體殘缺的人們。此外，伊甸在 2001 年成立輪椅舞台團，更是將台灣身心障礙者生命的美麗與力量散播至國際，都是很棒的生命見證。2012 年伊甸邀請力克‧胡哲（Nick Vujicic）來台分享，傳遞身心障礙者面對生命困境永不放棄的愛、勇氣與希望。近年來，伊甸協助政府接待來訪外賓的場次，已不計其數；伊甸讓世界看見台灣，也逐漸成為外國團體來台考察及訪問的對象。

(2)國際議題網絡的參與推動

　　儘管台灣面對外交困境，伊甸還是在 1997 年主動爭取加入國際反地雷組織，開啟跨國議題網絡的新政策角色。伊甸在參與國際會議時，常會受到外交阻擾，但是承蒙許多國際身心障礙組織與重要友會的幫助，伊甸仍然以非政府組織的身分，參與許多聯合國體系的重要會議，而且最早擁有爭取國際公約國內法化的經驗。以國際反地雷的跨國議題倡導為例，伊甸從參與國際組織、學習排雷相關知識；到敦促台灣政府重視離島地雷問題與雷傷者權益，並結合金門離島區域立委，推動國際人道公約《渥太華禁雷公約》在台立法。經過十年努力，國內《殺傷性地雷管制條例》終於在 2006 年 6 月 14 日生效，規範我國七年內必須完成排雷作業。到了 2013 年，國際反地雷暨集束彈藥聯盟，以及日、韓、加拿大等地的反地雷運動重要人士來台，見證台灣比《渥太華禁雷公約》要求的標準還早三年完成。未來，伊甸期盼能分享台灣的排雷經驗，支援亞洲鄰國。

　　因著參與國際反地雷組織，伊甸結識了聯合國亞太經社會「身心障礙論壇」的重要參與者。在這個跨國的議題平台上，主要是為了評估依據「關於身心障礙者的世界行動綱領」而進行的「聯合國身心障礙者十年計畫」（1983-1992），伊甸在第一個十年計畫最終報告時開始參與論壇，並於第二個十年計劃時成為正式成員。

　　伊甸在這段期間，把握每次參與國際年會的場合，分享台灣身心障礙全人服務與無障礙環境的推動經驗，因此在 2006 年至 2010 年，獲選為亞太身心障礙論壇的無障礙委員會主委；2010 年則擔任新創的無障礙旅遊及交通委員會主委，創立台灣「無障礙旅遊」，結合交通、育樂營造友善生活圈。目前無論公私部門，許多團體投入無障礙交通及旅遊，這是伊甸從國際議題中學習的重要成果。同樣地，伊甸也提供台灣經驗，並協助東南亞國家發展無障礙旅遊，如越南、菲律賓、泰國等地。無論反地雷運動或無障礙旅遊議題的創新，都涉及國內公私部門的社會教育與政策溝通，為台灣身心障礙福利開啟新的境界。

　　另一方面，伊甸也推動「身障權利躍進與國際接軌」。聯合國 2006 年通過《身心障礙者權利公約》，在 2008 年 5 月 3 日正式生效，成為二十一世紀第一個人權公約。這份公約強調，所有人權和基本自由為普世價

值，彼此相互依存不可分割，因此身心障礙者要與一般人一樣，有公平的機會與待遇，充分享有參與公民、經濟、政治、社會和文化生活等各個層面的權利與自由。同時，這份公約也確立身心障礙者的人權地位，以及國家政府的責任與義務。伊甸透過參與國際組織，見證這份公約的締約過程，並將其核心精神與內涵在國內宣廣，包括結合殘障聯盟等團體舉辦研討會、巡迴座談，並且開辦各種身心障礙者充權的培力活動；促使台灣身心障礙者邁向世界公民之路，「沒有我們的參與，不要為我們決定（nothing about us without us）」自我倡權不僅成為身障新社運，呼籲權利真正的落實（Make the right real）更是最重要的工程。2014年8月立法院三讀通過身心障礙者權利公約施行法，並於12月3日正式實施，對於國內身心障礙者權益保障法及相關專業服務工作都將帶來新的衝擊。

(3)國際援助與海外服務

伊甸1991年差派兩位傳教士於馬來西亞成立姊妹會，建立了當地首間身心障礙福利機構。目前在檳城及吉隆坡都有伊甸的姊妹會。1996年開始了愛無國界輪椅捐贈專案，國內外捐贈了超過一萬多台輪椅及各式輔具。伊甸也投入國際重大災難的援助行列，包括南亞海嘯、薩爾瓦多地震、海地地震等。2005年伊甸於越南設置服務中心，主要服務新移民原生家庭及當地之身心障礙朋友，幫助海外弱勢族群就醫、就學、就業。2008年中國大陸四川汶川地區大地震，伊甸第一時間進入災區探勘，評估災民需求，並透過中國殘疾人聯合會捐贈五百台輪椅；第二階段於2010年成立「伊甸512希望工坊」，主要提供地震傷殘人士及農村弱勢家庭就業，以社區為基礎的災後復建，結合職業培訓與就業支持性團體等活動，培力當地社群。2014年在泰國成立分會，持續將伊甸的精神與服務傳遞全球。

3. 志工化

志願服務向來是啟動公益行動的重要能量，伊甸創會之初，是以後援會的型式組織志工，協助義賣卡片等工作；在國際交流的過程中，也看見先進國家每次舉辦國際組織年會時，整個城市的志工總動員，成就了國家的形象並給予極大能量。

　　伊甸是國內早期整合「志願服務」、「公共事務參與」、「國際參與」等理念，推動公益旅行的非營利組織。2004 年，伊甸秉持劉俠女士「哪裡有需要，就往哪裡去」的精神，引進公益旅行（working holiday）的概念，開始組織國內青年志工，前往台灣偏遠地區、泰國、菲律賓、印度、尼泊爾、薩爾瓦多，以及中國境內的甘肅、內蒙、青海、河北、雲南、新疆等地，協助當地弱勢社區與教育貧困學童，期望以「國際觀的視野，做在地化的服務」，讓年輕學子透過志願服務，學習用國際觀的角度，拉進與周遭弱勢者的距離，在服務過程中自我學習。截至目前，參與伊甸「帶著愛心去旅行」的台灣青年志工，已累積超過四千人次。另一方面，伊甸也推動「全球志工、在地行動」，在 2009 年正式成立台灣國際志工團，號召來自歐洲、美洲、亞洲、非洲、大洋州等十三個國，具有服務熱忱的海外志工來台服務。

　　為了有效運用志工人力資源，伊甸自行開發志工管理系統，登錄服務需求與志工服務時數。以 2012 年為例，透過系統統計得知，國內外伊甸的志願服務人數總計五千三百五十三人，服務總時數高達十二萬七千兩百九十小時。若依照當年勞委會公布的基本時薪一百零三元計算，伊甸志工創造的社會經濟價值，超過一千三百多萬元，時數相當於一整年六十二位以上的全職人力。在志工服務項目中，以探訪陪伴、外出照顧的服務時數最高，其次是行政庶務、電腦文書，顯示志工人力在協助伊甸弱勢服務與行政工作方面，提供了重要的支援。

（四）回饋期：區域發展、策略聯盟、為當代弱勢族群發聲

　　伊甸的組織發展，從創始、成長到目前進入更新的階段，因應外部環境趨勢，提出伊甸組織新的發展藍圖。非營利組織的存在，應該反思在當代的價值與意義，組織一切的調整應以此為準則。在這個階段，台灣社會福利面對的外部治理環境，又有新的變化，包括政府政策朝向福利地方化發展、企業慈善出現許多新富翁、新慈善資本家、公益創投、社會企業、實踐企業社會責任等模式，以及高齡化人口的服務需求劇增等。

　　在伊甸三十週年之際，因著弱勢需要，全會服務人力已超過兩千位，服務輸送遍及台灣二十個縣市、八十個服務據點、海外七個國家。伊甸因

為每個當代弱勢族群的服務需求，而日益擴大組織規模，累積豐沛的社會資本；內部董事會到執行團隊，也思考如何合神心意、活出影響，促使服務品質穩定，強化執行力，落實管理與責信。

　　有人覺得伊甸的組織擴充、發展太快，但是面對未來，恐怕還會更大。這個社會存在許多「縫隙」，政府看不到也無法填補，很多地方甚至連市場力量也無能為力；而非營利組織的獨特價值，就是以開創與冒險精神，發現這些縫隙並採取必要行動。當然，伊甸不是全部自己來，而是守住全人照顧服務及無障礙生活事業的專業核心，輔以策略聯盟，運用教會、社區與志工資源，建造全方位、全區域、全生命與全生涯的失能家庭希望工程。伊甸要從 A 到 A+，新的組織藍圖規畫，建立在以下三個思考面向：

1. 在議題倡導與資源轉換上，因應服務對象的多元需求，組織必須善用資訊科技與知識管理技術，思考如何從「弱勢團體」發展為「公益平台」。
2. 在整合服務通路上，為實現全人服務和多層次照顧的理念，如何從「慈善事業」創造「服務產業」。
3. 在組織策略管理上，如何從專業團隊轉型成福利區域化，將創辦人的夢中伊甸，以「伊甸福利園區」具體落實，深耕在地與全球服務。

　　伊甸三十的組織發展藍圖，透過導入策略規畫、組織轉型與績效管理工具，逐步讓伊甸展現非營利組織的經營績效。

　　在伊甸嚴格的預算控管下，每年能提供超過五百名以上的弱勢者就業機會，包括身心障礙者、中高齡、單親媽媽等。伊甸帶著他們一起創業，投入無障礙生活事業，在全人照顧服務網絡的基礎上，發展無障礙生活事業化，包括：食–烘培庇護；衣–二手衣回收、縫紉復健；住–友善家園、家事清潔；行–復康巴士；育樂–無障礙旅遊、身障體驗等。在組織設計上，因應社會福利成為地方自治事項，伊甸從專業團隊轉向區域發展，以各縣市福利資源中心的概念，進行供需調查，整合政府與民間資源，服務

範圍從都市、偏鄉到離島。

　　伊甸關心當代弱勢族群的需求，從早期的個案管理工作，看見失能家庭的需要，進一步了解弱勢社區的影響。「伊甸象圈工程計畫」的創設，源自伊甸基金會與《遠見》雜誌，在 2006 年合作的專題「小學生‧大未來系列」，探討偏遠小學存廢的嚴峻課題；2007 年，進一步關懷弱勢學童的民生問題，「快樂早餐計畫」應運而生；2008 年培力在地學校與社群，成立「象圈工程計畫」，提供小象課後照顧服務。社區在地力量如同象群，透過資源連結與合作精神，確實把小象緊緊圈起來保護，以集體力量、不分彼此、輪番照顧，在社區圈起一座家庭與學校間的堅固堡壘。伊甸幫忙募集資源，與在地弱勢社區和教會組織攜手，滿足弱勢家庭孩童的需要，這是近期創新的服務模式。「象圈工程計畫」七年多來累積幫助了五百零三處社區單位，包括學校、教會與社區發展協會，藉由他們的在地力量，守護將近兩萬名學童，讓偏遠弱勢或家境困難的孩子，享受「快樂早餐」及「課後輔導與才藝品格」等照顧服務。

　　另一方面，伊甸近年來也積極支持障礙者自我倡權，重返政策舞台。透過與民間團體及學術單位合作，伊甸在 2011 年參與社會住宅推動聯盟，走上街頭爭取弱勢者的居住權；2013 年動員組織，力挺身心障礙者爭取「自立生活」及「資訊與文化平權」的兩場大規模遊行活動，街頭上許多障礙者激動地表示：「伊甸回來了！」特別是年輕世代及障礙團體，對於伊甸早期由劉俠女士領軍，在街頭爭取權益，仍有印象與期待。這些年隨著組織政策角色從議題倡導，轉到專業服務，很多人認為伊甸政策發言的角色淡了，其實不然。對伊甸而言，身心障礙者的公民權，有賴百萬障礙者及民間組織一起團結倡導，誠如民主先進蔣渭水先生的名言「同胞須團結，團結真有力」。

　　歸納影響伊甸組織發展的關鍵因素，包括「外部政策環境變遷」與「領導團隊治理策略」；而伊甸這麼多年來唯一的不變，就是「持續改變」。伊甸的組織設計，從單一縣市擴展為全國組織，或是專業團隊輔以區域發展的矩陣模式；政策角色由議題倡導，轉型為專業服務，並持續在倡導中實踐；服務輸送模式在守住核心專業外，運用策略聯盟與其他團體合作，希望發揮綜效，為更多當代弱勢族群的需要發聲；在管理策略上則

導入績效管理和 E 化，樽節開銷與行政成本，使服務效能最大化。伊甸本身是個社會企業，在自助、助人、互助的過程中，展現發展性社會工作的精神。

▎四、結論：反思存在的社會價值，伊甸有神同在持續愛

　　創辦人劉俠女士從領受神的使命，賦與品牌形象與團體效能，期盼社會大眾藉由伊甸走過的歷史軌跡，體認「伊甸、愛、永不放棄」的責任、使命與異象。在此特別感謝許多長期關心、支持伊甸基金會成長的朋友，並共同見證這段發展歷程。伊甸將結合非營利組織與企業的長處，透過社會福利的輸送、資源分配的改變，以及創新的就業模式，保障身心障礙朋友的就學、就醫與就養。伊甸在身障服務上累積的專業知識，也擴大應用到高齡世代，發展銀髮產業，透過資源整合，實驗創新的模式，布局伊甸在國際、兩岸與台灣本土的未來發展，再創雙福新局。

　　全台灣有超過三百個身心障礙者及高齡者，面臨長期照顧的迫切需要。「在地老化」的基本精神，就是在老化的每個階段，仍有充分自主的生活能力，享有良好的生活品質。伊甸致力於透過連續照顧的服務模式，殷切期盼為台灣的高齡者及身心障礙朋友，營造一個尊重、尊嚴、尊榮的伊甸園，這是全體伊甸人的事奉觀：

> 「尊重」就是相信助人與受助者彼此尊重，以真誠相待，是服務倫理的重要基礎。
> 「尊榮」就是相信再弱小的人，生命都有無窮的潛力可以發揮，協助其展現生命的價值，這是我們必須有的服務眼光。
> 「尊嚴」則是我們有責任把基督的愛見證出來，幫助人恢復與天父應有的永恆美好關係。

　　我們深信高齡者不是社會的負擔，而是重要的資產。每位長輩豐富的

人生閱歷，就像一本精采的書，深刻雋永，若能創造屬於高齡者的舞台，讓高齡者細數過往的美好，就能創造生命的價值，達成活躍老化的目標。高齡者在地老化的服務反應民眾的需求，是受到高度期待的產業。我們從滿足被照顧者需求的原點出發，讓在地老化的理念跨越性別、年齡、職業與區域，成為跨界合作的全民運動。

爰此，現階段的伊甸因應政府組織再造、長期照護產業化、社會企業及高齡化等議題，在 2013 年 7 月由董事會及執行團隊，共同擬訂下個五年的組織發展策略。首先是成立「伊甸醫療財團法人」，實現對服務對象「陪他們到老」的承諾，延伸現有生活照顧至醫療照顧，無縫提供障礙者及高齡者家庭全生涯與全人服務，以人道醫療和連續照顧的方式，在長照時代持續守護社會最底層、經濟及社會弱勢族群的需要。

再者，無論是企業慈善或社會企業的興起，都使伊甸在身障就業服務模式上，思考從庇護工場轉型為社會企業，成立「社會企業法人」，幫助組織在經營管理上，更符合社會及經濟效益。伊甸將帶著弱勢朋友一起創業，以弱勢就業解決弱勢問題，結合社會投資與發展性社會工作模式，持續實踐伊甸價值。

從人道的觀點，愛無國界一直是伊甸國際化發展的重要使命。伊甸除了參與國際組織倡導人權議題外，過去還嘗試將台灣的服務經驗，整理成知識輸出海外，包括早期療育、視障服務、輔具及長照等項目。伊甸以國際雙福為核心，成為國際非政府組織，共同體現世界公民的責任。伊甸三十之前，是在需要者身上看見自己的責任，使伊甸的服務和身心障礙者一起蒙恩；伊甸三十之後，伊甸存在的價值，是在責任上看見社會需要，持之以愛，永不放棄。

｜參｜考｜文｜獻｜

中華民國殘障聯盟，2010，《覺醒、奮進：走過台灣身心障礙權益二十年》，台北市：殘障聯盟。

杏林子，1982，《另一種愛情》，台北市：九歌。

──，2004，《俠風長流：劉俠回憶錄》，台北市：九歌。

伊甸社會福利基金會（2009-2010），《伊甸國際暨兩岸年報》，台北市：伊甸社會福利基金會。

──，2012，《伊甸、愛、永不放棄》，台北市：伊甸社會福利基金會。

▌〉附錄一

伊甸組織發展階段與大事記

發展階段	年度/組織型態	服務功能	服務對象	服務發展內容說明	縣市發展
台北市政府立案財團法人伊甸殘障福利基金會	1982-1988年	**核心**-成人身障者自立更生 就業服務　政策倡導 職業訓練　福音關懷 福利工場　復康巴士 心理輔導　公益行銷	※成人殘障者就輔 成人身障者--肢體殘障朋友、盲人朋友初期因有限的資源，提供的障別層面及範疇**著重於中輕度肢體障礙者**	◎ 開闢諮詢服務專線 ◎ 成立「福利工廠」 ◎ 開始開設各類職訓班 ◎ 新增就業專線，提供給廠商求才、殘障朋友求職之服務	台北市（1982） 台中市（1984） 桃園縣（1989）
	1989-1993年 福利、福音、事業功能型組織體系	同上跨越台北市籌措資金轉型為全國性社福基金會 拓殖馬來西亞分支	同上增加中重度職訓 發起推動殘福法修正 因應殘福法修正擴大規模拓廣領域	◎ 1989年開始推動「視覺障礙服務計畫專案」 ◎ 中、重度身心障礙者　實驗轉型服務[4] ◎ 完成「就業輔導管理系統」 ◎ 實行「支持性就業」服務，10月與統一超商與伊甸正式合作「支持性就業服務」 ◎ 規畫150坪水耕場，提供中重度殘友，為中途庇護訓練場	

4　自1990年〈殘障福利法定額雇用條例〉實施後，中輕度身心障礙者告別了以往一職難求的窘境，伊甸將目光轉移到更多需要服務的視障者、聽障者和多重障礙者，開始規畫中重度身心障礙者與肢障以外障別者的服務，包括專業的職訓、職能復健、醫療養護、庇護工場等。

發展階段	年度/組織型態	服務功能	服務對象	服務發展內容說明	縣市發展
內政部立案財團法人伊甸社會福利基金會	1994-1995年區域發展籌備期	增加就學／療育（特教、復健）	同上增加遲緩兒童	設立實習商店 1995年正式推出「殘障娃娃家庭社區服務」專案，以「個案管理」服務模式為主軸，更推出整合性服務方案「0-6歲遲緩兒家庭社區服務方案」	增加宜蘭縣（1994）
	1996-2002年北中南區域型組織體系	增加就養/機構養護、居家照顧	增加重殘者、老人、失能老人	1996年成立長青家園，辦理老人居家照顧及諮詢服務中心 1997年10月伊甸為推動殘障娃娃服務，從十月起設立全省殘障娃娃通報專線，兒童服務因而擴展至其他服務據點 1998年精神障礙者的社區服務[5]	增加高雄縣市（1996）台北縣（1996）新竹市（1997）台中縣（1998）基隆市（1998）南投縣（2000）
		增加災後重建服務及弱勢就業服務、職業重建、庇護工場、國際救援	增加災民、中高齡（如多元就業／921災民／原住民……）	◎ 短、中、長程的救助與福利服務，以提供災民與因災致殘災民各類災後重建服務 ◎ 經濟型與社會型之多元案	屏東縣（2001）苗栗縣（2001）嘉義市（2002）

5　《殘障福利法》於1997年修訂為《身心障礙者保護法》，將精神障礙納入；伊甸中區隨即規畫相關服務，提供教育訓練的基礎工程，在1998年推出精障者服務；北區也跟進提供精障者服務。

發展階段	年度/組織型態	服務功能	服務對象	服務發展內容說明	縣市發展
				◎ 實踐國際人道關懷：「愛無國界——支持全球反地雷」活動及「輪椅外交」的拓展，人道救援無國 ◎ 推展友善城市運動：推動台灣友善城市運動，（Taiwanese campuses Campaign to be Barrier-Free）簡稱 TCBF ◎ 自2002年8月成立外籍配偶服務專線，提供外籍配偶及其家人一系列關懷、成長服務。	
	2003-2007年專業團隊發展模式 ※創辦人2003年遽逝 ※2006年前執行長退休	早療服務團隊 就業服務團隊 職業重建團隊 照顧服務團隊 事業發展團隊 資源發展團隊 雙福發展團隊 視障發展團隊 增加雙移服務／婚姻移民、跨國移工	外偶及二代／外勞 加強視障	本會服務的個案，有外籍配偶，及早療兒童的母親為外籍配偶等需求，因此本會展開外籍配偶的全人關懷服務	增加花蓮市（2003）嘉義縣（2003）台南市（2006）台東縣（2006）

發展階段	年度/組織型態	服務功能	服務對象	服務發展內容說明	縣市發展
	2007-2014年整合區域發展及專業督導系統、外部採取策略聯盟合作	加強無障礙住宅／行動／休閒/建構身障者生涯地圖（全人發展支持系統資源網絡）	增加提早老化身障者／失能家庭／弱勢社區／建構伊甸雙福園區	本會為落實深耕在地，服務全球，開展了住行育樂無障礙生活事業，與長照服務接軌，並深入偏鄉、離島服務，體現居住正義首創社會住宅整合照顧與服務模式。	增加雲林縣（2008）澎湖縣（2008）彰化縣（2010）馬祖（2013）

資料來源：伊甸社會福利基金會。

CHAPTER **9**

性別正義的實踐：
勵馨的歷史和發展

紀惠容

一、緣起

勵馨本著基督精神，以追求公義與愛的決心和勇氣，預防及消弭性侵害、性剝削及家庭暴力對婦女與兒少的傷害，並致力於社會改造，創造對婦女及兒少的友善環境。1988 年勵馨正式成立，回顧二十六年、展望未來，在公平正義未完全實現前，支持我們走下去的無非就是上帝的愛，以及您的鼓勵和支持。

二十六年來，勵馨堅持服務與倡議同行，陪伴了無數的受傷女性，從教育宣導、立法、個案服務一直到國際串連的發聲，女性的需要漸漸被看見，台灣社會也愈來愈願意重視性別議題，但是我們仍在往性別公義的路途中。

這二十六年來，勵馨從被賣、無家可歸的少女，看到中途之家的需要；從販運、剝削，看到反雛妓運動的需要；從被性侵、青少女懷孕，看到少女保護的需要；從性別歧視及家庭暴力，看到女性充權的需要；從結構性的女性弱勢，看到建構性別公義社會的重要；期待女性邁向自立的此刻，我們再度，從住宅、就業與關係重建，看到她們生活重建最後一里路的必要……。

我們希望每位受暴者與她／他們的孩子，能遠離任何欺壓、害怕與驚嚇，恢復上帝賦予生命應有的榮美。期許女性終生被善待；出生時，不因性別而被拋棄；求學時，不因懷孕而被迫離校；就業時，不因性別而受到差別待遇；相愛時，不因衝突而遭受暴力對待；終老時，不因任何因素而貧窮。期盼男女同為夥伴，共創性別公義社會，讓每一種性別都被善待！

二、核心價值

（一）以信仰的反省與實踐為定位的非營利組織

從設立中途之家、反雛妓運動、少女保護的行動者、empower 少女與婦女，到共創 V–社會，勵馨在不同階段的角色扮演，除回應設立的宗旨

與目標，也不斷從信仰的反省與實踐中，找出基金會在不同社會環境中應
扮演的角色，這個過程成為經營走向的核心思考。

| 圖 9.1　2013 年，勵馨二十五週年記者會。

（二）以服務為基礎的社會倡議

　　回顧勵馨走過的足跡，我們與一般社福團體最大的差異，在於勵馨的
社會倡議是以服務為基礎，不論是各種社會行銷或隱性勸募活動，包括反
雛妓華西街慢跑、立法遊說、兒少保護法通過、重要「ㄊㄚ人」理念推
廣、少女保護網絡籌建，乃至於蒲公英中心的成立，以及承接各地的婦女
服務中心，都不只是婦女運動的理論，而是從服務中看見少女與婦女的需
求而出發的倡議；秉持這個理念，結合政府及民間的力量，讓勵馨的服務
在地方落實生根，幫助更多的少女與婦女。

（三）以性別充權的服務與倡議

　　作為第三權的非營利組織，同時以關心女性為主要議題，我們強調以
性別的角度與結構，來關照弱勢女性族群的問題；而就機構角色與願景規
劃而言，勵馨過去上對下的角色，也變得平行，成為幫助女性找到自我，
啟動女性自我意識，開展女性價值的協助者角色。勵馨認為這是全球趨
勢，也是社會未來的走向。

（四）為案主發聲，協助經濟獨立

以案主為主體的定期「儀典」，如勵馨日（紀念勵馨的創始日）、聖誕慶祝會、女孩畢業聚會、勵馨女兒回娘家等，這些聚會自 1988 年就一直傳承。另外，創辦個案自主發聲的方案，如光腳愛麗絲劇團、葛洛斯（girls）少女劇團、橄欖石少女工坊、甜心巧克力工坊、愛馨物資分享中心、琉璃珠愛馨工坊、V-shop 等，到進一步協助有就業需求的婦女與少女，進入就業市場，達到經濟自主、獨立生活，使她們從原本社會定義的負產值人口，扭轉成正產值。

▎三、性別正義的信念與行動的演進

勵馨基金會有四百多名的專職與兼職人員；全國有五十五個服務據點，以及超過新台幣三億六千萬的年度預算，規模在全國的非政府組織（NGOs）中，持續穩健成長。

（一）第一階段：中途之家（1988 年～1992 年）

信　　念：相信上帝的愛，本著基督的愛，關心不幸少女。

行動策略：首開台灣不幸少女三階段中途之家收容模式。讓不幸少女
　　　　　有地方可去，在中途之家階段，學會愛自己，愛別人；與
　　　　　原諒自己，原諒別人；重新開始。

勵馨於 1988 年為第一名不幸少女預備中途之家「勵馨園」；爾後借用「彩虹事工中心」的角落，只有一張桌子、一支電話和一個兼職工作者，正式起步成立基金會。二十六年來胼手胝足，回首來時路，我們不禁對上帝的恩典讚嘆不已。勵馨如今大樹成蔭，服務無數的不幸婦女和兒少，都是美籍宣教士高愛琪（Angie Golmon）與心理諮商師梁望惠從上帝而來的愛心。

　　美籍宣教士高愛琪與心理諮商師梁望惠，於1983 年在台北廣慈博愛院婦女職業輔導所擔任義工教師，該所收容被迫從娼的不幸少女。一開始，她們為女孩的遭遇感到心酸與悲傷，但也慶幸只要出了廣慈，孩子就會有新的生活；少女們或許也這麼想，所以都和這位上帝派來的天使們約定，將來回到正常生活後，一定會以嶄新的生命回來探望她們。

　　幾年過去了，當初說要回來的少女，沒有一個履行承諾。出了廣慈後，她們又消失在人海裡，就像沒來過人間。她們非常納悶，不知道怎麼回事。直到有一天，她們在台北街頭遇到一個離開廣慈的女孩，問那女孩現在住哪兒？令她們震驚的是，女孩竟低下頭說：「我沒有家。」而且已重回火坑。她們終於了解，許多少女的原生家庭已經失去功能，根本無家可歸。於是，她們向上帝禱告，終於得到異象，決定給這些不幸的孩子一個家，給她們新生活，重新學習「愛自己，也愛別人」，以及「原諒自己，也原諒別人」。

　　終於，第一個中途之家「勵馨園」，在 1988 年 2 月成立，安置與收容被迫從娼的無家可歸少女，藉由生活輔導員、社工員及心理諮商員的陪伴與專業協助，提供每位少女身心靈的全人輔導，協助少女緩慢但自信的走出過去的心理創痛。

　　同年，勵馨社會福利事業基金會（The Garden of Hope Foundation）正式成立，開始安置第一位不幸少女，第一個圖騰標誌裡的方舟象徵安置庇護的任務，成為勵馨奠基的里程碑。

（二）第二階段：反雛妓運動（1992 年～1995 年）

信　　念：相信上帝的公義，認為雛妓的存在迫害兒童人權，台灣不
　　　　　應有雛妓。

行動策略：本著「讓台灣不再有雛妓」的口號，進行議題倡導。嘗試
　　　　　突破補破網的中途之家階段，正式與上游製造雛妓的黑手
　　　　　宣戰，包括人口販子、老鴇、保鏢、仲介、嫖客、漂白民
　　　　　代、包庇的警察；以立法、經濟、教育等策略，進行反雛
　　　　　妓運動。

　　1987 年台灣解除戒嚴，乘著社會力的爆發，勵馨成了不幸少女的庇護堡壘。然而，中途之家收容的作法似乎太消極了。創辦人之一，也是勵馨基金會前執行長梁望惠表示，少女從娼問題就像一條河，勵馨在下游搜救，但上游還是不斷有不幸少女被推入河中；有的被撈起，更多的就這麼漂過去，然後消失。勵馨秉持上帝的公義，於 1992 年毅然決定，探索不幸少女之河的根源，從追蹤上游的人口販賣共犯結構、立法遊說，以及訴諸媒體等管道，一起下功夫，並在 1993 年舉辦「反雛妓華西街萬人慢跑活動」。

　　1993 年 11 月，一萬五千人在台北市最著名的人肉市場周圍，一步步烙下足印，高喊「人口販子滾出去」、「反雛妓」等撼動人心的口號，用慢跑產生的能量點燃華西街。一位從前被賣入黑街，在此度過無數黑暗日夜的少女，也參與了活動，她邊跑邊流淚，陽光終於灑進了她以為已經被全世界遺忘的黑街，以及她塵封已久的心扉。至此，勵馨的發展進入以「反雛妓運動」為倡議主軸的第二階段，提出「讓台灣不再有雛妓」的口號，進行議題倡導，嘗試在中途之家的殘補式服務型態之外，積極規劃倡導式的行動策略。

　　這種策略正式向製造雛妓問題的黑手宣戰，包括人口販子、老鴇、保鑣、仲介、嫖客、漂白民代、包庇的警員等，並一步步以立法、經濟、教育等策略，進行反雛妓運動，如立法遊說、舉辦公聽會與雛菊下鄉運動，以及辦理反雛妓華西街慢跑等。勵馨以政治遊說與儀式性活動吸引媒體和企業，推動國內第一部雛妓防治專法，成功在 1995 年通過《兒童及少年性交易防制條例》。兩年內立法成功，創下民間推動社會公益法案的最快紀錄。

　　由於相信上帝的公義，面對人口販子的恐嚇威脅；白道惡警的干預攔阻，甚至政府與民代的消極顢頇，勵馨仍舊排除萬難，在全國社會同心合力下，台灣半公開的人口販賣終結了，勵馨的階段任務——反雛妓社會運動——也告一段落。

（三）第三階段：少女保護的行動者（1995 年～2001 年）

信　　　念：相信上帝的大能，少女人權需要被維護，尤其是弱勢少女
　　　　　　更應被保護。

行動策略：自許為少女保護的行動者。倡導重要他人理念，創造友善
　　　　　　的社會，籌設全國少女保護網絡。進行「搶救少女，雛菊
　　　　　　行動」、「一人一信行動」、「遠離性侵害——找到ㄊㄚ
　　　　　　、保護ㄊㄚ」、「遠離性侵害——找到ㄊㄚ、醫治ㄊ
　　　　　　ㄚ」、兒少條例監督行動等。另外，也創設「蒲公英諮商
　　　　　　輔導中心」，與分設高雄、台中工作站，並承接婦女服務
　　　　　　中心。

　　「反雛妓華西街萬人慢跑活動」是勵馨反雛妓社會運動的代表作，之後台灣社會的發展進入另一個階段，經濟條件改善，山裡的女孩被賣進都市叢林的狀況變少了，少女從娼的主因不是被販賣，而是被誘拐。實務中，勵馨發現從事性交易的少女，有很高的比例來自失功能家庭，或不友善的教育環境。這樣的情況形成一股推力，這時社會若出現黑暗誘惑，給予女孩們溫馨的假象，就會讓她們頭也不回地逃家、離開學校，然後墮入風塵、難以脫身。在這個階段，勵馨不能只當一個單純的收容者或社會運動者，還要挺身成為保護少女的行動者，所以包括台中、高雄在內的中南部服務中心，應運而生，擴大關懷少女的面向，以期在第一時間阻

圖 9.2　勵馨於 2002 年，舉辦萬人華西街慢跑活動。

斷不幸的發生。

　　勵馨至此也體認，除了關懷被迫從娼的少女需求外，也必須關心更多遭受不同形式虐待的少女人權，為她們進一步提供服務。因此，勵馨將服務的觸角，延伸至遭受家庭暴力、性侵害的少女，或因為中輟、逃家而不幸落入色情陷阱或誤觸法律，以及未婚懷孕的少女。勵馨於是推動外展服務、中輟生輔導、法院關懷服務、學校社工服務、未成年未婚懷孕服務，接受學校、法院、社政單位等個案轉介，主動積極向外尋求潛在的高危險群少年，提供安置輔導、心理諮商、社工處遇、法律諮詢、就學／就醫陪同、連結社會資源等多元服務。此外，勵馨從實務經驗裡發現，從事性交易的少女，高達七成曾被性侵害，是高風險受害群。因此，勵馨成立「蒲公英諮商輔導中心」，專門幫助被性侵的少女，提供心理諮商，回應其創傷及心理重建的需求。

　　曾經有一對亂倫受害的小姐妹花，剛到勵馨時不但不會笑，而且在單薄衣衫下，對寒冬的刺骨寒風也沒反應，這是許多受害者以「不感覺」回應創傷的典型，這讓她們不會因為有「感覺」而痛苦。來到勵馨接受心理諮商半年後，她們的生活輔導員有一天不經意轉頭，看到一對姊妹花綻開了，她們會笑了！

（四）第四階段：充權（Empower）少女與婦女（2001年～2010年）

信　　念：相信上帝的榮美，每位少女、婦女都有著上帝的榮美，且生命是尊貴的。

行動策略：服務者需跳脫上對下的保護服務模式，並以性別角度、結構性問題，思考弱勢少女、婦女問題，協助少女、婦女找到力量出口。訴求「認真善待女兒、啟動少女力量」；創設「橄欖石少女成長中心」；試辦愛馨小舖；整理台灣女性少女成長經驗；創辦提升台灣女兒價值的「女兒節」；撰寫充權少女、婦女教案與工作坊，如身體探索、性探索、媒體解讀、性別關係探索；開辦受暴婦女就業、目睹

　　暴力兒服務方案、收出養方案、青少年父母服務方案等。

　　多年來，勵馨堅持站在守護女性的第一線，有笑有淚，有成就也有反省。從投入反雛妓、性交易防制、未成年懷孕服務、家庭暴力防治、新移民女性權益、反人口販運等倡議，以及各項直接服務工作，我們發現許多問題都來自社會結構之惡與性別權力的不平等，被害女性在父權體制下既無助，又缺乏自信、資源與社會支持。提升少女性別意識及自主性，「充權」女性成為新的里程目標。勵馨於 2000 年提出《少女紅皮書》，又於隔年發表《少女人權宣言》，在國際人權日發起國內外簽署活動，形成國內社會對少女人權的不同視野。由於相信上帝賦予人類的榮美，勵馨改變「上對下」保護女性的想法，特別在 2003 年，首創國內一系列充權少女的「打造台灣新女兒」運動，包括「Formosa 女兒獎」、「帶女兒去工作」、「魔法少女電力營」、「性別充權學習之旅」等。

　　勵馨每年都會選出具代表性的「Formosa 女兒獎」得主，讓女性再也不是依附於男性的裝飾品；少女們也在 2003 年對社會喊出「我們要台灣女兒節」，自訂每年農曆 6 月 6 日為「台灣女兒節」。在勵馨請願十年之後，行政院終於在 2013 年與國際接軌，訂定每年的 10 月 11 日為「台灣女孩日」。

　　台灣社會的女性常常被傳統壓迫，無法展現自我能力，不只斲傷上帝的榮美，也是社會的損失。有一位七十歲的阿媽長期受到家暴，幾乎完全喪失自我，來到勵馨接受諮商重建後，她有一天說：「有勵馨真好，我終於知道不用被打的感覺了。」「不用被打」應是天生自然的權利，阿媽從年輕被欺凌到老，到七十歲才「終於有機會」恢復上帝的榮美，找到力量的出口。因此，性別不公義的社會的確需要改變。

　　這些服務內涵的重新思考或創新方案的提出，無不希望能與少女、婦女，一起找到自身力量的來源與發展的軌跡，盼望在未來可以看見更多充滿智慧、自信、勇氣、責任，與活力的女性新面貌。暴力，尤其是性暴力，讓台灣社會失能且失格。行過二十年，勵馨以終止暴力為下一階段的行動綱領，開始「終止性暴力，創造性別公義的社會」的終極階段任務，而在社會的共同努力下，我們相信台灣一定會成功。

（五）第五階段：共創 V–社會（2005 年迄今）

信　　念：相信上帝的公平正義，共創性別公義的社會
行動策略：與國際接軌，與依芙・恩斯勒（Eve Ensler）所創立非營
　　　　　利機構「V-Day」終止暴力的宗旨不謀而合，整合勵馨原
　　　　　有倡議與行動，推動 V 系列行動。

　　勵馨肩負宣教士高愛琪、梁望惠等創辦人的使命，勇敢對抗暴力，陪伴受迫害的弱勢婦女、兒少，一起抗衡不公義的社會結構。勵馨於二十週年時，宣誓開啟「終止性／性別暴力，共創性別公義的社會」的終極階段任務，我們相信台灣社會可以改變。從《陰道獨白》演出進入第十年；舉辦十一屆的「Power camp 魔法少女電力營」；2013 年起接軌國際的「十億人站起來終止暴力」，到「台灣溫柔革命」、「V-Men」等，這一系列行動，無不為了往「終止性／性別暴力，共創性別公義的社會」的目標邁進。看到男性朋友願意穿上高跟鞋（in her shoes）參加障礙賽，體驗女性受到的壓迫，開啟對話，一起反暴力，共創性別公義的社會，讓我們對達成終極目標更具信心。

圖 9.3　2013 年於中正紀念堂舉辦的 OBR 全球反暴力行動。

　　另外，勵馨在服務中發現，政府一直停留在消極的補破網福利，輕忽受暴婦幼生活重建的需求，讓受暴婦幼落入受暴循環中，造成更大的社會

成本。為了讓受暴婦幼邁向生活重建，勵馨於二十五週年展開「受暴婦幼生活重建最後一里路」方案，提供住宅、就業、關係修復等服務。實現這個夢想需要龐大的資金，但勵馨仍勇敢策畫，相信它將是最節省社會成本、最有效益的計畫方案。勵馨從中途之家、反雛妓運動、保護少女的行動者、充權少女與婦女，到今日期許建構性別公義的社會，一路上我們堅持服務與倡議同行，不僅隨著服務對象的需求進行服務創新，更要改變社會問題的結構因素，過程中我們面對各式各樣的權勢挑戰。與其說勵馨在台灣書寫歷史，毋寧說勵馨在台灣這塊土地上，學習實踐基督的精神。

▋四、性別正義的實踐、改革和倡議

（一）勵馨內部的改革

　　要對外倡議性別公義，必須先反躬自省。勵馨除了積極改革政府與外部政策外，也在內部推動性別平權的觀念與教育，開啟同工性別之眼，並在硬體與制度措施上積極求變。

1. 友善空間

　　勵馨的廁所雖有男女廁之分，但強調可以共用，布置也以溫馨、貼心為主，並且提供衛生紙與衛生棉，讓婦女在生理期或廁所使用過程中，可以感覺安心、放心。勵馨也設置了婦女兒童遊戲會談室、圖書室、哺乳室。勵馨各據點為服務婦女，並讓帶小孩來的婦女有個安心、放心的環境，規畫了婦女會談室與兒童的遊戲角落，內部設計也以溫馨和兒童的需求為重心，希望帶給婦女一個信賴與自我學習的空間。

2. 友善制度

　　勵馨設有「勵馨基金會性別平等委員會」與「勵馨基金會性騷擾防治

委員會」，委員性別比率皆依規定辦理，訂有〈勵馨基金會性騷擾防治措施、申訴與懲罰辦法〉，成立基金會內部申訴委員會，並公布申訴專線、傳真與電子信箱，製成貼紙發給同仁，依規定受理騷擾事件。

依照勵馨基金會的人事管理辦法，女性受雇者因生理日致工作有困難者，得請「生理假」一日；孕婦於分娩前後應停止工作，並依規定給予產假八星期，同時對於配偶也給予陪產假三日；而依據員工留職停薪辦法，同工在任職滿一年後，不分男女，得申請育嬰留職停薪假；子女未滿一歲有親自哺乳需求的婦女，提供每日兩次哺乳時間，而且不以三十分為限；另外提供家庭照顧假，併入事假計算，但不以七日為限，而且不列入考核內容。以上各項標準，幾乎都優於《性別工作平等法》的規定。

3. 友善服務

勵馨基金會以服務少女和婦女為主，提供貼心與細心的福利服務，包括舒適、有獨立宿舍的短中期中途之家；貼心的北中南三區「蒲公英諮商輔導中心」；法院中的家暴服務中心；重視經濟自主的少女與婦女多元就業服務方案；陪一里路受暴婦幼生活重建方案；屏除道德壓力的青少年父母服務方案，以及收出養服務方案等。

4. 友善職場

勵馨的職場升遷沒有性別障礙，目前全國一級高階主管共二十名，女性占十六名，男性四名，女性主管占八成以上，薪資計算並無男女差異，敘薪辦法乃依基金會訂的聘用人事辦法。對於同性戀者亦無歧視，也聘任同志員工。

5. 開啟性別之眼的對話與學習

勵馨每年編列預算，提供員工性別教育訓練、性別主流化課程、女性主義讀書會等自主學習課程，並設計各項議題的性別觀點對話與討論，開啟同工的性別意識。

（二）以案主為主體的發聲與參與

　　勵馨一開始倡議，是從服務案主、審視她們的需要為基礎，但勵馨始終相信由案主自主、集體發聲最有力。因此勵馨在第三階段，即積極培育、充權，讓案主自主發聲，希望她們有朝一日，可以為自己的權益集結發聲。以下介紹勵馨培植的兩個案主自主發聲團體。

1. 光腳愛麗絲劇團

　　勵馨「光腳愛麗絲劇團」成立於 2009 年，它匯集了四、五、六、七年級的女性，她們是一群關心性別議題的女性，或是曾遭受性暴力／性別暴力的倖存者。她們從受害者、倖存者到求助者，走過生命創傷，到現在成為倡議者。她們從嘗試述說，並演出自己的生命故事，到如今可以演出更多需要被關注的生命故事，一路主張為自己與女性發聲，她們成為勵馨倡議最有力的聲音。

　　《陰道獨白》這齣戲，由勵馨的同工、案主擔綱演出，是一部講述性侵、家暴、女性被貶抑，以及女性自我貶抑的故事，與勵馨的服務不謀而合。同工與案主在演出時，必須體會、揣摩個案的心情與經歷，不僅拉近同工與個案的距離，也拉近了觀賞者與獨白者的距離。最重要的是，透過戲劇演出，社會大眾了解終止暴力的重要，也破除大眾對這群受害者的汙名與指責，進而營造友善的社會環境與氛圍。

　　勵馨刻意讓「光腳愛麗絲劇團」參與《陰道獨白》的演出，藉由一次又一次的排演，把自己的經驗投射在腳本中，述說自己的生命故事，為有同樣經驗的女性發聲。有幾位勵馨服務的對象，在參加排演及公演的過程中，勇敢高喊「我沒有錯」，讓加害者知道他們錯了。

　　這樣的勇氣與決心，讓觀眾感動與佩服。在觀眾的回饋中，不僅對每個獨白感到驚艷，對於來自個案的心路歷程，更是心疼不已。光腳愛麗絲的成員，展現自己的生命與戰鬥力，還有淚水洗滌後的燦爛人生，緊緊抓住了全場觀眾的心。每場演出，觀眾陪著演員一起哭、一起笑、一起經歷一場最美的饗宴，她們真誠的發聲與演出，精確傳遞勵馨想要終止性別暴力的決心，這激勵了勵馨持續演下去，直到暴力終止。

2. 葛珞思少女劇團——阿采的故事

　　勵馨「葛珞思少女劇團」成軍已進入第五年，她們是一群十五到十九歲，有被家暴或性侵經驗的青少女，因緣際會來到勵馨基金會。從初始的封閉、情緒風暴，透過勵馨長期的陪伴，在戲劇治療中學著說出、編寫、展演自己的生命故事，葛珞思少女們漸漸茁壯自己的能量。勵馨陪著少女們一起深入自己的內心世界，勇敢將內心的懷疑、悲傷、憤怒，透過團體戲劇的方式展現，並由釋放自己的內心感受，達到身心療癒的效果。

　　勵馨二十六年來，陪伴遭受性暴力與性別暴力的婦女、少女，深感政府投入的資源不足，影響受暴婦女與少女的復原和成長，結果就是社會付出更高的成本，少女也不斷進入受傷害的循環。有鑑於此，勵馨花了很多力氣，長期投入少女戲劇治療團體，培植少女以戲劇發聲，葛珞思劇團於是成立。令人欣慰的是，少女們在 2013 年，自發性的向高雄市政府社會局申請出國志願工作，從長期的團體排演，還有少女們自發聚集，討論計畫書的內容、順序與書寫用詞，讓勵馨很欣慰，少女們又朝復原更進一步，也確定政府投入的資源應該要更多、更完整。

　　去年暑假，她們帶著夢想展翅高飛，前往香港演出自己的故事，服務有同樣遭遇的青少年。她們與香港關注婦女暴力協會、明愛、關愛青少年機構，交流分享彼此的生命故事。以下是少女阿采的故事。

　　阿采成長在媽媽獨自扶養三個小孩的單親家庭，當初媽媽為了給小孩更好的生活環境，決定從台東搬到高雄，但人生地不熟，有過一段非常困苦的生活，在一些社福團體的協助之下，媽媽走過困苦的生活，也成功創業，有了自己的美髮店。當家庭經濟比較好轉後，媽媽願意貢獻所長，想要以義剪的方式幫助弱勢家庭，因此開始參與勵馨的活動。

　　在媽媽鼓勵下，阿采陸續參與勵馨的少女活動，有成長團體、假日戶外活動，到後來也參與了魔法少女電力營、戲劇團體，在參與的過程中，阿采從內向、不愛講話的個性，開始能有自己的聲音，說出自己的想法，在團體中也學習聆聽別人的想法，與團體成員互相支持。阿采除了參與團體活動外，也接受勵馨的邀請在 2011 年參與高雄《陰道獨白》戲劇的演

出。當時只有三個少女參與，阿采雖然很緊張，還是努力克服心中的害怕，演出月經大合唱的段落，也在當中獨白對於媽媽的回饋。阿采分享當時參與演出的感想，從覺得陰道又不會講話，而後認知到陰道代表女性，是女生的一部分，有它的感受，有生氣、不爽、不開心的時候，不該忽略它，也不該讓別人凌虐、汙辱，女生不應該受到這種待遇。

真正開啟阿采潛力的是參與了「葛珞思少女劇團」，在戲劇團體中透過戲劇小遊戲，讓彼此打開心房，學習演出別人的故事，更要挑戰寫出自己生命故事的劇本並演出。阿采從活動中，聽聞一起參加的女孩們的遭遇，體會到身為女孩要重視自己的價值，女孩要為自己發聲，勇敢說出自己的夢想，這開啟阿采對性別的看見。現在的阿采非常確定自己的夢想，要成為一名頂尖的美髮設計師，每日努力的學習與練習，因為相信女孩因夢想而偉大。

（三）服務與倡議同行

勵馨在 2010 年策畫發展會上，宣告「服務與倡議同行，共創性別公義社會」，這是勵馨重大的決議，為勵馨打下樁位，定下未來十年的面貌與方向。

依這樣的定位與歷史傳承，我們可以描繪出勵馨的圖像。

勵馨是一個社會倡議團體
勵馨是一個福利服務團體
勵馨是一個實踐性別充權的地方
勵馨是一個上帝賜福的有機體
勵馨是一個信仰的行動者

二十六年的勵馨，所有曾在此貢獻的同工，都在共創、形塑勵馨的面貌與品牌。身為主管職的人，更是定位、形塑勵馨面貌、品牌的重要決策者與執行者。勵馨目前的服務包括下列八項：

1. 庇護安置服務：全台設有二十個庇護所，讓遭受家暴、性侵，以

及特殊境遇的婦女、兒少、懷孕青少女及外勞得到安置，重建身心靈。

2. 心理諮商服務：北、中、南、東設「蒲公英諮商中心」，提供遭受性剝削或性侵害、受暴女性及目睹暴力兒童的電話諮詢、心理諮商、沙遊治療等服務。

3. 性侵害防治服務：提倡性別平等教育，展開性侵害防治宣導工作，對性侵害被害人進行心理諮商與後續的追蹤輔導。

4. 受暴婦女服務／受暴婦女階段性就業服務：提供受暴婦女及孩子社工處遇，協助受暴婦女準備就業，藉由經濟自主，達成脫離暴力，活出自我的目標。

5. 目睹暴力兒童服務：為遭受家庭暴力或目睹暴力的孩子，提供緊急安置、生活救助，以及托育、支持、治療團體等服務。

6. 青少年懷孕防治服務／收出養服務：承接「全國未成年懷孕諮詢專線服務」，提供青少年父母、青少女懷孕服務，進行預防宣導、電話／網路諮詢、社工處遇、安置待產、追蹤關懷，以及北、中、南收／出養服務。

7. 弱勢青少年就業服務／潛能發展服務：協助弱勢青少年就學或自立就業；主辦台灣 Formosa 女兒獎、女兒工作日、魔法少女電力營等少女充權活動。

8. 兒少婦女權益倡導：為了實踐理想，終止性暴力，創造性別公義的社會，致力於少年、婦女、家庭暴力與性侵害防治等議題的研究調查與倡導，並與防暴、公益自律及兒少監督等積極聯盟，進行倡議。

　　檢視當前台灣的政治現實與資源現況，要兼顧服務與倡議真的很不容易，這也導致台灣的社福組織或婦女團體，大多只能擇一而行，即便是最資深、最有資源的大型非政府組織，也都缺少其中一種角色。

　　為何勵馨要選擇服務與倡議同行？勵馨從歷史經驗中明瞭，單單從事案主的福利服務，效果非常有限，就像補社會的破網，永遠補不完，也不能解決根本問題。誠如國際明愛秘書長麥克拉倫（Duncan MacLaren）在

訪問香港時表示，服務與倡議社會正義相輔相成，缺一不可。他進一步說：「倡議對明愛來說非常重要，明愛不能夠只是服務提供者，亦要倡議社會改變，細察問題的根本，然後尋求解決的辦法，這可是艱鉅而漫長的歷程。」

不管是立法、修法、教育或經濟等策略，勵馨的倡議絕非知識分子的理論或頭腦想像，而是從服務案主的實務經驗中，深入了解問題的根本且訂出策略，進而勇敢地落實執行。回顧反雛妓運動，從公眾教育、動員到華西街慢跑；從撰寫《兒少性交易防制條例》草案，到遊說立法院通過與監督法案，都是勵馨很重要的歷史傳承。

另外，勵馨為何要宣告共創性別公義社會？或說勵馨是一個性別充權的地方？勵馨在服務中深深體會，性別不公導致台灣許多弱勢少女與婦女，落入暴力與性侵的迫害，我們必須從最根本的性別不公義著手，從最基礎的服務方案開始，以性別充權為主軸，期許性別弱勢的案主，在性別充權後走出陰霾，能夠互相串連、集體發聲。勵馨的宣告是嚴肅的，因為這樣的宣告，我們訂出實踐策略，調整願景、服務、人資、財務、客服與學習構面，讓勵馨在上帝與眾人面前再次承諾。

勵馨創辦後，從救援雛妓展開對遭受性剝削少女的服務，爾後展開了一系列對兒少及婦女的直接服務。最初只提供這些女性直接的服務，如救援、安置、法律等，期使她們回到生活常軌。可是勵馨漸漸發現，共犯結構在河的上游製造問題，勵馨在河的下游提供服務，撿一個、算一個，但還是有許多孩子被沖走了，它不能真正解決層出不窮的社會問題。因此，唯有從上游的性別議題或立法推動著手，才有可能從根本改變。

所以，勵馨從 1992 年起，開始從立法、議題倡議、社會教育與社會運動著手，希望逐漸改善社會體質。勵馨期許自己不僅僅是社會福利機構，更是為性別平權社會而努力的社會運動團體。勵馨歷年來的倡議工作，有以下幾項重點：

少女： 推動反雛妓運動、台灣女孩日；發表少女人權宣言、少女權益紅皮書及青少年政策白皮書；每年舉辦 Formosa 女兒獎、魔法少女電力營、少女工作日等女兒節系列行動；促使《兒童及少年性交易防制條例》立法、「台灣女孩日」制定成

功；倡議正向看待「青少年父母」；成立「兒童及少年性交
易防制條例監督聯盟」並推動立法；推動性產業縮減聯盟；
出版《台灣 NGO 立法行動》一書。

婦女：協助成立台灣防暴聯盟，並協助推動《家庭暴力防治法》、
《性騷擾防治法》、《性侵害防治法》、《人口販運防制
法》等重要法案；推動國際名劇《陰道獨白》演出、協助遭
受性／性別暴力的婦女朋友，成立「光腳愛麗絲劇團」、
「葛洛斯少女劇團」等；推動國際 V-Day、十億人站起來
（OBR）等國際行動；倡議修改「遺棄罪章」，從原本的絕
對撫養責任，到相對撫養責任；倡議婦女、少女經濟自主就
業方案、受暴婦幼最後一里路生活重建方案。出版書籍《台
灣外籍配偶與大陸配偶社會福利資源手冊》及《婦女保護服
務、實務經驗彙編》。

性侵害：提倡自我保護、身體自主權及性別平等的教育宣導；倡議
「重要他人」、「社區安全據點」、「蒲公英飛揚計畫」，
創造友善社會；積極從事並獎助有關兒少性侵害、性剝削相
關的研究、調查及出版工作，參與兒少性交易、性侵害法令
推動。出版《我是自己的好主人教材》、《記得月亮活下
來》、《復原路上我和你，重要他人陪伴手冊》。

充權：舉辦 Formosa 女兒獎、亞洲女孩人權獎、女兒工作日、魔法
少女電力營、充權婦幼看重自我價值、性別議題團體與專題
演講、V 系列等相關行動。

（四）男性參與

勵馨基金會認為，要減少性別暴力的發生有幾項要件，其中之一是男
性的覺醒。唯有男性的性別意識覺醒，以及從受暴女性的求助、社會資源
的協助等三方著手，性別暴力才有可能減少。根據內政部家庭暴力案件統
計資料顯示，2005 年到 2009 年的通報案件數，由四萬增加到六萬，而且
加害者有 82%為男性。因此勵馨基金會長久在思考這個問題，如何翻轉
以男性為主的性別暴力？勵馨相信，社會上的多數男性，是尊重與疼惜女

性的，因此我們要借重這群男性的力量，讓他們有機會站出來，透過示範發揮男性影響男性的力量，才能終止性別暴力。

　　事實上，勵馨自 2003 年即看到男性參與反暴力的重要，首先推動「台灣溫柔革命」，邀請指標性的男性代言，但這無法落實到整個社會的深層結構。勵馨苦於沒有國內經驗，於是在 2010 年以大專院校與高中男生為對象，展開類似「敘事治療」的焦點團體方式，整理男性氣概的生命經驗，期許從「被害者」的位置出發，最後協助男性自我增能，願意一起站出來參與反暴力。

　　這就是勵馨推動的「大專男性性別／情感教育宣導模式建置方案」，勵馨基金會透過兩個梯次，十四場各三小時的焦點團體，與大專院校的男性一同建構大專男性參與性別／情感教育宣導的模式與研究。事實上，要讓男性說出自己的生命故事很不容易。一名大專男性說：「想到那時候我們幾個大男生要在每個禮拜五聚在一起，分享自己的生命經驗以及一些較隱密的情感經驗，起初我覺得那是一件相當有難度的事情，因為自己內心深層有許多故事和感受很難用言語文字表達，所以更不要說要和大家說出來分享……。」

　　從大專男性的分享當中可以發現，男性的性別意識養成，確實能透過類似「敘事治療」的方式來建構，也就是讓他們建構自己的性別觀點，確實能夠增能男性，增強其主體性，從中也培植不少男性反暴力宣講志工。除了「充權男性」外，勵馨基金會也期待，透過體驗女性的處境，讓男性認知與體驗女性在性別壓迫的社會中確實存在困境，或許就能一同參與反暴力的行動。

　　勵馨在 2012 年，參照加拿大率先發起的穿高跟鞋活動「Walk a Mile in Her Shoes」，舉辦 V-Men 趣味障礙接力賽，透過號召男性體驗穿高跟鞋、穿大肚子四公斤沙袋、抱 baby，以及持鍋碗瓢盆負重等活動，認識女性生活中面對的問題，從女性的角度體會女性的處境，進而開啟對話。此外，每年的 11 月 25 日是「國際終止婦女受暴日」（International Day for the Eradication of Violence against Women），所以勵馨在每年 11 月，都會發起台灣 V-Men 反暴力活動，邀請男士佩帶紫、白雙色絲帶，表示男人「反對男人以暴力加害女人」的決心，喚醒男性意識，一同關心身邊的

女性，讓台灣社會瀰漫友善的氛圍，進而宣誓反對傷害女性等性別暴力。

事實上，勵馨根據這兩年舉辦的經驗，發現男性不擅於表達情感，沒機會表達對身邊女性的感謝之意。從這項活動，男性有機會透過勵馨所推動的 V-Men 行動綱領：好話代替批評、擁抱代替拳頭、好男人不買春、幽默不開黃腔，以及為身邊女性做一件友善的事，細細思考自己可以為反暴力著力的地方。今年除了網路上傳行動方案外，更辦理 V-Men 反暴力路跑活動，期待透過路跑結合健康與反暴力的概念，向社會傳遞愛與公義的理念與關懷，讓大家站出來，一起為反暴力而跑。

（五）嘗試發展性別指標

勵馨從剛開始推動的 ISO 中，學習制定服務與方案的 KPI，若要從性別角度切入，困難度很高，但勵馨已經走了一小步。勵馨首先由少女安置中途之家與受暴婦女就業方案開始，以下分享少女中途之家的探索重點。2000 年勵馨開始在社工人員和案主群中，推動創新的充權（empower）概念；並將充權理念落實在勵馨經營的中途之家，從中創造一種無聲氛圍，讓處在高壓及高創傷反應中的工作者與少女，都能處在尊重、被充權、經驗權力使用、認知層擴展的友善環境中。充權工作是個工作過程，向無權無勢的服務對象，進行一連串的行動介入，減少其無權感（powerlessness），這是一種多面向的社會過程，幫助人們從自己身上，重新獲得權力。

根據這樣的理念，以少女安置服務為主的機構及成員，必須致力於創造一個環境，讓出身無權弱勢環境的少女，能夠發現並發展個人能力，同時認知到個人應有的權力，進而學習解決個人的困難。因此，勵馨轄下的少女中途之家，在定位安置服務方向及價值時，跳脫了傳統社會工作中談及的助人者角色，改以發展個人能力，與少女一同工作、一同計畫，實踐充權信念。工作者不是教導者，更不是權威的管理者，而是與少女一起計畫、思考的工作人員；機構工作者也不是以舊方法來進行處遇，也就是傳統專業訓練下，個案工作的慣用法——問題導向，反倒是由工作者開始，學習將個案工作的視野放大，留意環境中是否存在社會控制的原因，包括社會性、結構性、機構內等等，充分了解有可能對少女產生消權影響的層面。對於充權在實務運作的手法上，有幾個探索重點：

1. 個別化處遇計畫的自主性

　　關於少女個人的個別化處遇計畫，必須由少女、社工員和生活輔導員等，共同動腦思考今年的計畫內容。在「路得學舍」中，少女透過一連串處理事務、解決問題與意見表達的過程，提升自我掌握的能力（Self-efficiency）；這也更符合充權理念，即個案工作的焦點在於重視過程。

2. 權力分享與平等關係

　　真正的充權，重點不在於獲取權力，而是分享權力；不是上對下的心態，而是要以半蹲的姿勢和高度，與青少年同高，來看她們眼中的世界；學會傾聽、給予情感的撫慰，而非教導做法。我們相信，青少年有能力處理自己的問題，必須透過平等生活，共同尋索出路，因此機構工作者應重視建立平等關係，這也是落實充權的重要部分。

3. 流動訊息與認知擴張等活動，提升批判和決策能力

　　少女們處在資訊與知識快速流動的時代，但弱勢家庭中長大的少女，有些卻伴隨學習障礙、人際障礙或害怕學習等狀況，因此在機構安置教養的生活中，除了透過帶少女外出體驗文化、藝術，搭乘交通工具，使用醫療體系等活動外，也經由影片、網路、電子產品、報章雜誌等媒材，加上小團體活動，豐富少女的視野；在家居生活中，透過簡易的物品維修，以及採購生活用品的機會，幫助少女擴展認知。生活中資訊的充分開放，能協助少女掌握關注事務的知識和資訊，有助於提高批判和決策能力。

4. 個別化發展、發揮優勢能力

　　透過機構累積的經驗而發展的少女個人能力評估表，以及生活中的個人表現與顯著能力，使少女得以發揮長處，找到舞台。再透過辦理中介多元教育，擴展少女的學習面向，激發個人潛力或找到個人能力。例如，一

名將年滿十八歲的輕障少女，學習力不佳，課業及技能訓練的表現也不好，但在中介多元教育安排的編織課中，這位少女卻能記起並學會複雜的藤編手提包編法，迅速完成作品，還能教導同儕編織。這個案例讓我們看到機會。充權的概念有一點很重要，就是重視發揮個人的強項（Strengths），盡力發展內在潛能（Potential）及個人資質，這能幫助青少女掌握自身的問題。

5. 帶我去旅行，孩子自己完成

勵馨也開放機會，讓少女們共同努力完成一件事、一個方案或一項任務。例如一年一度的全體外出旅遊，就交由少女策畫，從旅遊地點的選定，到訂房、交通安排、工作分配、分組等，都讓孩子們討論決定，工作者的角色則變成讓少女們帶出去遊玩的小朋友，完全信賴她們的安排與照顧。此外，勵馨也有彩繪志工的活動，透過藝術治療，讓她們彩繪自己的內心世界，甚至創造作品，當成她們的經濟來源。充權的落實需要從提升個人能力，進階到提升群體意識，幫助少女們重視集體力量。勵馨相信，透過集體力量共同打拚的經驗，能讓少女在原生家庭或未來處境中，覺察環境中的不平等程度，從而改變個人或集體意識。

▎五、結語

勵馨是個讓受傷婦女懂得愛自己、愛別人；原諒自己、原諒別人；重建生命的希望花園。勵馨走過二十六年，堅持服務與倡議同行，陪伴無數的受傷女性，從教育宣導、立法、個案服務，一直到國際串聯發聲，女性的需要漸漸被看見，社會也愈來愈重視性別議題，但我們仍在往性別公義的路途上邁進。

近幾年，勵馨宣誓「終止性暴力，共創性別公義的社會」，開啟終極階段任務，力推 V 系列反暴力運動，引進 V-Day 名劇《陰道獨白》；發起男性自覺 V-Men 運動；創設 V-shop 女人的店；加入全球「十億人站起

來反暴力」行動。看到男性朋友願意穿上高跟鞋參加障礙賽，體會女性受到的壓迫、開啟對話，一起反暴力，共創性別公義的社會，讓我們對達成終極目標更具信心。

另外，勵馨在服務中發現，政府一直停留在消極的補破網福利，輕忽受暴婦幼生活重建的需求，讓受暴婦幼落入受暴循環，造成更大的社會成本。為了讓受暴婦幼邁向生活重建的最後一里路，勵馨於二十五週年時，展開「受暴婦幼生活重建最後一里路」方案，提供住宅、就業與關係修復等服務。實踐這個夢想需要很大的毅力，但勵馨仍勇敢策畫，相信它是最節省社會成本、最有效益的計畫。勵馨從設置中途之家、反雛妓運動、保護少女、充權少女與婦女，到今日期許建構性別公義的社會，一路上我們堅持服務與倡議同行，依服務對象的需求進行服務創新，並且嘗試改變社會問題的結構因素，在過程中面對各式各樣的挑戰。

與勵馨同行二十一週年，又身為紐約勵馨起始籌辦人，我親身體驗上帝的神蹟，也親眼看到 NGO 的奇蹟。紐約勵馨與台灣勵馨在二十六年前創辦時非常相像，都是從一張桌子、一個專業工作者開始，而上帝則在這中間不斷開路。世上許多非營利組織或機構，都是有一些人，從一個夢想發起，然後一張桌子，一個工作人員，慢慢得到認同，再慢慢發展，這就是非營利組織的奇蹟。現在，紐約勵馨已經十歲，得到在地很大的認同，有一個借用的辦公室、一個受暴婦幼中途之家，工作人員也增加到四位，每年服務數百位受暴的婦幼朋友。

我充分體會上帝滿滿的恩典，也體會到一個願景的傳遞與實現，是集體力量的展現，我們大家都參與了這項歷史的創造，這真是一件美事。與其說勵馨在書寫歷史，毋寧說勵馨在台灣這塊土地上，是在學習實踐基督的精神。

｜參｜考｜文｜獻｜

財團法人勵馨社會福利事業基金會，2003，《薪火相傳勇敢向前——勵馨基金會十五年真情錄》，台北：財團法人勵馨社會福利事業基金會。

財團法人勵馨社會福利事業基金會，2007，《勵馨2007年度報告》。台北：財團法人勵馨社會福利事業基金會。

財團法人勵馨社會福利事業基金會，2008，《勵馨2007年度報告》。台北：財團法人勵馨社會福利事業基金會。

財團法人勵馨社會福利事業基金會，2009，《馨火二十，愛與希望──勵馨20週年紀念專書》，台北：財團法人勵馨社會福利事業基金會。

財團法人勵馨社會福利事業基金會，2009，《勵馨2007年度報告》。台北：財團法人勵馨社會福利事業基金會。

財團法人勵馨社會福利事業基金會，2010，《勵馨2007年度報告》。台北：財團法人勵馨社會福利事業基金會。

財團法人勵馨社會福利事業基金會，2011，《勵馨2007年度報告》。台北：財團法人勵馨社會福利事業基金會。

財團法人勵馨社會福利事業基金會，2012，《勵馨2007年度報告》。台北：財團法人勵馨社會福利事業基金會。

財團法人勵馨社會福利事業基金會，2012，《成長與蛻變：勵馨基金會十周年紀念集》，台北：財團法人勵馨社會福利事業基金會。

財團法人勵馨社會福利事業基金會，2013，《「從性別觀點看臺灣兒少婦幼處境研討會」手冊》。台北：財團法人勵馨社會福利事業基金會。

財團法人勵馨社會福利事業基金會，2013，《勵馨25週年紀念特刊》，台北：財團法人勵馨社會福利事業基金會。

▌〉附錄一　勵馨基金會大事記

1. 直接服務

1988 年	台灣首創少女中途之家「勵馨園」，展開安置庇護服務，迄今勵馨共有二十所家園。
1994 年	成立「蒲公英兒少治療中心」，開啟台灣社會福利組織性侵害諮商輔導服務。
1995 年起	發展全國少女及婦女服務網絡，全國共五十個據點提供各式保護服務與倡議。
1998 年	首度承接政府委託公辦民營「龍山婦女服務中心」開啟受暴婦女與社區服務。
1999 年	在台中縣及南投縣提供 921 地震災後重建服務，至 2004 年交予當地組織轉型服務。
2001 年起	發展充權少女與婦女服務方案，成立「橄欖石少女成長中心」、試辦「愛馨小舖」。
2003 年	起跨越中央山脈，成立「台東辦事處」，將服務觸角延伸至台灣東部。
2007 年起	開展青少女懷孕、收出養服務，承接兒童局「0800-25-7085」未成年懷孕諮詢專線。
2008 年	開辦受暴婦女就業服務，創受暴婦女服務之先，協助受暴婦女經濟獨立。
2008 年起	開辦目睹暴力兒服務方案，協助孩子走向健康人生。
2009 年起	拓展青少年、青少女就業服務。
2011 年起	承接新北市外勞庇護所，開啟人口販運直接服務。
2013 年起	深化服務，開辦受暴婦幼生活重建最後一里路方案。
2014 年起	開創社會企業，增建南投少女中途之家，增設彰化辦事處分事務所。

2. 議題倡導

1992 至 1995 年	發起「反雛妓社會運動」，推動《兒童及少年性交易

防制條例》立法打擊人口販運共犯結構，使遭到性剝削的兒少有專法保障與介入。

1997 至 1998 年	推動「遠離兒童性侵害——找到ㄊㄚ、醫治ㄊㄚ」系列活動，倡議被性侵害兒少創傷輔導的必要性。
1999 至 2000 年	倡導「重要他人」概念，主張建構性侵害倖存者友善的支持環境。
2001 至 2003 年	發表「少女人權宣言」，倡導「認真善待女兒、啟動少女力量」，打造台灣新女兒運動，並發起「台灣女兒節」。
2002 年	至今發起「台灣防暴聯盟」，進行暴力防治相關法令之立法與修法工作。
2005 年	舉辦「東南亞人口運輸防治策略國際研討會」，啟動台灣加入世界「反人口販運」網絡。
2005 年	至今發起成立公益自律聯盟，推動台灣 NGO 財務公開透明化。
2005 年	至今引進 V-Day 名劇《陰道獨白》，加入全球反暴力行動。
2006 年	至今發起台灣溫柔革命、V-Men 運動，促使男性朋友加入反暴力行列。
2008 年	發起聯合國 CEDAW 台灣民間報告團隊運作。
2010 年	倡議民法親屬篇修法，及刑法遺棄罪條文修正。
2011 年	整合 V 系列反暴力運動，開創 V-shop、發起 V-Women、V-Girl、V-Men。
2012 年	發起亞洲少女人權運動，動員十五個國家、八十一個組織、七萬名少女參與人權運動。
2013 年	至今引進『全球十億人站起來』反暴力行動，讓台灣在全球反暴力行動不缺席。

3. 創設組織

1999 年	發起並協助成立「愛慈教育基金會」，為愛滋病患提

	供安置庇護及倡議服務。
2002 年	發起並協助成立「台灣沙遊學會」，提供諮商專業研發與服務。
2003 年	發起並協助成立「台灣少年權益與福利促進聯盟」。開辦「美國紐約勵馨」。
2010 年	協助創設「柬埔寨勵馨」。
2012 年	在南非設立「南非勵馨」工作站。

4. 其他

2002 年	至 2007 年通過 ISO9001 認證，為全國第一個獲得 ISO 品質認證的社會福利組織。

▌〉附錄二　勵馨 LOGO 的演變

1988-1993

一條船，船上一個家，前頭插著一個十字架，象徵一個安全的家園，藉由十字架的引導，航向新的未來。

1993-1996

在反雛妓社會運動中提出「讓台灣不再有雛妓」，而將暗夜悲泣少女與 NO 結合，形成新的勵馨 LOGO。

1996-2002

由「少女」，「十字架」，「大圓圈」和一個「NO」所組成。紅色的 NO，是警告、禁制之意；表明反對販賣雛妓，反對利用未成年少女從事性交易色情行業。綠色的大圓圈，是保護、圓滿的象徵；隱含家的本質，並具有救生圈的意象；看不出臉孔的少女，她的身影在大圓圈中，背景是隱然可見的十字架。

2002-迄今

　採 G 字款的設計，意涵取自 Garden 的第一個字母，G 字末梢的箭頭隱含 empower 向上、向前邁進的精神，內緣女性臉型剪影表現機構服務對象的類型。右上角的十字光輝，表現機構為一基督精神立會之 NGO 組織。

▌〉附錄三　勵馨的榮耀

勵馨與社會同步成長茁壯，和台灣人民一起獲獎的榮譽

1992　第十五屆「吳三連社會服務獎」。

1993　社會運動和風獎頒發「傑出社會秩序建設獎」。

1994 起　每年屢獲政府各項服務方案，以及內政部每三年之少年福利機構、基金會評鑑優良獎。

1995　中國青年和平團評選為「全國績優社會志工團體」。

1996　教育部頒發「推廣社會教育有功團體獎」。

2000　八十九年度「國家公益獎」。

2002　第一個獲得 ISO 品質認證的社會福利組織／公關基金會傑出公關獎之「優異公共服務獎」。

2003　內政部「九十二年度全國推動家庭暴力性侵害防治工作有功團體」。

2004　國家資源聯盟（Resource Alliance）亞太地區 NGO 卓越獎。

2005　行政院國家永續發展獎之社團永續發展績優獎董事長蘇希宗獲第五屆國家公益獎國際 ASHOKA Changemakers Innovation Award 首獎執行長紀惠容榮獲世界兒童獎章「凱洛格兒童發展獎」首獎（Kellogg's Child Development Award）。

2008　法務部推展犯罪被害人保護工作有功團體。

2010　教育部推廣社會教育有功團體入圍獎；執行長紀惠容榮獲第五屆「台灣企業獎」最佳管理人獎；行政院衛生署頒發莫拉克風災救災有功團體獎。

2012　內政部 101 年推動防制人口販運工作有功團體。

▋〉附錄四　勵馨的連絡方式

勵馨基金會總會：23143 新北市新店區順安街 2-1 號 1 樓

電話：02-89118595

傳真：02-89115695

捐款專線：02-55732801

勵馨官網：http://www.goh.org.tw

勵馨臉書：https://www.facebook.com/gohtaiwan

台北市分事務所：10646 台北市大安區羅斯福路二段 75 號 8 樓

電話：02-23626995

傳真：02-23670221

新北市分事務所：24155 新北市三重區溪尾街 73 號 3 樓 301 室

電話：02-29869595

傳真：02-29860923

桃園分事務所：32085 桃園縣中壢市延平路 368 號 4 樓

電話：03-4226558

傳真：03-4226607

苗栗分事務所：36043 苗栗縣苗栗市中正路 113 號

電話：037-260035

傳真：037-260071

台中分事務所：40343 台中市西區三民路一段 174 號 11 樓

電話：04-22239595

傳真：04-22297109

南投分事務所：54064 南投縣南投市南崗二路 85 號 1 樓

電話：049-2244995

傳真：049-2241077

彰化分事務所：51045 彰化縣員林鎮光明南街 56 號 5 樓

電話：04-8367585

傳真：04-8367685

台南分事務所：71051 台南市永康區復興路 303 號

電話：06-3127595

傳真：06-3120195

高雄分事務所：80281 高雄市苓雅區凱旋一路 3 號 3 樓

電話：07-2237995

傳真：07-2238381

屏東分事務所：90055 屏東縣屏東市建豐路 22 號 2 樓

電話：08-7369099

傳真：08-7372120

台東分事務所：95050 台東縣台東市中興路一段 110 號

電話：089-225449

傳真：089-226001

花蓮分事務所：97062 花蓮縣花蓮市順興路 149 號

電話：03-8228895

傳真：03-8239395

CHAPTER **10**

非營利中介型組織：
海棠文教基金會的發展歷程

陸宛蘋

▋一、緣起

　　海棠文教基金會成立於 1993 年 10 月，董事長朱鳳芝女士從擔任桃園縣議員，到 1989 年當選第一屆增額立法委員，由地方到中央，深感國會議員關切的議題和層面，必須有更大的格局與視野。尤其 1987 年解嚴後，兩岸交流逐漸熱絡，朱鳳芝女士希望能為社會、國家盡一份心力，於是邀請具有不同專長的好友，共同討論如何成立「基金會」來實踐這個理想。

　　第一屆董事聘請了二十一人，以促進教育、文化、科技、經濟的發展為宗旨，向教育部申請成立「海棠文教基金會」，於 1993 年 10 月 28 日獲教育部許可，向台北地方法院辦理法人登記，當年 11 月 9 日取得台北地方法院法人登記證書，並於 12 月 17 日在台北喜來登飯店舉辦成立大會，「財團法人海棠文教基金會」於焉誕生。

　　海棠成立的初衷，是推動兩岸婦女交流，並在成立後懇請東吳大學沈筱玲教授以志工身分擔任執行長。海棠在 1993 年 10 月，邀集一些台灣的婦女菁英，前往北京參加「第一屆兩岸婦女會議」，會後董事們討論基金會的短期目標，可以放眼「1995 年聯合國世界婦女大會」，屆時兩岸婦女可在北京共同發聲。之後因執政當局的兩岸政策不穩定，才調整策略專注於國內的公益事項發展；直到於 2000 年及 2006 年，才再度組團參加第二、三屆海峽兩岸婦女事業發展交流會議。

　　從 1993 年成立至 1998 年，海棠均依章程以教育、文化、社會、經濟與科技為範圍，期間自行主辦活動，或是與相關單位共同合辦各種活動，幾年下來發現活動辦得不少，但看不出海棠的獨特性。而後沈筱玲教授擔任東吳大學企管系系主任，校務較忙，辭去執行長一職，於是在 1998 年邀請原來擔任志工的陸宛蘋擔任專職的執行長，在這段期間與董事們討論海棠的未來，決定以「非營利組織能力建設，從事非營利組織人才培育、組織發展、創新計畫、兩岸交流及災害服務等工作」為定位，海棠至此開始有了自己的特色。

▌二、定位為中介型組織

海棠成為「非營利組織能力建設的中介型組織」，主要是因為台灣自 1987 年解嚴以來，非營利組織有如雨後春筍般崛起。對組織而言，就有限的資源如何達成組織的使命，以及如何使組織本身能順利運作、發揮影響力，所需的管理知能實為不可或缺的關鍵。

執行長陸宛蘋在 1992 年到 1995 年，曾任職於「中華社會福利聯合勸募協會」，一個統一募捐後，將資源分配給需要的社會福利組織，並監督資源有效性的組織。她發現，非營利組織只靠是「錢」和「愛心」是不夠的，「人」才是關鍵，尤其是管理的人。過去非營利組織訴求的是「感動、善行」，具有「崇高的價值取向」，但是組織透過志願精神，取得來自社會各角落的捐款和志工等資源，對服務受益者、資源提供者與各類支持者等多元利害關係人（Stakeholder），也需要「專業、有效」地負責。因此，組織的管理人才培訓與能力建設，成為非營利組織能否忠於承諾、實踐理想的關鍵。

然而，當時台灣尚未發展出這樣的中介型組織，海棠因此研擬並訂定策略，發展屬於本土非營利組織的管理知能和技術，以培育非營利組織的管理人才，輔導組織穩健發展，提升非營利組織的競爭力，協助非營利組織在資源有限的狀況下實踐遠大的理想。

「組織能力」的概念，最早由實驗胚胎學者韋斯（P. A. Weiss）提出，他認為組織能力，就是直接起造形作用的能力。在管理學中，組織能力的概念，與組織、組織績效、組織的內外部環境相關。廣義的組織能力以系統理論來看則出現在環境、輸入、轉化、輸出和回饋的各個環節；狹義的組織能力僅指組織將投入轉換為產出的能力。

非營利組織能力即組織利用資源，形成和制定組織使命、願景、策略和目標，並有效實施，為社會提供非營利性質（包括公益性和互益性）產品和服務，形成組織與環境的良性互動，獲得競爭優勢，確保組織可持續發展過程中展現出來的潛能和素質。

非營利組織能力建設，最初由國際 NGO 培訓和研究中心發起。該組織於 1991 年建立官方網頁，並印製出版物如《Capacity Building》等，推

動非營利組織能力開發的研究、實踐和傳播。聯合國經濟與社會理事會下設的非政府組織委員會、世界銀行等機構，都是推動非營利組織能力開發的重要機構。

聯合國開發計畫署（United Nations Develop Programme, UNDP）在1997年《能力發展：技術顧問報告 II》一書中，進一步闡述能力建設，提出能力發展的概念，認為能力發展是一個過程，透過這個過程「個人、群體、組織、制度和社會，能增強其發揮重要的作用，包括：解決問題、建立和達到目標的能力、以及用整體的觀點和可持續的方法應對發展需求的能力」。它認為能力建設是「建立適合國情的政策和法律架構的環境、機構的發展，包括社區的參與者（特別是婦女的參與）和人力資源發展和管理系統的完善。」

總之，學者們普遍認同能力建設是一種程序，透過它可以培養一些專門技能、建立管理體系、開發資源和建立學習網絡，促進組織使命的實現和組織的可持續發展。而非營利組織的能力建設，是指根據組織的宗旨、目標及所處的環境，在不間斷的學習和經驗積累中，對個人、群體和組織，不斷提高個人、群體和整個機構所需要的綜合能力，以解決問題、實現目標、滿足發展需求，以及機構的可持續發展。

介於外部的政府與商業組織之間的組織，稱為中介組織（Intermediary Organization），如工會組織或消費者組織等。此外，非營利組織業內的聯盟組織，以及鑑於非營利組織數目日益增加，組織領導能力與專業程度良莠不齊，而要協助這些中小型非營利組織解決上述問題，提高競爭力的組織，也是中介組織。當前社會容易出現資訊不對稱的情況，透過中介組織的運作，可以有效整合各種資訊，解決中小型非營利組織面臨的資訊失衡問題。非營利中介組織或稱支援性組織（Support Organization），是近三十年來受到重視的非營利組織型態，它存在的重要性，由以下三點可以看出來：(1)在過去二十年來，這種組織形式容易整合社會資源，能以更有效的方式提供社會服務，逐漸被視為社會福利服務輸送體系中，最重要的組織型態。(2) 這種組織形式代表政府部門不再扮演集權化的角色，而願意將部分權力授權給這類組織，以從事組織間的協調與聯繫。(3)這些組織的發展，對於改變非營利部門的特性，扮演非

常關鍵的角色。基於此，非營利中介組織的發展，已經不單純是非營利部門本身的問題，而是跨政府部門與營利部門間，資源整合、資訊聯繫與使命協調的重要關鍵[1]。

非營利中介組織通常具有資訊散播、政策倡議、技術支援及部門橋梁（sector-bridging）等功能[2]，海棠因此在 1999 年將本身定位成「非營利組織能力建設之中介組織」。在這樣的定位引導下，規畫了五大主要工作項目：「非營利組織人才培育」、「組織發展」、「創新方案」、「兩岸交流」及「災害服務」[3]。開始針對非營利組織提供人才培訓，尤其管理培訓、組織輔導等工作，得到政府單位包括青輔會、教育部、衛生署、農委會，以及勞委會職訓局的委託或補助，推展這幾項業務。執行概況分述如下：

（一）非營利組織人才培育

從 2000 年開始，海棠為建構系統化與專業化的「人才培訓」，特別接受職訓局「訓練品質計分卡 TTQS」的輔導，訂定 TTQS 系統，提升訓練專業和品質，確保人才培訓的成效，並在 2010 年與 2012 年，獲得職訓局的「訓練品質計分卡 TTQS 銅牌」肯定。海棠依據 TTQS 系統，制定訓練政策、訓練目標及服務方式和願景，分別說明如下：

1. 訓練政策和訓練目標

海棠為促進非營利組織人才培訓的專業發展，於 2008 年訂定訓練政策，並於 2010 年修訂一次，以落實訓練政策對環境變遷的因應。

為確保影響訓練服務品質的每項工作需求被鑑別，使本會的訓練活動具有明確方向，特別制定了訓練原則和訓練政策，以作為整體訓練在規劃、執行與控制的輸入要素。

1　McQuarrie, Guthrie,&Hess, 2005；丘昌泰，2007。
2　Liou and Stroh, 1998：Brown and Kalegaonkar,2002.
3　1999 年的 921 大地震、2008 年的 512 汶川大地震、2009 年的 88 風災，海棠均以社會工作的專業積極地參與災害服務工作。

海棠致力於成為非營利組織人才培訓及發展，有品質的服務提供者，秉承海棠的使命與宗旨，努力成為非營利組織管理人員的最佳補給站。我們相信每位非營利組織的管理者都有使命感與潛力，希望透過訓練，成為組織最重要的人力資產，以及組織的核心競爭力，進而促成非營利組織成長與員工成長的雙贏，達成組織的公益使命。

我們承諾所有參加培訓的管理者，都能獲得有系統與專業的訓練、培育和指導，基金會提供適當的資源，讓每位參加培訓的伙伴，都能獲得相關的知識與技能，以作為組織競爭力提升的憑藉。ISO 10015 及 IIP 則是我們的標竿，是連結組織策略與品質訓練培育發展的專業指引。

為使海棠的訓練能滿足非營利組織的需求，制定了訓練目標如下，並依此每年訂定具體的訓練目標：

a. 培育非營利組織策略管理人才。
b. 培育非營利組織高階管理人才。
c. 培育非營利組織在方案管理、行銷管理、募款管理、人力資源管理、志工管理，以及財務管理等方面的人才。
d. 提升非營利組織管理者在規劃組織、領導及控制之能力。

為達成訓練管理系統的適切性，以及維持訓練品質系統的有效性，提升整體訓練品質的績效，特定訂上述訓練政策和目標，訓練管理代表和訓練實施者，只要在相關的工作上確實遵守，就能確保訓練政策和訓練目標的實施。

2. 服務方式與願景

海棠每年會找理論與實務兼備、營利組織與非營利組織管理知能兼具的優秀師資，辦理一系列訓練課程及研討，頗獲好評，目前有超過一萬四千人次的非營利組織管理者及相關從業人員，參與本會舉辦的培訓課程。人才培訓的願景成為「非營利組織管理者的加油站」。

3. 台灣非營利組織發展的關鍵在「人」，尤其是「決策與管理的人」。

　　非營利組織在台灣正逢轉型期，從單純的慈善施予，演進到市場競爭階段，組織發展至今，必須面對自謀生路的問題，因此必須更重視自身的管理健全，加強工作人員及管理者的專業化，全力謀求本身事業的永續經營。台灣非營利組織部門的發展，必須先從「人」著手，專業經理人的培養勢在必行；雖然現狀發展非常多元，但是求變的心意已開始沸騰，對管理知能開始渴望。之前曾有組織直接套用商業管理，卻發生不適用的狀況；海棠適時提供非營利組織管理課程，培育管理人才，滿足了非營利組織面對資源有限、理想無限，透過管理才能有效營運的需求。

4. 非營利組織人才培訓的執行分析

　　海棠執行「非營利組織人才培訓」至今，已成為台灣非營利組織人才培訓與組織發展的重要組織之一。根據統計，從 2000 年到 2013 年，人才培訓的公開班、組織內訓及區域培訓，涵蓋台灣及中國大陸，合計共開三百三十四班，受訓人數超過一萬四千人。每年平均辦理近二十四個培訓班，有一千多人參訓。十四年來辦理的培訓班，公開班有兩百零三班（占61%），委辦班有八十八班（占 26%），組織內訓班有四十三班（占13%）。參訓人數共計一萬四千四百八十一人次，其中參加公開班的人次占最多，約八千三百零六人次，占總參訓人次的 57.3%，從開班數與參訓人次來看，平均每班人數約四十人，較接近小班制的培訓。

表 10.1　2000-2013 年開班狀況

年度	總開班數	總參訓人數	公開班班數	公開班人數	委辦班班數	委辦班人數	內訓班班數	內訓班人數
2000	30	1126	21	963	8	153	1	10
2001	11	1037	8	697	3	340	0	0
2002	11	486	10	426	1	60	0	0
2003	20	644	15	451	5	193	0	0
2004	27	1273	25	1100	1	45	1	128
2005	14	610	10	481	4	129	0	0
2006	22	969	12	475	9	451	1	43
2007	28	1589	12	464	15	1101	1	24
2008	37	1387	32	1099	2	180	3	108
2009	56	2453	17	788	32	1272	7	393
2010	15	430	10	242	1	60	4	128
2011	22	696	9	331	0	0	13	365
2012	16	547	10	333	1	27	5	187
2013	25	1234	12	456	6	528	7	250
合計	334	14,481	203	8,306	88	4,539	43	1,636
平均	24	1,032	15	593	6.3	324	3.1	117

　　Wish 與 Mirabella 深入調查分析，歸納出美國大學院校開設的非營利組織管理學位課程，主要可分為「1.慈善與第三部門」「2.倡議、公共政策與社區建構」「3.募款、行銷與公共關係」「4.非營利組織管理技巧」「5.財務管理、財源與會計」「6.人力資源管理」「7.界域擴展」等七大類。[4]

4　Wish 與 Mirabella（1998, 1999）

　　依據上述七大類來分析，海棠的非營利組織人才培育課程，實施狀況如表 10.2。以單項來看，「4.非營利組織之管理技巧」占最多，有 34%。「3.行銷」、「5.財務」及「6.人力資源管理」等組織事業機能課程，合計開了一百七十四班，占總開課數的 52.1%；管理相關的 3.4.5.6.之課程參訓人次，合計為一萬兩千三百八十二人次，占總參訓人次的 85.5%。由此顯示，海棠的培訓課程滿足了管理矩陣[5]上的事業機能（生產、行銷、財務、人力資源）與管理機能（管理技巧）。

表 10.2　非營利組織人才培訓課程以七大課程分類統計

七項課程	年度類別統計	比例(%)	年度人數統計	比例(%)
4 非營利組織之管理技巧	113	34%	4,764	33%
6 人力資源管理	73	22%	2,830	20%
3 募款、行銷、與公共關係	54	16%	2,319	16%
5 財務管理、財源與會計	47	14%	2,469	17%
7 界域擴展	15	4%	802	6%
2 倡議、公共政策、與社區建構	1	0%	133	1%
1 慈善與第三部門	0	0%	0	0%
8 其他	31	9%	1,164	8%
合計	334	100%	14,481	100%

5　管理矩陣是將管理功能與事業功能，視為具有交叉關係的正方形相對關係。這種管理概念，有助釐清管理功能與業務功能的連帶關係。事業功能包括生產、行銷、財務、人力資源與研發等五大功能；管理功能則包括規劃、組織、領導與控制等功能。

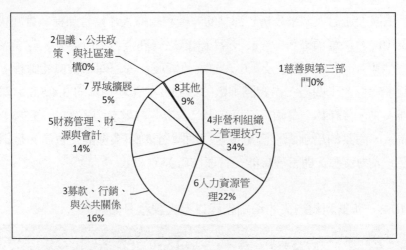

2倡議、公共政策、與社區建構0%

1慈善與第三部門0%

7 界域擴展 5%

8其他 9%

5財務管理、財源與會計 14%

4非營利組織之管理技巧 34%

3募款、行銷、與公共關係 16%

6人力資源管理22%

圖 10.1　非營利組織人才培訓課程以七大課程分類狀況

整體而言，海棠辦理非營利組織人才培訓，著重在非營利組織功能的管理訓練，例如行銷管理、募款管理、方案管理、財務管理等，幾乎是年年開班、年年爆滿，顯現非營利組織對於如何透過行銷，實踐組織的理念與使命，以及如何透過募款或方案取得更多外部資源的支持較為需求與重視。

管理學大師彼得‧杜拉克（Peter Drucker）曾說，身為非營利組織的主管，職責就是要將使命宣言轉換成更精確的目標（Peter Drucker, 1990）。在非營利組織治理的議題中，CEO（chief executive officer）是負責承上（董事會）啟下（員工）的角色，也是組織的領航員，職責是帶領組織邁向正確的道路，創造組織績效，達成組織的使命。海棠憑藉多年非營利組織管理課程的辦訓經驗與課程研發，整合出非營利組織高階管理者所需的關鍵管理職能，使培訓高階管理者成為下一階段人才培訓發展的重點。

（二）非營利組織發展

台灣的非營利組織蓬勃發展，從各種研究及實務中可以發現，非營利組織面臨環境變遷、社會結構轉變與災難頻傳，所要面對及處理的問題愈益複雜。由於非營利組織必須汲取來自外在環境的各項資源，方能持續生

存發展，因此如何使組織本身順利運作讓組織可持續發展，勢必需要主管單位的協助及專業組織的輔導。

　　非營利組織要能順利營運與發展，必須滿足主管單位的基本要求，會務部分包括董、理、監事會的會議與改選聘；重大事項的變更登記；基本公文書及年度應函報的資料；人力資源的制度與管理；滿足主管機關監督的法規要求等。財物部分包括財物資產的管理與運用；財務報表的正確與產出；符合主管機關的法規以及稅法的要求等。業務部分則包括目的事業的規劃與執行；資源運用與目的事業的關係；方案的成效等。非營利組織發展到競爭階段，更需積極對外交代公益服務的有效性，取得社會信任，才有機會得到社會資源持續支持。因此，輔導非營利組織發展，成為海棠第二大業務。

　　海棠在「組織發展」的工作，多數透過政府的委託，包括衛生福利部、農委會、教育部等，協助財團法人從法制、財務、會務及業務面健全發展，並以策略聯盟方式促進組織間的連結，發揮影響力。近年來更接受個別組織的邀請，進入組織協助進行自我評估、策略規劃、人力資源制度等工作，輔導家數近一千家。

　　非營利組織輔導與發展的服務，分為協助政府主管單位輔導財團法人，以及個別組織的輔導兩大類。政府委託的部分，多以投標方式獲得政府委託輔導財團法人的計畫，包括教育部、農業委員會、衛生福利部等政府部門對象為其所補助或主管的財團法人。輔導的策略大多是先協助主管機關建置「設立許可及監督要點」、「衛生財團法人會計制度一致性規定」、「財務處理要點」、「政府捐助財團法人行政監督要點」等管理的法制機制；在組織的財務、會務及業務方面，也進行評核和輔導，為組織的運作提供培訓、諮詢、訪視輔導與建議，協助組織規劃和建立內部管理制度，並且協助開發資訊工具，以協助主管機關能更有效率地管理與輔導非營利組織。茲以協助政府輔導財團法人的衛生福利部、農委會、教育部及青輔會分述如下：

1. 政府委託非營利組織輔導與發展

(1)衛生財團法人輔導計畫

　　為使衛生財團法人組織健全發展，彰顯公益特質，衛生署從 2006 到 2013 年，委託海棠文教基金會辦理「衛生財團法人輔導計畫」。透過辦理經營管理的相關課程；輔導衛生財團法人及財報審查，協助衛生財團法人在會務、業務及財務的基本運作上能符合規定，積極促進各衛生財團法人，在捐助章程的宗旨及目的事業引導下，發揮對社會公益的影響力。

　　從 2006 年至 2013 年執行的工作有：(1)協助溝通與訂定行政監督規則。共計修正通過並公告「衛生財團法人設立許可及監督管理要點」、「衛生財團法人會計制度一致性規定」，以及編制「衛生財團法人工作事務手冊」，分送基金會參考使用。(2)辦理公開研習課程。從 2006 年開始，每年辦理會務運作、財報編製及管理等相關課程，截至 2013 年共辦理三十一班次、一千八百七十三人次參與。(3)個別諮詢與輔導。包括每年進行財務報告的審閱；2007 年、2010 年與 2013 年三次評核，有重大缺失者，進行實地訪視提供輔導；六年來已實地訪視輔導兩百零三家次衛生財團法人，並逐年改善。執行項目與年度詳如表 10.3。

表 10.3　衛生財團法人輔導計畫 2006-2013 執行內容表

年度 工作項目	2006	2007	2008	2009	2010	2011	2012	2013
1.協助行政監督規則之訂定與溝通								
1.1 協助衛生署將「行政院衛生署監督衛生財團法人準則」修訂為「衛生財團法人設立許可及監督管理要點」	✓	* 7/10 公告實施						
1.2 協助衛生署修訂「衛生財團法人會計制度一致性規定」			✓	✓	✓	* 1/17 公告實施		

年度 工作項目	2006	2007	2008	2009	2010	2011	2012	2013
1.3 協助衛生署編製活頁式「衛生財團法人工作事務手冊」分送基金會參考使用	✓							
2.公開班研習課程								
2.1 財務報表編制研習及財務管理	✓	✓	✓	✓		✓	✓	✓
2.2 會務運作研習			✓	✓		✓	✓	✓
2.3 使命、領導與策略管理研習				✓				
2.4 非營利組織管理與管理者研習				✓				
2.5 成效導向邏輯模式方案管理研習				✓				
2.6 董事會治理								✓
2.7 非營利組織績效評估								✓
3.個別性諮詢與輔導								
3.1 財務報表審閱		✓	✓	✓	✓	✓	✓	✓
3.2 衛生財團法人評核		✓			✓			✓
3.3 實地訪視輔導		✓	✓	✓	✓	✓	✓	✓
3.4 公設衛生財團法人實地訪視				✓				
3.5 公設衛生財團法人績效評估座談會						✓	✓	✓
3.6 個別化的諮詢服務		✓	✓	✓	✓	✓	✓	✓

　　自 2005 年輔導至今，已能將一百七十一家衛生財團法人，針對個別組織的狀況，給予必要的輔導。以資料的繳交率來看，財務報告的繳交率從 2007 年的 76.4%，成長至 2013 年的 90.1%，三次評核的繳交率也從 2007 年的 80.75%，提升到 2013 年的 84.30%；而未繳交的法人，則全數

進行實地訪評，已都能具體了解各家法人的個別狀況，並提供針對性的輔導。從三次評核的得分（表 10.4），可看出輔導後衛生財團法人的成長，尤其是 2013 年的財務分數，在配分 30 分裡平均得到 25.8 分，得分比例已達 86%；會務部分也有 78%的得分率；分數較低的是業務和創新兩項，則是未來要輔導加強的部分。

表 10.4　2007、2010 及 2013 年度評核項目與平均得分一覽表

年度/評核年度	分數	會務	財務	業務	創新	總計
2007 年度 (評 2006 年一年)	配分	30	40	30	-	100
	平均得分	22.6	30	21.1	-	73.7
	得分百分比	75%	75%	70%	-	74%
2010 年度 (評 2007.2008.2009 三年)	配分	30	30	40	10	110
	平均得分	18	18.9	22.8	2	61.7
	得分百分比	60%	63%	57%	20%	56%
102 年度 (評 2010.2011.2012 三年)	配分	30	30	40	10	110
	平均得分	23.4	25.8	28.8	1.7	79.7
	得分百分比	78%	86%	72%	17%	72%

從三次評核的等第，也能明顯看出法人的成長（表 10.5）。在 2013 年，特優與優等的分數提升了 5 分，仍有 26%的法人獲得特優；優等的家數雖降低，合格的家數卻增加，這表示過去優等的法人，如果沒有繼續積極推動業務，就會落入合格的等第。「待改進」的法人降至 12%，大多進步至「合格」，符合主管機關要求的基本監督規範。

表 10.5　2007、2010 及 2013 年度評核等第與家數一覽表

2007 年			2010 年			2013 年		
評核結果	家數	百分比	評核結果	家數	百分比	評核結果	家數	百分比
優等	28	22%	特優	31	22%	特優*	40	26%
良好	43	34%	優等	34	25%	優等**	29	19%
合格	45	35%	合格	44	32%	合格	66	43%
待改善	12	9%	待改進	29	21%	待改進	19	12%
合計	128	100%	合計	138	100%	合計	154	100%

*　2013 年特優的總分提高為 90 分以上，較 96.99 的 80 分提高 10 分
** 2013 年優等的分數為 85-89 分，較 96.99 的 80 分提高 10 分

(2)農業財團法人輔導計畫

　　在農業財團法人方面，2001 年、2002 年、2005 年、2006 年、2007 年、2012 年與 2013 年，共計七年，展開「健全農業財團法人組織實施計畫」，包括農業財團法人組織評估計畫、強化財務管理計畫，以及農業財團法人監督管理機制研討與教育訓練計畫等。到了 2013 年，已協助完成公告「農業財團法人設立許可及監督要點」，以及修訂後的「農業財團法人財務處理作業規範」，製作書面及網路版「農業財團法人組織作業手冊」，分送四十家農業財團法人，辦理近二十場會務、財務、行政監督報告等訓練課程，對象包括政府捐助的財團法人、一般財團法人及業務主管承辦人。一次的評核及實地訪視輔導超過一百家次，至 2013 年已逐步邁向分類輔導，並可以較針對性的提供輔導服務。

(3)教育部的教育事務財團法人組織發展

　　2003 年的建立財務會計制度的法制，2002 年至今持續參與推動策略聯盟的終身學習列車、扶植團及學習圈、年會等，本會擔任過列車長、秘書處、協力平台等工作、年會總召，以及 2011、2012、2013 年的協助資

訊化的資料線上檢核作業計畫。

　　教育部在 2003 年，為回應行政院主計處「加強督促非營利法人組織修（訂）會計制度」會議決議事項，落實「教育部審查教育事務財團法人設立許可及監督要點」有關監督管理的機制，以建立教育事務財團法人財務處理的一致規範，因此委託海棠文教基金會辦理「教育事務財團法人建立財務會計制度」計畫，協助人力資源較精簡的基金會，能有更便利、更有效的會計處理方式，並結合相關組織，開發教育事務基金會的會計軟體，提升基金會的會計處理能力。並經過多次會議討論後，於 2004 年 9 月 1 日下午的公聽會達成共識，將通過之財務處理要點提交由教育部經法制程序後發佈施行「教育事務財團法人財務處理要點」。同年於 2004 年 9 月 24 日完成開發「會計系統」、完成辦理系統使用訓練並由教育部協助寄發會計系統光碟片及操作手冊。

　　教育部於 2010 年開發「教育基金會管理系統」，目的是教育財團法人強化 E 化管理機制，推動現行業務電腦化，簡化行政作業與管理流程。教育部從 2011 年度開始，要求教育財團法人將年度資料上傳至基金會資訊管理系統，透過線上檢核作業與相關輔導事項，以利推動業務電子化。2011、2012、2013 連續三年，均委託海棠辦理線上填報及線上檢核作業，至 2013 年共有六百四十三家（93.5%）教育基金會於線上填報年度資料，並完成線上檢核其年度資料。

　　單一基金會要推展教育議題，力有未逮，而策略聯盟則能促進彼此攜手擴大影響力，因此自 2002 年至 2013 年於教育部的教育基金會策略聯盟以「終身學習列車」、「公益提案與扶植團隊」及「終身學習圈及永續經營」等三個階段推動。在終身學習列車中，海棠於 2002 年負責整體規劃組，協助方案審查和擔任支持平台；2004 年擔任「體驗教育」列車的列車長；2004 年到 2008 年則分別擔任「社會關懷」、「弱勢關懷」列車的列車長，總共擔任五年，結合一百二十三家次的子車（非營利組織），一起推動「體驗教育」、「社會關懷」及「弱勢關懷」等終身教育議題，舉辦共識營、聯合行銷、培力工作坊、資源開發與分享等聯盟工作。

　　海棠在 2009 年到 2010 年，負責公益提案與扶植團隊的輔導團，結合「崇善童軍文教基金會」與「明道文教基金會」，共同與教育部合作，協

助教育部規劃執行教育公益提案與甄選扶植團隊，並統籌辦理說明會、訓練工作坊、啟動儀式、文宣製作、媒體宣導、橫向資源整合，以及訪視評估作業等，以提升各教育公益提案與扶植團隊的規畫及執行能力。總計在2009 年共扶植八個團，兩百五十人；2010 年則扶植七個團、一百二十二個計畫，參與人數達五百人。

　　終身學習列車實施計畫，在 2011 年與 2012 年修改為「教育部補助教育基金會終身學習圈暨永續經營實施要點」，海棠負責協助學習圈計畫審查工作，包含設計規畫實施流程、提案相關表單、擬定審查指標，以及執行審查工作等，協助教育基金會針對關心的教育議題，提出方案計畫，並與其他基金會及教育組織相互連結，擴大參與。

　　海棠在 2013 年擔任教育基金會年會總召。教育部在過去十年，每年都會推選一個主管的基金會擔任總召，邀約二十到三十家基金會為年會籌備委員，攜手辦理教育基金會年會。過去海棠在年會的角色，大多是擔任議事組組長或服務組等工作，希望能向各個基金會多學習；在 2012 年推舉 2013 年年會總召時，海棠責無旁貸，在二十七家基金會夥伴，分成九個工作組的協力下，於 2013 年 12 月 16 日，在台北市士林區的科學教育館國際會議廳，舉辦「點亮公益、幸福台灣」教育基金會年會，共有三百四十三人參加，會後問卷調查的滿意度高達 90%以上。

　　海棠在十一年中有五年擔任列車長，與子車夥伴共同推動教育議題，有五年則負責後台支持與平台的工作，如規畫、審查與扶植等；策略聯盟的非營利組織，超過五十家。海棠從 2002 年至 2013 年，在教育基金會推動的策略聯盟工作，整理如表 10.6：

表 10.6　推動教育事務基金會策略聯盟一覽表

	年度（民國）	主題	子列車數
學習列車	91	終身學習列車整體規劃組	
	93	體驗教育終身學習列車列車長	27
	94	全民關懷教育列車列車長	20
	95	社會關懷列車列車長	29
	96	社會關懷列車列車長	24
	97	弱勢關懷教育列車長	23
扶植團	98	公益提案與扶植團隊計畫的輔導團	
	99	公益提案與扶植團隊計畫的輔導團	
學習圈	100	審查 101 年終身學習圈計畫	
	101	審查 102 年終身學習圈計畫	
年會	102	教育基金會年會總召	

圖 10.2　策略聯盟扶植團

(4)青年輔導委員會的診斷服務

青輔會從 2003 年度，委託海棠辦理北區第三部門診斷輔導服務，目的是協助第三部門建構經營管理效能，透過專業培力機制，設計後續延伸服務。海棠會安排專家學者至機構進行訪視診斷，找出非營利組織經營的困難與問題，提出具體改善建議，協助組織邁向永續發展的目標，是最早以政府單位為非營利組織提供較專業的組織輔導。青輔會六年計畫的執行成果，在培訓青年 NPO 人才部分，包括舉辦研討會、培訓班、組織診斷與輔導等，共計舉辦三場研討活動，參加者共計五百三十三人；舉辦二十九個非營利組織管理培訓班，有一千六百四十七人參訓；還有十家非營利組織，接受組織診斷與輔導。

(5)個別組織的輔導

大多運用彼得‧杜拉克的自我評估工具 SAT（Self-Assessment Tool）對組織進行訓練，引導組織進行自我評估，再依據自我評估的結果，探尋輔導需求。之後，海棠開始介入策略規劃，或是進行方案設計與評估的課程訓練或諮詢輔導，協助組織順利營運。海棠個別輔導的組織有「法鼓山」、「新竹市私立天主教仁愛啟智中心」與「彰化喜樂保育院」等。另外，還有「第一社會福利基金會」的人力資源輔導計畫，共計十三個月，依據第一基金會提供的人事資料、員工手冊、工作紀錄和組織圖等相關資料，選擇基金會中關鍵的八個職位，進行個別及團體訪談，並記錄整理及分析，於各工作階段分別提出下列書面報告：(1)基金會目前工作現況與職能需求差異的分析；(2)關鍵八個職位的工作說明書與工作規範（草案）；(3)薪資制度與績效考核制度建議。

（三）非營利組織創新方案

面對外部環境的快速變化，未來充滿更多不確定，最好的策略就是不斷創新，一方面準備面對變化，一方面則創造變化。組織創新可以是非營利組織管理或行政的一個過程，也可以是服務對象延伸，或開發新服務的結果。彼得‧杜拉克認為，創新的考驗不在於它的新奇性或科學內涵，而是推出後在市場的成功程度，也就是能否為大眾創造新的價值；創新也是

賦予資源創造財富的新能力，使資源變成真正的資源（余佩珊譯，1996）。海棠在人才培育及組織輔導的實務工作中發現，台灣非營利組織多數需要面對生存問題，面對服務對象的改變，較無餘裕創新；部門裡也沒有提供研發與創新的中介組織。

因此，海棠會視服務需求，結合資源發展創新方案；歷年來的「創新方案」，則多是依據社會發展的需求，以研發和育成的方式發展。如2000 年青輔會、體育大學謝智謀老師，以及推展青年工作的夥伴，共同將國外執行已久且具成效的「體驗教育」導入台灣，並以策略聯盟方式積極推動，海棠擔負平台與支持的角色，如今不但成立專業的協會，「體驗教育」也遍布於各領域的活動中，運用在「服務學習」、「高風險青少年」、「自立生活」，以及促進青年就業的「展翼計畫」等。

由展翼計畫 2003 年到 2006 年的執行成果來看，四個年度結業的展翼計畫學員，就業率達七成以上（2003 年度 71%、2004 年度 77%、2005年 85%、2006 年 77%）。在就業學員中，平均有六成以上投身休閒相關產業（2003 年度 51%、2004 年度 59%、2005 年度 70%、2006 年74%）。此外，學員中選擇就學者，也有 50% 選讀休閒相關科系；準備就學的學員也打算報考休閒相關科系。展翼計畫為青少年另闢一條職業路徑，獲得業者大力支持，紛紛表示希望有這樣的人才，提升休閒產業的服務素質。

表 10.7　2003-2006 年展翼計畫統計

年度	時數（小時）	結業人數	就業人數	就業比率	參與業者家數/次
2003	288	69	49	71%	18
2004	360	79	61	77%	25
2005	310	71	60	85%	34
2006	410	56	43	77%	27
合計	1,368	275	213	78%	104

2. 展能計劃

與中華社會福利聯合勸募（簡稱聯勸），多年來在分配資源時發現，

台灣非營利組織多以投入「多少資源、做多少事」為導向，聯勸希望導入「成效導向邏輯模式的方案設計與評估」，於是在 2007 年與海棠合作「展能計畫」，以三年的時間從培訓、議題協導、教材研發到師資訓練，辦理四十四場方案培訓，有超過一千家社會福利組織參訓，人數逾兩萬，並且出版一套教材作為各界培訓之用，影響力擴及台灣學校教育和實務培訓。

3. NGO 國民大會

海棠為感謝與鼓勵 NGO 的工作夥伴，在 2011 年及 2012 年，結合二十多家非營利組織，為台灣非營利組織員工舉辦聯合尾牙「NGO 望

圖 10.3　2011 年 NGO 國民大會簽署推動公民社會

年會」。2011 年海棠首次辦理「NGO 國民大會」，共有來自全台十四個縣市、兩百三十六家非營利組織、六百一十三人參加，得到許多讚賞和回饋；2012 年繼續在陽明山中山樓舉辦，共有來自全台十二縣市的一百八十家公益組織，近一千名默默為社會公益努力付出的 NGO 工作夥伴，一起參與「NGO 國民大會 II——改變台灣的力量暨公益組織望年會」等。

（四）兩岸交流

兩岸交流是海棠成立的初衷，只是議題從婦女交流，擴展到「非營利組織」與「公益組織」。1999 年，海棠與在北京從事研究與推動中國非營利組織發展的清華大學非營利研究中心、恩玖中心等交流，接著參與大大小小的會議與交流活動，著重於非營利組織的能力建設與部門發展。

海棠在執行「2007 年大陸地區非營利組織高階管理者參訪計畫」時，共邀請二十位大陸地區非營利組織高階管理者來台，進行為期八天的非營利組織參訪。2010 年，海棠參與由中、台、港、澳、美串聯發起，

每半年輪流舉辦的「慈善百人論壇」，2012 年就在台灣承辦「第五屆慈善百人論壇──慈善與宗教」，會後並進行一週的參學活動。此外，海棠在 2011 年與中國青少年發展基金會展開三年計畫，培訓各省青基會的高階管理者，除了邀請講師前往中國，2013 年也分兩梯次，安排學員赴台參學，是較有系統與持續的培訓交流。

從 2010 年到 2012 年，海棠與香港理工大學應用社會學系合作，來台培訓社會工作專業人才，每年以不同主題協同培訓，三年來共計培訓七十五位來自大陸，從事社會工作教育與實務的工作者。2010 年的主題為「中国研究及發展网絡四川灾后重建項目：『川越 5.12─能力建設專業支持方案』」；2011 年為「台灣農村發展參學團」；2012 年參學台灣社會工作的康復服務，由海棠依據學習需求，安排參學單位，並由陸宛蘋執行長全程陪同、解說和車上授課，促進兩岸實務界的溝通與學習。

（五）災害救助與重建

1999 年台灣 921 大地震時，海棠於 9 月 24 日即帶領社會工作人員進入災區，協助進行家戶資源盤點，培訓在地社區重建人員。2008 年中國汶川地震及 2009 年台灣莫拉克風災（88 水災）發生後，海棠在紅十字會的邀請下號召曾在 921 提供災害服務的夥伴，共同成立加入「512 川震台灣服務聯盟」及「88 水災服務聯盟」，協助推動和辦理災後重建工作。海棠以聯盟的方式，培力投入災害服務的非營利組織，使他們能服務災民，並進行災後重建工作。

1. 512 中國汶川地震

2008 年 5 月 21 日，中國四川發生八級大地震，當時在紅十字會陳士魁秘書長邀約下，一起函請 921 的服務夥伴，成立「512 川震台灣服務聯盟」，由海棠擔任聯盟決策小組成員與社會工作組召集人，於 6 月底前往震災區進行災評、溝通，了解資源狀況，之後將 921 地震的災後生活重建軟體服務模式，導入四川、甘肅及陝西等重災區。海棠在這個過程中，除了協助非營利組織的災後服務規畫、督導與評估，還認養甘肅省西和縣的

薛集村重建工作站，結合在地組織——蘭州的怡欣心理諮詢中心——培訓
與督導薛集村重建工作站，運用社會工作的專業進行重建工作；海棠的董
事們也積極參與寒冬送暖及生計計畫，並於 2011 年後移交給在地的西和
紅十字會和村委書記。

　　基於 2008 年地震後在災區服務的草根組織，至 2010 年已被中國政府
認可，並設立民辦非企業組織「社工站」。由於災害社會工作在中國尚在
起步，經過兩年的討論、評估後發現，需要導入台灣 921 之後的社會工作
在職培訓專班模式。於是，由台灣大學馮燕老師召集，與成都西南財經大
學合作建立社會工作及督導培訓中心，培訓四十位在地社工和督導，並於
2013 年 4 月 20 日的雅安地震發揮最大作用，2014 年 5 月 11 日舉行結業
式，共有 33 位取得結業證書。完成六年災後重建與災害社工人才培育的
使命。

2. 台灣 88 水災

　　2009 年 8 月 8 日，莫拉克颱風造成台灣中南部重大災害，為使災民
早日恢復正常生活，中華民國紅十字會與海棠等民間 NGO 組織，同樣共
同組成 88 水災服務聯盟，透過「專業分組、區域結合」，分為社工、心
理、法律、醫療、教育、法律、健康、資訊、學術等十個小組，以村為單
位，整體認養，並與公部門「窗口對窗口」，節省繁複程序，運用國內外
捐助的善款，一起為災民努力。

　　海棠在「八八水災服務聯盟」中，仍擔任聯盟決策小組成員及社會工
作組召集人，主要工作是在緊急安置階段提供資源；中繼安置階段協調社
工組的八家非營利組織，於高雄縣四個營區提供安置服務；重建階段則協
助陪伴與督導重建工作站，在紅十字會的支援下，以村為單位建立七個重
建工作站。工作站分別由四個民間組織，以賦能（empowerment）在地青
年與組織的原則下，承諾陪伴進行六年的重建工作；海棠則邀請長榮大學

謝祿宜老師等，共同規劃、協調與執行工作站的培力與督導。

▎三、組織與治理變遷

（一）董事會的組成

1. 人數與任期

　　依據章程，海棠的董事每屆任期三年，董事人數從創立時的二十一人，至第四屆修訂為十九人，第六屆再修訂為十七人，人數呈現遞減。人數減少係因董事個人因素，例如有兩位係因調任公職必須辭民間單位董事、有六位因工作關係辭董事、以及一位移居海外，二十年來共增補了六位新任董事，現任的十七位董事中有十一位是連任七屆董事（占65%）。

2. 性別、年齡、學歷與職業

　　海棠董事會的組成，至今第七屆董事共計十七人，男性有九名、女性有八名，性別比例相當（53%：47%）。董事的年齡則因有十一位占 65%的董事為連任七屆董事，因此董事的平均年齡從第一屆的四十六歲至第七屆已增長為六十三歲，其中男性董事年齡平均高於女性董事。

　　董事成員的學歷部分，歷屆董事平均學歷以碩、博士占 68%，至第七屆的碩博士比例降為 53%，而大學和高中比例增大。董事的職業則七屆均以從事商業者為多，從第一屆至第六屆均有一位民意代表，即為朱鳳芝董事長擔任立法委員，至第七屆則因董事長不再擔任立法委員，因此可以發現第七屆董事的職業，從事商業的比例高達 65%；董事會成員中七屆維持 10%以上為具專業的會計師和律師，會計師董事在海棠的財務資訊與報表表達，無論在董事會議上或是對執行單位均給予中肯的意見和協助，例如購置辦公室、提撥會務準備基金與運用等，一方面在財務資源的

穩健上給予協力與支持，另一方面也幫助海棠財務資訊的允當表達。律師
董事則在修訂章程、海棠委外的任何契約均經律師董事看閱過內容，並給
予意見，以利海棠注意合約內容與把握應有的權益，近年來海棠的業務多
以投標方式取得業務，其中相關合約便是最重要的依據。對基金會的財務
與法律保障具有重大影響。

（二）董事會的運作與功能

1. 董事會議出席率

　　依據教育部監督要點及基金會的捐助章程第九條「本會董事會每年至
少開會二次，必要時得召開臨時會議」，因此從成立以來每年均按時召開
二次會議，2012 年則因舉辦創新方案「NGO 望年會」而依「公益勸募條
例」要向外募款，故而召開一次臨時會議，是為成立以來少有的董事會臨
時會議，也是海棠邁向社會募款的第一步。從 2000 年至 2012 年的 13 年
間每年二次的董事會議年平均出席率為 65%，出席率最高的為 2003 年的
78%，董事的會議出席率均滿足政府監督與捐助章程的規定。

2. 董事會功能

　　中正大學的官有垣老師，研究非營利組織董事會治理後，提出非營利
組織董事會的六項基本職能；檢視海棠七屆董事會的重大決議事項內容，
發現董事會在六項職責上均有作為，分述如下：

(1) 高級行政主管的聘僱、工作表現的評估建議，以及解聘：基金會於
　　1998 年聘任專職執行長，以及具社會工作等專業的工作人員，每
　　年向董事會提出工作報告及財務報告，接受董事會的評估和建議。
(2) 長程策略方向的審度與決定，以及隨著環境變遷審度組織的宗旨：
　　海棠在 1999 年討論策略，2000 年通過策略定位，並經兩次董事會
　　議討論，修訂捐助章程的第二條「宗旨」。
(3) 確保必要資源（包括財源與人力資源）的輸入：海棠成立至今，多

靠董事捐款支持基金會運作；2009 年決定以無貸款方式購置辦公會所，提供一個安心穩定的辦公場所。

(4) 監督行政管理的成效：基金會的財務、法務，以及業務執行過程或年度執行結果，均由董事以個別或整體會議，進行監督或改善建議。

(5) 確保組織是在「效益」（effectiveness）與「回應」（response）的原則下運作：基金會的創新方案、兩岸交流及災害服務，都是回應社會環境的變遷需求，經董事會議通過推動的業務。

(6) 提名適當的候選人加入董事會，建構有效的治理體系：雖然董事會沒有正式設立提名委員會，但無論董事請辭或新聘董事，都是經過董事會討論決議。

（三）執行單位的人力

基金會在 1993 年到 1998 年之間，大多運用兼職與志工人力。1999年，董事會聘任專職執行長及專業工作人員，此後一直維持五位專職以下的運作規模，組織中的人力資源除了專職人力外，還運用兼職、專案、計時和志願工作者，符合非營利組織人力資源管理中的多元與彈性運用狀況。

從 1999 年到 2013 年，專職人力維持在三到四人；2013 年以後增加為五位專職工作人員，一位兼職。此後一直有三位管理或專案人員，行政助理人員的流動則較大；工作人員的平均年資四年半，有利於內部人才培育。

組織內部的人才培訓，包括參加外部證書訓練、國際會議、請講師做內訓，以及透過工作教導，協助同仁學習與成長；近年來在推動聯盟工作時，更要求同仁多參加外部單位的學習活動。海棠如今有三位同仁取得TTQS 的訓練證書；一位取得 PMP 和 MTP 證書；兩位取得北京光華的彼得·杜拉克「非營利組織自我評估」受訓證書。每半年的工作檢討與規畫會議是培訓方式之一，多以兩天一夜的方式，讓同仁離開工作崗位準備資

料，專心檢討過去與規畫未來。

▌四、財務

海棠的資產總額，從 1993 年設立時的基金新台幣一千萬元，到了 2013 年，包含辦公會所的固定資產在內，資產已增長到新台幣三千五百萬元。2009 年的資產最高，也是在這一年購置固定資產，惟自 2010 年起，因結算員工的舊制退休金及捐款減少，以致資產逐年降低，至 2013 年才轉為增加。

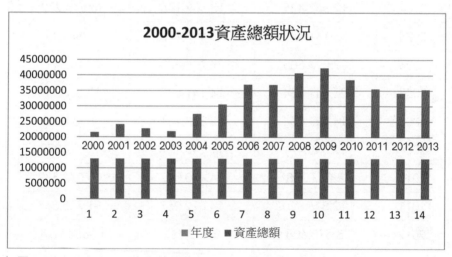

| 圖 10.4　2000-2013 資產總額狀況

2000 年至 2013 年的收支狀況，可以看出其中有十年的收入或支出是超過新台幣一千萬元，再從表 10.8 來看，十四年的總收入超過新台幣一億九千萬元，總支則超過新台幣一億八千萬元，經費執行率為 93%，總計十四年的餘絀為一千三百多萬元。整體來看，其中有八年的支出大於收入，但仍保有餘額，顯示海棠的財務尚呈穩健。再從表 10.10 的支出平均比例來看，2006 年到 2013 年支出平均行政費用已降至 30%，業務費用

（銷貨勞務與專案）相加則達 70%，顯示基金會的行政運作效率和能力
已有所提升。

表 10.8　2000 年到 2012 年收支統計表　　　　　單位:新台幣

年度	收入	支出	餘絀
2000	8,791,196	11,677,899	-2,886,703
2001	19,352,818	15,529,507	3,823,311
2002	7,997,982	8,112,747	-114,765
2003	7,743,316	9,000,847	-1,257,531
2004	19,052,425	13,509,146	5,543,279
2005	13,161,479	13,417,798	-256,319
2006	29,097,583	29,788,680	-691,097
2007	27,447,684	14,141,570	13,306,114
2008	14,737,964	12,803,141	1,934,823
2009	12,645,471	11,240,192	1,405,279
2010	9,057,738	14,130,077	-5,072,339
2011	12,876,690	14,612,257	-1,735,567
2012	8,578,628	9,432,667	-854,039
2013	8,896,188	8,202,890	693,298
合計	199,437,162	185,599,418	13,837,744

　　由圖 10.5 進一步分析收入來源比例：捐款收入占 36%；專案補助占
37%；銷貨勞務收入 24%；利息及其他收入占 3%。由於培訓與輔導均屬
勞務收入，所以從 2003 年開始使用統一發票；2006 年將基金會的業務與
財務，區分為銷貨勞務、專案補助和行政費用。比較 2006 年以後的銷貨

勞務來源與之前的收入來源，發現 2000 年到 2005 年的專案補助比例高達 60%，2006 年到 2013 年則降至 26%；捐款收入小降 4%；銷貨勞務收入則占 38%（見表 10.9）。

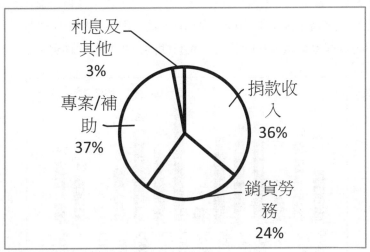

| 圖 10.5　2000-2013 收入來源平均比例

表 10.9　2000-2013 收入平均比例比較表

年度期間 收入來源比例	2000-2013	2000-2005	2006-2013	說明
捐款收入	36%	37%	33%	
銷貨勞務	37%	0	38%	2005 年以前未買發票沒有銷或勞務收入
專案／補助	24%	60%	26%	
利息／其他	3%	3%	3%	
合計	100%	100%	100%	

　　從十四年的各年收入比例，進一步分析捐款比例的消長發現，在董事長擔任立法委員期間捐款比例較高；2006 年接了一件兩千兩百萬的政府

標案（銷貨勞務），使捐款比例稀釋到最低（7%）；2011 年董事長未繼續擔任立法委員，所以捐款的比例也很低（8%）。到了 2012 年，海棠辦理公益勸募和 2013 年的二十週年慶捐款收入，使捐款收入的比例上升至24% 與 34%，顯示海棠已從依賴董事長的捐款，邁向社會公益募款及銷貨勞務的多元財務來源；從 2006 年開始，更以專業課程與組織輔導，參與投標的競爭取得銷貨勞務的收入，大有朝向自主財源的趨勢。

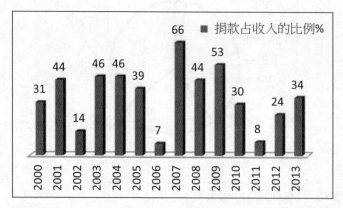

| 圖 10.6　2000 年到 2013 年的捐款比例

　　銷貨勞務占收入來源的比例，在 2006 年因取得上述兩千兩百萬的標案，使比例高達 76%；到了 2012 年與 2013 年則超過 50%（圖 10.7）。從表 10.9 可以發現，2006 年到 2013 年的銷貨勞務平均比例為 38%，高於 2000 年到 2013 年的平均 37%，顯示海棠近八年來努力發展銷貨勞務收入的努力。

　　在支出部分，圖 10.8 顯示海棠在 2000 年到 2013 年的平均支出比例，銷貨勞務占 21%，專案與補助占 46%，行政費用占 33%。2000 年到2005 年的專案支出平均比例為 65%，銷貨勞務則是 0；但是 2006 年到2013 年的銷貨勞務平均支出則上升至 41%，這兩部分的支出互有消長。行政費用在 2006 年到 2013 年占 30%，低於 2000—2013 行政費用平均比例 33%，可見海棠展開銷貨勞務的業務後，行政費用的比例降低，行政效率提高。

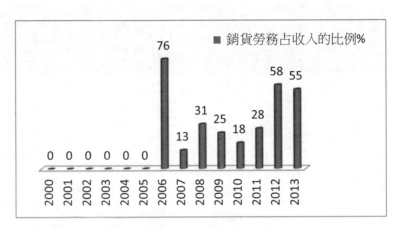

| 圖 10.7　2000 年到 2013 年的銷貨勞務比例

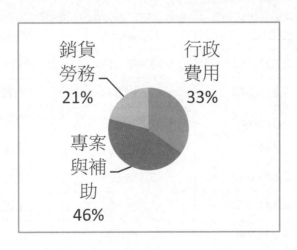

| 圖 10.8　2000 年到 2013 年支出平均比例

表 10.10 　2000 年到 2013 年支出平均比例表

年度期間 支出項目比例	2000-2013	2000-2005	2006-2013	說明
行政費用	33%	35%	30%	
銷貨勞務	21%	0	41%	2005 年以前未買發票未分銷或勞務費用
專案／補助	46%	65%	28%	
合計	100%	100%	100%	

綜上所述，銷貨勞務已占年度收支的三成到四成，再從表 10.11 可以發現，2006 年到 2013 年的銷貨勞務收支結果，已有毛利盈餘產生，顯示海棠朝向銷貨勞務自足的現象。

表 10.11 　2006 年到 2013 年銷貨勞務收支表

年度	銷貨勞務收入	銷貨勞務支出	餘絀
2006	22,018,917	19,748,177	2,270,740
2007	3,531,952	3,695,018	-163,066
2008	4,616,012	2,694,034	1,921,978
2009	3,191,292	5,987,641	-2,796,349
2010	1,669,777	1,671,601	-1,824
2011	3,569,040	5,430,625	-1,861,585
2012	4,944,987	3,887,906	1,057,081
2013	4,848,941	2,612,100	2,236,841
合計	43,541,977	43,115,002	426,975

▌五、責信與績效

　　非營利組織象徵社會善的一面，因此被蒙上善良、公益的面紗，被視為擁有較高的自我道德要求；是社會正義與道德的維護者、實踐者，所以被認為不會做壞事。事實上，台灣過去從 1987 年「彭昭揚社會福利基金會」事件[6]、1988 年的「溫暖雜誌事件」[7]、到 1999 年的 921 大地震事件，都曾陸續發生危害社會公益的弊案，在在影響著公民社會中的信任資本，要解決則要先從非營利組織自律著手，透過組織自律以得到社會公信，非營利組織才有機會繼續得到支持與發展。

　　台灣大學馮燕教授在國科會的報告〈自律與他律──非營利組織與資源捐募規範〉、〈自律與他律──公益倫理的建立〉，以及在政治大學第三部門研究中心「第三部門之內部治理與外部環境」的學術研討會論文都指出，責信度是非營利組織最重要的根基，但它卻面臨以下四個挑戰──成效不彰、效率太低、公器私用以及太過冒險。Colin Rochester 指出，非營利組織的責信度應包含四種內涵：

1. 財務責信（fiscal accountability）
2. 程序與規則的責信（process accountability）
3. 確保工作品質與成效的責信（program accountability）
4. 適當優先順序的責信（accountability for priorities）

Alan Ware 也曾提出七項非營利組織責信度要求的具體目標：

1. 確保服務的提供
2. 保障捐助者的利益

6　彭昭揚社會福利基金會在當年被揭發詐欺並移送法辦，入獄兩年後假釋出獄、另起爐灶，再創宗教組繼續詐騙，1993 年再度被提起公訴，被判刑五年與強制勞動。

7　溫暖雜誌社在當年將個案資料放在雜誌上，找不知情的學生挨家挨戶推銷該雜誌，募集不少善款；後來溫暖雜誌社被發現根本不是公益機構，募集的善款也沒送到貧戶手上。

3. 保護服務對象的利益

4. 保障組織工作者的利益

5. 在政府提供資助時，保障其效益的達成

6. 維護公平競爭的環境，保障與非營利組織相互競爭的私營機構之利益

7. 保護政府部門不受非營利組織過渡政治影響

因此，非營利組織可以從這些方向著手，致力提升組織本身的責信度，而且不僅要從組織自律著手，更要透過外部約束，落實與彰顯非營利組織的責信。[8] 馮燕教授的研究也指出，非營利組織的管理與監督，可分為自律與他律兩種層次，前者在專業內或組織內自行規範，後者則透過正式法規，由政府或其他公權力執行監督。

海棠除了前述的業務績效外，依據 Rochester 的非營利組織責信度第一項指標，為確保財務責信，在管理上監控財務資源的有效吸收與配置外，財務報告及工作報告在經董事會通過、主管機關核備後，也主動公告於網站；在工作品質與成效責信部分，則接受訓練品質計分卡的評鑑，2010 年與 2012 年獲得職訓局的「訓練品質計分卡 TTQS 銅牌」；教育部的教育基金會評鑑，也分別獲得 2011 年「特優」、2012 年「優等」以及 2013 年「特優」的肯定。

為促進台灣非營利部門的責信與海棠的公信力，海棠於 2006 年加入「自律聯盟」，並從 2007 年起於聯盟的網站，公布每年的財務報告和工作報告，積極參與自律聯盟倡導的各項非營利組織自律活動，希望成為一個透過自律得到政府與社會信任的組織。

8　馮燕，2003，〈自律與他律──公益倫理的建立〉，「第三部門之內部治理與外部環境學術研討會」。台北。政治大學。

▌六、展望

　　有人問：「海棠怎麼做到今天的樣貌？」我們常說海棠很小，只能專注於核心，想辦法聯結各界夥伴、創造價值，使海棠擁有更厚實的社會資本，加上持續學習與運用「非營利組織管理」的知能，成就了今天的「海棠」。

　　彼得‧杜拉克說：「二十一世紀是非營利組織的世紀。」非營利組織在二十世紀晚期蓬勃發展，在二十一世紀已形成社會的一股磅礴力量。杜拉克一生致力於改造企業組織管理，晚年卻開始將研究重心放在非營利組織上。他觀察到非營利組織已成為先進國家中，足以與政府（第一部門）及企業（第二部門）分庭抗禮的「第三部門」。如今，美國擁有超過一百萬個非營利機構，平均每兩位成年人，就有一人參與非營利組織，非營利組織已成為杜拉克口中的「全美最大雇主」。

　　台灣於 1987 年解嚴後，非營利組織蓬勃發展，無論是公益性社會團體、社區發展協會、各類基金會或財團法人機構等，目前約有十萬家。台灣大學社會學系蕭新煌教授指出，台灣非營利組織的特色是「小而美，窮而有志」，因此要實踐理想（使命），組織必須在穩健中發展，其中「人才」更是關鍵。

　　海棠一路走來，在「非營利組織人才培訓」、「組織發展」、「創新方案」、「兩岸交流」及「災害服務」五大項工作，得到許多支持、鼓勵與肯定。Michael O'Neill 與 Dennis Young 於 1986 年召集一批學者與實務工作者，發展出「三圈模式」（Three-Circle Approach），指出非營利組織人力培育，應含括三個不同層次圓圈的課程。

　　第一個圓圈指一般性與總論性的組織管理與領導課程，例如：組織理論與行為、人力資源管理、研究與分析方法、方案評估、管理資訊系統、領導能力的開發與技巧等。

　　第二個圓圈強調讓學員了解有關第三部門的特定歷史、傳統與結構，課程有第三部門理論、了解第三部門、非營利組織的管理、非營利組織的行銷，以及非營利組織的財務管理與資源發展等。

　　第三個圓圈則關切培養學員特定領域的專長能力，以配合第三部門領域多元的管理與領導需求。這方面的次領域能力與知識課程，包括藝術、社會服務、社區發展與組織、宗教、政策倡議、衛生照護、教育、法律服務等。

　　第一個圓圈的課程，顯然是強調一個 NPO 的管理者應具備基礎、綜觀的知識、學理；第二個圓圈的課程，則著重於 NPO 管理的核心與專業面向；第三個圓圈則強調，服務於不同的專業或學術次領域的人員，應培養各該領域的專業能力。這種課程規畫的「三圈模式」，曾廣為國際間 NPO 學者與實務工作者討論與增刪，也影響 1990 年代以後，美國大學院校的 NPO 教育與訓練課程規畫。

　　官有垣老師期許：「回顧海棠從 2000 年至 2012 年期間所開設的 NPO 人才培訓課程內容，很清楚顯示，著重在第一圈與第二圈所強調的課程，例如財務管理、決策與管理、策略規劃、行銷管理、募款管理、人力資源管理、組織評估、方案設計與管理、至於第三圈的課程亦有涵蓋，惟在量上不及於前二圈。也許在日後的人才培育課程上，各個特定 NPO 領域的專長能力的增強方面，是海棠可以更加著力的地方。」未來海棠在第一圈將更著力於高階管理者的培育，並連結各領域的資源，拓展第三圈的培訓。

　　對於非營利組織的發展，海棠則是從關注政府「財團法人法」的草擬與法制化過程，找到可以協助的位子；而面對資訊化與雲端化的趨勢，海棠內部則建置與導入雲端系統，促進組織的知識管理及運作效率。

　　創新方案則仍秉持因應環境變遷需要，回應社會需求的服務，以創新的思維，依據過去的經驗，結合相關組織一起研發和推動育成方案。

　　兩岸交流是非常動態的過程，涉及兩岸各自的政治、經濟及社會環境變動，還受兩岸關係之影響，因此在這項工作上會保持聯繫交流；依據中國青基會高階培訓的經驗，未來可以拓展系統化的人才培訓合作案。

　　災害服務是令人為難的工作，總不希望未來多災多難才有服務的機會。因此，海棠可以結合過去的夥伴，共同推進「民間災害服務聯盟」，平日培訓增能，災時提供資源與服務。

|參|考|文|獻|

丘昌泰，2007，〈非營利中介組織治理之研究：　岸三地 個個案的跨域觀察〉。《第三部門學刊》7: 1-44。

余佩珊譯，彼得‧杜拉克著，1994，《非營利機構的經營之道》。台北：遠流出版社。

官有垣，1998，《非營利組織與社會福利——台灣本土的個案分析》，台北：亞太圖書出版社。

官有垣，2003，〈論大學院校 NPO 教育訓練課程的規劃及其對社會的影響〉。

官有垣、 宜興、謝 宜，2006，〈社區型基 會的治理研究：以嘉義新港及 宜 仰山 家文教基 會為案 〉。《公共行政學報》18: 21-50。

海棠文教基金會，2004，〈青輔會委託研究「台灣非營利組織人才培訓需求調查」報告。

海棠文教基金會，2013，《海棠文教基金會 20 周年特刊》。

馮燕，2003，《自律與他律——公益倫理的建立》，「第三部門之內部治理與外部環境學術研討會」。台北。政治大學。

蕭新煌、官有垣、陸宛蘋主編，2009，《非營利部門——組織與運作》，台北：巨流出版社。

Drew A. Dolan (2002), "Training Needs of Administrators in the Nonprofit Sector: What Are They and How Should We Address Them," *Nonprofit Management & Leadership* 12 (3): 277-292.

Roseanne M. Mirabella, & Naomi B. Wish (1999), "Educational Impact of Graduate Nonprofit Degree Programs: Perspectives of Multiple Stakeholders," *Nonprofit Management & Leadership* 9 (3): 329-340.

Michael O'Neill, & Dennis R. Young (eds.) (1988), *Educating Managers of Nonprofit Organizations*. New York: Praeger.

Naomi B. Wish, & Roseanne M. Mirabella (1998), "Curricular Variations in Nonprofit Management Graduate Programs," *Nonprofit Management & Leadership* 9 (1): 99-109.

社區篇

PART

CHAPTER 11

耕耘夢想：
仰山文教基金會的發展

仰山文教基金會

一、仰山日出

（一）時代背景——堂堂溪水出前村

> 萬山不許一溪奔　攔得溪聲日夜喧
> 到得前頭山腳盡　堂堂溪水出前村
>
> 《桂源鋪》南宋・楊萬里

　　二次大戰後，蔣介石代表盟軍接收台灣；1949 年國民黨政府遷台，頒布戒嚴，實施黨禁、報禁，台灣進入一黨專政時代。1960 年發生雷震事件，更讓台灣民主自由有如走入寒冬。

　　接受大中國歷史文化教育的「戰後嬰兒潮世代」，從 1970 年代開始進入社會，漸漸成為社會的中堅。當時正值世界經濟走向區域性經濟發展。台灣雖然缺乏天然資源，卻擁有優質、勤勞的人民與低廉的勞工，以及提著一卡皮箱，走出國外招商的中小企業，加上出口導向政策，工業及貿易蓬勃發展，經濟突飛猛進。

　　隨著經濟發展，教育普及，中產階級增加，台灣人民的自由民主思潮興起。尤其從 1972 年起，陸續發生「中華民國退出聯合國」、「台日斷交」、「鄉土文學論戰」、「中壢事件」、「台美斷交」、「美麗島事件」等撼動社會人心的重大事件，涵蓋國際外交、台灣主體性、政府正當性、政治改革、言論與新聞自由、司法獨立等。潛藏在底層深處，之前不容挑戰與議論的議題，終於爆出表面，大有沛然莫之能禦之勢。1986 年民進黨成立；1987 年蔣經國總統結束長達三十八年的「戒嚴」，開放黨禁與報禁；1991 年李登輝總統終止動員戡亂時期，其後國會全面改選、省市長民選、總統直選，台灣民主堂堂溪水出前村，進入大轉型的新時代。

　　於此同時，僻處台灣東北角的宜蘭，也面臨「北宜高速公路即將動工」的重大建設議題。這條醞釀二十年，終於在 1991 年動工的高速公路，在宜蘭人看來，對宜蘭整體環境和人文的影響，不下於兩百年前漢人

入墾蘭地，以及 1924 年宜蘭線鐵路通車。尤其適逢政治解嚴，宜蘭的社經產業、生態環境、文化教育、生活品質等各個層面，勢必面臨前所未有的挑戰。這項嚴肅而迫切的課題，是當時宜蘭有識之士尋常議論的話題，也是當時的陳定南縣長和游錫堃省議員高度關切的議題。時任省議員的游錫堃是北宜高速公路的主要催生者之一，1982 年促成省府進行踏勘，讓它走出第一步；後來在其縣長任內動工，並在行政院長任內貫通。

　　游錫堃因省議會的省政考察與國外觀摩，得以了解台灣各縣市的城鄉發展，並與歐美先進國家比較。他發覺，國民黨遷台是把台灣當成反攻大陸的跳板，本質上是一個軍事政府，對城市規劃、城鄉發展非常外行、也不重視，以致全國各地都市發展品質失控。相較之下，三面環山、一面臨海、地理自成一格的宜蘭縣，反因交通不便、發展遲緩而破壞較少，正可在高速公路開闢前，把握機會進行全方位的高品質規劃與建設。

　　台灣民主運動在 1980 年代風起雲湧，游錫堃與一群關心台灣前途的反對人士，站在民主的浪頭上南北奔波，但對故鄉發展的關心未曾稍懈。他到處演講並創辦《噶瑪蘭雜誌》，為反對陣營發聲，也積極支持縣內環保與勞工運動，更積極宣揚國內外的進步價值，以及宜蘭未來發展的危機與轉機，引起宜蘭各界人士的重視。

（二）草麓小集・諸友咸集——基金會誕生

　　游錫堃在第二任省議員任內，積極思考如何使宜蘭縣成為全國的典範城市；他參考國內外的發展經驗，得到兩個結論：一是必須擔任縣長才有機會落實建設宜蘭的理想，二是仿效美國政黨成立智庫，網羅民間菁英擔任智囊協助縣政。於是，當游錫堃決定競選宜蘭縣長時，就下定決心當選後要成立縣政智庫。

　　游錫堃在競選過程中，受到一群熱切關心宜蘭前途的文教界菁英支持。這群在「反六輕」運動中因共事而產生共識的宜蘭國、高中教師，在復興國中教務主任潘豐基的召集下，以「草麓小集」為名，定期小聚，「把酒話桑梓」。有一次楊欽年在聚會中提到，聚會如果不想流於清談，應先募筆經費成立基金會，以圖長遠之計。

　　游錫堃在 1989 年 12 月 20 日，順利當選宜蘭縣第十一屆縣長，不但

選舉經費有結餘，政府撥下的每票十元選舉補助款也不擬留為已用，正在考慮公益用途。此時，草麓小集的成員得知宜蘭民進黨人士，有意爭取這筆經費設立廣播電臺，因此認為事不宜遲，決定由林勝榮、陳財發與周家安找游錫堃商談。游錫堃深感贊同，雙方一拍即合，慨然應允擔任基金會捐助人，前提是先寫計畫案給他看。

草麓小集的成員在 1990 年 1 月，經過初步討論，由楊欽年執筆，草擬原始構想。游錫堃閱後認可，捐出四百萬元選舉結餘款，授權籌備基金會。眾人為擴大參與，完善建構基金會體制，乃由楊欽年、周家安、林勝榮、林朝成、賴西安、陳進傳、陳賡堯、張捷隆、陳財發等九人，成立籌備小組密集討論，進行籌備事宜。

由於大家都沒有設立基金會的經驗，為求慎重起見，籌備小組自 1990 年 1 月 2 日起至 3 月 26 日止，陸續利用業餘時間，召開小組會議達九次之多。議定以「公益、本土、前瞻、開放」四大原則，針對基金會的設立目標、組織架構、業務範圍等方面，先請專人執筆，再由小組深入討論，加以修訂增刪，並經潘寶珠、潘豐基、李後進、詹定整等人的協助，擬定基金會的捐助章程、設置要點、組織辦法等五種組織規章，以及有關業務發展的種種實施方案，並確定基金會名稱、logo 設計圖形及旨趣，再正式提交捐助人游錫堃，在籌備會議上研討、修訂。籌備小組任務初步完成後，「仰山文教基金會」於焉誕生。

為何命名為「仰山」？宜蘭于清國設治之始，蘭地初闢，百廢待興，知府楊廷理創辦「仰山書院」，成為人才輩出的搖籃，有清一代短短八十年間，蘭地文風鼎盛、科甲聯登，而有「淡蘭文風冠全台」的美譽。風簷展書讀，古道照顏色，為賡續一百七十八年前「仰山書院」培育人才的古道遺風，發揚宜蘭人愛鄉護土的本色，因此襲名為「仰山文教基金會」，以示薪火相傳的美意。1990 年 3 月 26 日，創辦人游錫堃在籌備會上報告：「……希望基金會能結合各方人才，提供本土性、知識性、開放性、創造性的寬濶空間，以開拓宜蘭人的視野，累積智慧，共同為建設鄉梓而努力」。

圖 11.1　仰山文教基金會籌備會

（三）仰山的宗旨與組織架構

籌備小組經過三個月的努力，對於仰山的志業定調為：從鄉土紮根，掌握時代脈動，為縣民前驅；匯聚各界力量，結合政府施政，更新再造，建設宜蘭成為健康、美麗、富裕、民主之新社會。

秘書處在籌備期間即積極尋找會所。第一屆企畫委員會也召開五次委員會議，詳細評估各種工作項目底定後，終於在 1990 年 3 月 31 日，借用縣長官邸舉辦籌備會及第一屆第一次董事會議，確立仰山的四大宗旨：一、為蘭陽發掘、培育並獎掖人才。二、保存、整理及發揚蘭陽文化。三、探索蘭陽趨勢，研究發展策略。四、結合各界力量，共創蘭陽美景。我們可以這樣說：二十餘年以來，仰山文教基金會成為宜蘭政府在施政時，引進民間團體力量、善用民間智慧的濫觴。

1990 年 6 月 26 日，仰山文教基金會經縣府核可設立，7 月 24 日又經台灣宜蘭地方法院審核通過，正式頒給法人證書。仰山的制度設計，最早是由楊欽年提出「三足鼎立，分工合作」的構想，經九人籌備小組討論確定，董事會下設三個平行單位，秘書處（執行部門）、企畫委員會（企畫部門）和基金發展委員會（財務部門）。董事會閉會期間，則由業務會議

代為執行董事會的部分職權。

1. 董事會——哺仰山以甘酪

　　董事會設董事五到二十一人，均為無給職；顧及實際運作順暢的考量，歷來有不成文的默契，也就是董事會的總人數一半為企業界人士；另一半則禮聘藝文、教育界人士，以符合財務及業務上的長遠需求。另設置企畫委員會主任委員，以及基金發展委員會主任委員，對外代表委員會而為當然董事。董事會每年至少開會兩次，必要時得召集臨時會議。

　　仰山董事長任期一屆三年，第一屆董事長為陳五福，第二至第七屆董事長為李添財，第八屆董事長為游錫堃、莊秀梅（游錫堃只擔任一年）。歷屆董事廣納宜蘭縣籍事業有成的企業家及文教人士，雖然董事會一年召開的次數不多，但是藉由會務工作的報告與研討，董事們經常提出許多創見，交付企委會或秘書處持續研議或辦理，例如從創會就擔任董事的吳靜吉博士，於 1990 年第一屆第二次董事會，針對仰山推動民間大學，提出「蘭陽民間大學三大目標」，交付企委會及秘書處持續辦理；又例如李添財董事長提出落實游縣長的「宜蘭厝」地貌改造計畫等。董事會為充實多元領域的參與，文教董事從第六屆起，授權由仰山夥伴共同票選推薦，擴大仰山會務的公共參與層面。

2. 秘書處——仰山的引擎

　　秘書處是執行單位，成立之初設行政組、義工組、研究組、資訊組、藝文組、出版組與蘭陽民間大學組等七組，並視業務需要，禮聘若干專業顧問，提供業務推展的諮詢。這樣規畫的基本精神，在於倘若企畫委員會功能不彰時，秘書處機能完整，仍然可以獨立運作，不受影響。

　　秘書處初期業務比較前瞻性的是，為「提升社會大眾現代生活知能，落實草根文化內涵，及全面性寬廣視野，厚植民間社會力」，於二十多年前，規劃開辦「蘭陽民間大學」，課程內容針對社會需要，聘請學者專家演講，舉辦短期的密集研習會，以及三個月為一期的課程講座，並授與結業證書，大受民眾歡迎。

(1) 籌辦社區大學

　　1990 年 7 月，「仰山蘭陽民間大學」於偏鄉的東澳國小舉辦「原住民文化研習營」；於過嶺國小舉辦「仰山人文營」；於羅東鎮孔子廟舉辦「台語國學講座」，一新耳目，也受到文教界支持。現在看來，仰山集眾人之智，確實能洞燭機先。果不其然，在地終生學習的需求，在十餘年後遍地開花。仰山由於卓有辦學經驗，受宜蘭縣政府委託，於 1999 年起籌辦「宜蘭社區大學」。仰山自拮据的經費中，率先捐出三十萬元，與慈林教育基金會、國立宜蘭大學、國立台灣海洋大學、佛光大學、蘭陽技術學院、蘭陽文教基金會等七個單位，共認捐兩百萬元，成立「財團法人宜蘭社區大學教育基金會」，並創辦「宜蘭社區大學」。宜蘭社區大學在極短的時間內，運用很少的人力資源開辦，當時仰山的代理秘書長張捷隆功不可沒。

　　其後，張捷隆離職擔任「宜蘭社區大學」校長，歷經十年的努力，為宜蘭社區大學長遠的發展奠定完善的基礎。目前除了創辦時的宜蘭社區大學，在溪南又設立「羅東社區大學」，兩校目前共有學員三千餘人，成績斐然。

(2) 合作與互補

　　在原始構想中，仰山秘書處是一顆活的引擎，可攻可守，與企委會之間設計了互補的合作模式。基本上，企委們各有本業，企委會每個月才開會一次，必要時才組成專案小組，協助秘書處作業或參與工作，因此主力還是在秘書處。

　　仰山創會迄今，共計歷經林朝成、潘兆禎、陳其南、張捷隆、周家安、簡楊同、林奠鴻與邱峯耀等八位秘書長或執行長。其中林朝成（宜蘭縣冬山鄉人，楚材晉用，目前為台南社區大學校長）、張捷隆（宜蘭社區大學創校校長）、周家安（前宜蘭縣史館籌備處總幹事）等三位，都是以企委身份，在仰山青黃不接或面臨危機時暫代秘書長，將仰山扶持起來。

3. 業務會議——仰山的安全瓣

為顧及董事會每半年才開一次會，對於秘書處的業務運作有時緩不濟急，仰山因此在董事會下設業務會議，由秘書處、基金發展委員會及企畫委員會各兩到三人組成，每月開一次業務會議，代為執行董事會閉會期間的部分職權；專責協調、溝通並裁定彼此間的相關事項，審議各重大事項，再報董事會核備。

事實上，業務會議扮演著「安全瓣」的角色。仰山是個人事更迭頻繁的非營利組織，一路走來，歷經高峰期與低潮期，卻能始終如一，維持創辦的初衷、日益茁壯，除了董事會全力支持外，也要歸功於籌備草創時期定下的會務宏規。

4. 基金發展委員會——仰山的掌櫃

仰山基金發展委員會，顧名思義，就是募款、管理財務的單位，成員由董事會遴聘，任期同董事會。創會之初，仰山即意識到巧婦難為無米之炊，唯有財務健全，會務才能順暢。

參酌台灣大小基金會的財源，仰山特別重視小額募款，期許仰山是宜蘭人的仰山，是由許多有理想、有行動力的宜蘭人有錢出錢、有力出力，共同建構的平台。小額募款還有另一層意義，透過廣泛募款，讓更多宜蘭人認同仰山，參與仰山志業。既得人又得魚，是原本設計的初衷。

仰山初期的小額募款，採取小組長制，定期代收捐款，有點像慈濟功德會。但文教事業畢竟不是宗教，一般人會認為與積功德無關，實際成果也不明顯；勸募時，人家還用不知所以的神情，問仰山是做什麼的？因此，募款大都找知己的老朋友。

小組長收了幾次款後，漸漸後繼無力。看朋友面子捐款的人，捐了幾次就認為面子做過了；主動捐款者因動機不強，加上宜蘭一般民眾對仰山的印象：是個財力雄厚的基金會。仰山的第一屆董事長，是有「台灣史懷哲」美譽的陳五福醫師，繼任者是金車企業董事長李添財，其他企業董事也都是宜蘭知名人士；會屬團體仰山合唱團團員，也都是知名女士，因此基發會成員推動小額募款時，都會被問上一句：「你們仰山會缺經費

嗎？」

　　仰山基發會成員是無給職義工，做的是吃力不討好的工作，自己又必須每年捐款，因此成員無法擴大；這些都是小額募款的困境，不易突破。李添財董事長是白手起家，最後開創出大企業的成功人士。他擔任仰山董事長十八年間，年年慷慨解囊，奠定仰山堅實的基礎，但他的信念是：第一、自助而後天助，仰山要探討自力更生之道，不可老想倚賴他人；第二、他的金車教育基金會，也是自己舉辦各種寓教於樂的活動，以求自給自足。

　　情況雖然如此，從 1990 至 2008 年為止，捐款給仰山者計有九百七十一人，共募集了五千六百多萬元的捐款，其中五十萬元以上的捐款，全來自董事會。這個數字告訴我們，仰山是大家共同灌溉的仰山，是全民的仰山；小市民的捐款雖然金額不大，卻代表捐款人對仰山志業的關注、認同與支持，其分量何其之重。

　　仰山會館一樓雨淋板上的紀念物「蘭雨」，就集合眾多捐助者的簽名筆跡，鏤刻於雨淋板上，如同蘭陽雨水匯聚，滋潤大地，形成力量。會館落成時，共計蒐集了四百五十四人的親筆簽名，包括「建館基金」捐助者、歷屆捐款董事，以及參與籌建的專業人士。

　　總之，仰山的經費來源，初期以董事會及小額捐款的涓滴挹注為大宗，部分則為公部門委託辦理各項活動的經費。仰山創會之初，即以摒棄政治色彩，建立宜蘭人共同的仰山自許，首屆董事長陳五福醫師是台灣的人格者，繼任的李添財董事長，也是不問黨派的企業家。另一方面，由於創辦人是游錫堃先生，仰山因此與縣府長期合作，承辦或主辦各種活動。

　　雖然與公部門合作，仰山本質上是深具理想性，而且批判性格強烈的社團，宜蘭縣的社會運動都少不了仰山的身影，如因捍衛「宜蘭縣總體規劃」；挺身抗議「擴大非都市土地容積與建蔽率」政策，縱然當時執政的，是一向對仰山友好的民進黨籍縣長，但仰山只問公義是非，不問黨派，扛起監督者的角色，衝到第一線「為縣民前驅」；又如反對停辦「童玩節」，組成「黃槿花行動聯盟」，抗議縣府違背民意。凡此種種，仰山仍不明就裡的被界定為民進黨的外圍組織，還成為議會國、民兩黨攻訐的對象。

　　2002 年，創辦人游錫堃組閣，把「社區營造」列為國家重大建設計

畫，積極推動。仰山秘書長周家安採納副秘書長簡楊同的意見，將關注層面擴展到全台灣，開始到中央部會投標與社區營造有關的專案，除了擴大服務範圍、改善財務困境，秘書處也因此業務倍增，而且遠及台灣東部地區，因此進用了更多年輕人加入社造行列。此後十餘年，仰山以承辦社造的成功案例與完善的服務品質，獲得委託單位信任，就以案養人來維持會務運作，期間基發會勤儉有方，終能累積結餘，小有餘裕。

5. 企畫委員會─仰山的舵手

企畫委員會的設立，在二十多年前算是創舉，而且截至目前，宜蘭的各 NGO 和 NPO，似乎只有新成立的陳定南教育基金會有此設置。當年仰山籌備小組的想像，企委會就像腦部，是眾多創意的平台。企委們來自各領域，學有專攻，在仰山這個平台互相學習、腦力激盪；提出議題分析、討論，最後做出大家雖然不能百分之百同意，卻也可以接受的共識。

每屆企委會的組成，除了留下幾位資深的企委，也會廣納新成員，讓企委會有更多新血加入。企委們剛開始有些陌生，但透過定期的會議，專案小組的研討與國內外參訪的互動等，大家也就十分熟稔，而在會議中的激辯也就習以為常。

企委都是各有本職的義工，因此仰山企委會的開會時間，都是訂在晚上七點以後。仰山空間燈火通明，人聲鼎沸，旁觀者形容「跟吵架差不多，還害怕會打起來」。但在激辯之後，旁觀者懸吊的心都還沒放下來，大家就已經相招在離會址不遠，復興路上的「復興鵝肉」小店，叫幾碟小菜，痛快喝幾杯台灣生啤酒，然後踏著月色回家。今天，一些資深退職的老企委，仍懷念與諸友共同打拚的日子。那段動機純粹、情懷浪漫的青壯歲月，是否只要仰山存在一天，自能在仰山的恆長生命中「零落成泥碾作塵，只有香如故」？

企委會在 1990 到 1996 年間，研擬多件企畫案，與宜蘭縣政府密切合作，協助舉辦「開蘭一百九十五週年」及「宜蘭紀念日兩百週年」兩次紀念活動。透過長達一年的大型系列活動，讓宜蘭人了解生養自己的土地，認識這塊土地的歷史，藉以凝聚共識，建構宜蘭主體性、本土認同、文化

反思以及區域振興的目標。

對於宜蘭縣各項公共議題，企委們無不竭盡心力、相互激盪，完成各項專案計畫，以描繪宜蘭未來的願景，重建社會核心價值。其中影響深遠的，除了上述兩次宜蘭日紀念活動，當數寧靜的地景革新——「宜蘭厝」改造運動；建構兒童夢土的「宜蘭國際童玩藝術節」，以及推動終生學習的「宜蘭社區大學」，最為人所津津樂道。

(1)企委會的第一次變革

1994 年，陳其南擔任文建會副主委，在中央大力推展「社區總體營造」運動。仰山秘書長潘兆禎在同年 3 月 14 日，代表仰山參加文建會主辦的「社區營造」系列小型研討會，回宜蘭後將資訊提到企委會，並展開長達一年的討論。之後，仰山便邁開步伐，全力投入社區總體營造工程。

在此之前，游錫堃擔任宜蘭縣長時，就注意到日本的「造村」與「造鎮」政策，並以「區域振興」的概念經營宜蘭縣政。在「社區總體營造」這個名詞還沒出現之前，游錫堃以鄉鎮為單位，進行一連串大小社區振興活動，也算是社區營造的先行者。因此，文建會副主委陳其南在 1996 年卸任後，游錫堃力邀他接掌秘書長，以仰山為社區總體營造基地，在宜蘭縣推展「新故鄉運動」，實現這個以文化為本、在地認同、從心改造的公民運動。

為求事權統一，加快決策效率，仰山於 1996 年 8 月 31 日，召開第三屆第二次董事會。會中決議，因應工作需要，增設「社區總體營造暨終生學習部」，全力投入社區總體營造工作。同年 9 月 16 日，召開章程修訂專案會議，調整組織架構，將秘書長改為執行長，企委會則改為執行長的諮詢單位，企委會定期的會議自此取消。此外，為擴大參與面，陳其南接任執行長後增聘「諮詢企委」，人數雖多，卻屬諮詢性質，相對於在此之前的企委會，不但運作型態大異其趣，原始設計功能也幾近於無。

(2)社造先驅

1997 至 1998 年間，陳其南引進新觀念、開發新資源，大受宜蘭鄉親的尊崇，社造工程事半功倍。這段期間，他也培養、訓練了許多社造人

才，是仰山社造如火如荼的全盛時期，其中最知名的有「千人移廟二結埕」、「宜蘭新建築運動」、「白米木屐館」等營造工程。一時仰山聲名大噪，外縣市參訪者絡繹不絕。

陳其南先生離開後，仰山在 1999 年 3 月 20 日的第四屆第一次董事會，任命張捷隆擔任執行長，張智欽擔任企委會主委，仰山又回到原來三個平行單位共同運作的局面。張捷隆暫代秘書長後，仰山受縣府之託籌設的社區大學成立，張捷隆於是離職，擔任宜蘭社區大學基金會執行長。此後，由於陳其南打下的深厚基礎，仰山的階段工作，基本上以「營造社區，建構公民社會」及「新故鄉運動」等為主要方向，業務大半與社區有關，對於社區、人與土地和諧的關懷、公民社會的養成等，著力更深。

(3)黃金十年

周家安於 2000 年回到仰山擔任秘書長，張智欽主委及諸位委員也合力重組企委會，廣納當時宜蘭文化及教育界的菁英，開啟一段所謂黃金十年的歲月。除了結合各企委的專業背景，賡續、強化前一階段的宜蘭厝與社區營造工作，仰山的業務觸角也延伸至文化資產保存、藝文活動推廣、社區教育體系等議題。

在這期間，企委會多以專案小組的方式，針對各業務專案召開會議。當時的工作默契，是企委會決定成立專案小組後，推選一位企委擔任召集人，這位召集人得以邀請企委們加入小組，每位企委均不得拒絕。同時，小組可以再邀請相關專業人士參與，極盛時期幾乎天天都有專案小組在開會，企委們下班後到仰山邊吃便當邊開會是常有的事。這樣的拚勁，擴大了仰山的參與面，也提高仰山的能見度。

而由企委會辦理的「他鄉之石」國外參訪活動，則是促進企委間的專業對話。這項參訪活動結合了仰山的階段性業務發展，例如前往英國參訪愛丁堡藝穗節，了解節慶活動；考察日本觀光規畫及歷史空間保存；拜訪新加坡成人社區教育機構，考察社會教育推展實況。參訪行程有別於一般的觀光行程，每位成員行前都要深入了解各參訪點的相關資訊，旅程中在車上分享彼此的所見所聞，返國後還召開檢討會議，研討參訪成果。

(4)企委會的第二次變革

2011 年，仰山創辦已屆二十一年，李添財先生自第二屆起，連任六屆董事長，長達十八年。李董號召群倫，出錢出力，將仰山從嬰孩扶持為成人，亟思功成身退。其實早在 2008 年，李董即向創辦人游錫堃表達不欲續任之意，經游力挽，才同意續任一屆。

此時，仰山面臨另一個新的困境，引起創辦人游錫堃回頭關注。他發現，會務人員雖埋首工作，卻無法清楚描述現階段的願景；而仰山會館興建的目標訂為「社區的家」，但從空間規畫、運用到社區互動上，都不能呈現或達到這個目標。仰山同仁忙於接案、趕案與結案，就像一般工作室或政府內部的行政單位，一人身兼數職，早已忙翻，遑論思索新的課題與發展方向。

另一方面，游錫堃擔任行政院長時，將地方文化扎根、地景改造、社區營造等理念，制定為政策推展到全國，逐漸成為各地的一般行政工作。仰山持續執行這些業務，淹沒在多樣而且與一般工作室相仿的潮流中，基金會的面貌不再清晰，不若之前深具獨特性與前瞻性。

游錫堃早在 2010 年春天，就曾建議企委會重新審視時勢，思考工作方向，重擬仰山願景，並告訴大家：「如找不到更好的，可以考慮有機宜蘭。」但連企委會似乎也失去銳氣，事隔經年，毫無新願景的下文。游錫堃為改弦更張，開始花較多心力關心仰山，在還未接董事長之前，就在李添財董事長支持下，以議題帶動方式，引導仰山向前邁進，展開一連串再造仰山的行動，例如：

a. **重建願景**：秘書處成立「會務發展專案小組」，於 2011 年 1 月 13 日研擬出〈仰山會務六年發展方案〉草案，於 3 月 30 日提出以「耕耘蘭陽、永續台灣」為願景；企委會稍後決議，將願景調整為「社造別有天‧創造宜蘭力」。最後經游錫堃親自主持「仰山再造 419 會議」，達成共識後提請董事會同意，內容如下：

　　仰山定位：進步價值之研究、倡議與實踐的智庫。
　　仰山願景：「有機新宜蘭」。

b. **舉辦研討會：**配合新願景，邀請李金龍、陳其南、林盛豐、張景森、陳鑫益、邱峯耀、黃山內等，從 2011 年 5 月 16 日到 8 月 16 日，召開七次會議，籌備「有機新宜蘭研討會」，並於 2011 年 9 月 23 日在宜蘭大學舉辦「有機新宜蘭研討會」。

c. **繼續文化扎根：**仰山是台灣文化的開拓者，成立後積極推動台灣本土文化。仰山在本土文化方面的深耕，不但幫助宜蘭縣政府「文化立縣」垂然有成，也促進全台本土文化蔚然成風，而「宜蘭建築」國際聞名，受人肯定之隆不亞於「宜蘭童玩節」；宜蘭一個工商落後、地處偏遠的三級窮縣，為何有如此成就？為了讓國人深入了解，仰山於 2011 年舉辦「宜蘭建築文化巡禮」，回顧近二十年來宜蘭生活環境的有機式成長歷程，並持續關注演進中的宜蘭地景、地貌，期待我們的家園永遠美麗，讓宜蘭成為別有天地的桃花源。

　　第八屆第一次董事會議在 2011 年 6 月 28 日召開，會中選出創辦人游錫堃擔任董事長；禮聘李添財先生為榮譽董事長。

　　此時，企委會配合「有機新宜蘭」的願景，建議調整仰山章程第二條（宗旨）及第十四條（業務）的內容。董事會決議交由五人小組（吳靜吉、林盛豐、廖學興、李金龍、周家安）研議，並於 2011 年 8 月 16 日第八屆第二次董事會會議上提出，啟動第二次階段性組織與業務內容改造，調整章程第二條（宗旨）及第十四條（業務）條文內容（於董事長下，加設有機社區部），決心自 2011 年起，以三十年光陰，全力推動「有機新宜蘭」，並朝最終願景「綠活台灣」邁進。

　　仰山企委會的成員，之前以建築、文教、歷史及藝術界人士占多數，為因應新業務的需求，開始啟動換血機制，增聘環境與農業人才。然而，秘書處業務日益龐大，工作內容又比較專業；企委會只有少數農推專業人才能參與秘書處工作，因此提案功能在無形中再度萎縮。

（四）仰山空間的變遷

　　走進仰山文教基金會的辦公室，可以看到一幅大大的圖片掛在潔白的牆面上，圖中有一片碧藍的天，以及綠意盎然的大地，下方寫著「這裡是

可以實現夢想的地方」。對仰山人來說，這裡不是忙碌冷漠的辦公空間，而是充滿熱情理想的歷史空間。仰山的空間歷經三度變遷，前兩個階段租賃而居，直到 2009 年才有自己永久的「家」。

在第一階段，首任秘書長林朝成以宜蘭高中附近容易接觸的學生為優先考量，於 1990 年 5 月租下在宜蘭高中斜對面巷子內，一戶三層樓的連棟式房子為會址（宜蘭市復興路三段 61 巷 7 號），一樓做為辦公室及接待區；二樓為教室兼會議室；三樓還有間客房。

到了第二階段，在前址租用近七年後，為求更大的活動空間，1997 年 4 月，仰山遷移至宜蘭市宜中路 84 號及 86 號（後更改門牌號碼為 222 號、226 號），兩戶的一樓及地下室，共約一百五十坪。當時的執行長陳其南，特別命名為「仰山空間」。其中 226 號一樓是主要的開會場所。地下室大抵提供給仰山合唱團每週練唱，仰山和各 NPO 召開各項會議人數較多時，也會利用這裡。

至於 222 號的一樓，前面三分之二是辦公區，後面三分之一則是秘書長室。地下室除了放置仰山資料，還有約五分之三的空間供給非營利組織租借，先後曾有宜蘭縣登山協會、宜蘭縣車禍受難者關懷協會、宜蘭縣環境保護聯盟、宜蘭縣全國大專院校校友會、棲蘭檜木國家公園催生聯盟、宜蘭縣教師會等社團進駐。仰山空間在這段期間常常門庭若市，會議人聲鼎沸，頗為熱鬧。

在第三階段，仰山創會九人小組之一的周家安常提到「有恆產，斯有恆心」，為宜蘭興建一棟新時代的「仰山書院」，原本就是仰山人的共同夢想。早在 1994 年的第二屆第四次董事會中，就已決議要為仰山尋找永久會館，後經創辦人支持並募得一筆款項，基發會主任委員許祈財於 1997 年 10 月，購得壯圍鄉一處約一千九百多坪的農地。

然而好事多磨，仰山受限於《農業發展條例》，既無法將位於特定農業區並已辦完農地重劃的農地過戶到名下，更無法在農地上興建文教機構，只得先將該農地交付信託。仰山有部分同仁建議另起爐灶，直接購買現成建物，卻因不能量身訂做、滿足仰山的需求而罷議。

仰山董事陳錫南在 2005 年，將宜蘭市建業段 429、429-1、429-2 等三筆共一百八十二坪建地，以原價讓售給仰山；仰山部分董事對已擁有一

塊地又要新購地有意見，經創辦人協調後才繼續進行。而後仰山以比圖的
方式，選出林志成建築師負責設計，並於 2006 年 10 月辦理募款餐會勸
募。但因工程經費不足，又受其他因素影響，導致本案一波三折，幾乎停
擺。後經創辦人游錫堃與董事長李添財商議，斷然決定將仰山農地出售，
所得款項全數挹注會館工程，才峰迴路轉，繼續推動。

2009 年 5 月 2 日，位於宜蘭市縣政六街 68 巷 47 號，量身定做的 272
坪「仰山空間」，終於落成啟用。

▌二、耕耘夢想、再造別有天

宜蘭縣三面環山，東臨世界上最大的太平洋，地形封閉。然而，只要
翻越草嶺，或穿過草嶺隧道進入蘭地，天地豁然開朗，「龜嶼佳景」出現
眼前。海岸迤邐百里，平原阡陌縱橫，山巒蓊鬱自成天地，因此自古即有
「別有天」的雅稱。

境內居民大多世居宜蘭，牽來挽去，彼此多少沾帶點親朋故舊或師友
關係。就算移居外縣市，也因父母或兄姊弟妹都留在宜蘭，對家鄉自然有
較強烈的向心力；而這個無形的凝聚力量，正是宜蘭最大的資產。

除了人的資產外，宜蘭面積兩千多平方公里，山地占四分之三；畚箕
形的狹小平原上，有蘭陽溪川流而過，注入太平洋。宜蘭雖小，卻有離島
和陸連島等海岸地形，地質變化多樣，可說是台灣海岸的縮影；還有溫
泉、冷泉與三千公尺以上的高山、瀑布等景觀，而且拜開發較遲之賜，天
然美景環境倖存於今，成為宜蘭珍貴的環境資產及優勢。

宜蘭自古交通不便，開發較遲，居民基本上以農漁為生，工商不發
達，是個人口外流的縣份。長久以來，優渥且現代化的就業機會無多，青
壯人口只好出外謀生，使得工商業發展益加限縮。「如何引進優質產
業？」一直是宜蘭縣的重大議題。宜蘭縣應該如何以生活環境等外在條
件，開創屬於宜蘭的產業與經濟？既能擁有現代化的城鄉生活，又能保有
無汙染、開濶與優質的生活環境？創造新時代的別有天，對宜蘭人來說是
當下的考驗，也是選擇。

仰山創會，自命為縣民前驅，長期關懷宜蘭動向，積極參與公共事務，也隨時監看，有時難免有角色上的衝突，但一路走來，從「文化扎根」、「社區營造」到「有機宜蘭、綠活台灣」；從社會關懷到地方實踐，履痕深深。仰山耕耘的，是身為一個現代的台灣人，追求天、地、人能和諧幸福的夢想。

緣此，仰山的捐助章程中明訂四大宗旨：（一）為蘭陽發掘、培育並獎掖人才。（二）保存、整理及發揚蘭陽文化。（三）探索蘭陽趨勢，研究發展策略。（四）結合各界力量，共創蘭陽美景。以下分別就仰山歷年來所曾推動的重點工作簡述如下。

（一）發掘培育及獎掖人才

1. 設置噶瑪蘭獎——噶瑪蘭的榮耀

仰山從 1991 年起創辦「噶瑪蘭獎」，每兩年到三年辦理一次評選，表彰在蘭陽這片土地上，對文化、教育、政治、經濟、科技、產業、生態、環境、社區、藝術及其他領域有卓越貢獻的人士或團體，向他們表達謝意，也期盼更多宜蘭人投入地方公共事務。噶瑪蘭獎創辦至今，已辦理過九屆評選活動。

第一屆噶瑪蘭獎得主是「象集團台灣工務所」。象集團規劃、設計冬山河親水公園，仰山雨淋板上稱讚：「向土地學習，更堅持美善。空間的魔法師，讓千年母河有了滿意的表情，終於，宜蘭人重拾自信與自豪。」

第二屆（1993 年）得主，是創辦慕光盲人重建中心的陳五福醫師。他除了行醫救人外，在醫學領域的論著中，更發表了許多學術理論和實務經驗。

第三屆（1996 年）得主是退休老師張月娥。她在長達三十四年的教學生涯中，善盡傳道授業的職責，對於傳統戲曲的保存和推廣貢獻卓越。

第四屆（1999 年）得主是宜蘭縣環境保護聯盟，表彰其長期關心宜蘭的環境保護，推展環境保護運動。

第五屆（2002 年）得主是秘克琳神父。他於 1966 年創辦蘭陽舞蹈

團，協辦宜蘭童玩節，讓各國表演團隊順利前來演出，推動台灣與各國的文化外交。

第六屆（2004 年）噶瑪蘭獎經評審委員會決議從缺。

第七屆（2006 年）得主，是常以宜蘭為創作背景的作家黃春明。他是台灣當代重要的小說家，在推動文學教育、兒童劇創作，以及開創傳統歌仔戲的新發展上，有卓越貢獻。

第八屆（2008 年）頒給近百歲的畫家王攀元，表彰他不斷提攜後輩，積極參與蘭陽藝文發展，他獨具風格的作品豐富了宜蘭的文化厚度。

第九屆（2010 年）頒發給宜蘭縣史館志工李英茂，感謝他過去二十多年來伏案埋首，致力於日文文獻的翻譯工作；擔任口譯，促進宜蘭與日本的文化交流，默默付出，功不唐捐，立下動人的典範。

噶瑪蘭獎頒獎訂在宜蘭紀念日 10 月 16 日前後，得主除了獲頒獎金二十萬，還有特製的噶瑪蘭獎獎座。第一屆至第四屆的獎座是由雕塑家林正仁設計；第五屆至第九屆則是由藝術家陳世強設計，並協同陶藝漆器藝術家史嘉祥、楊美玲夫婦精心製作。

2. 贊助出版研究宜蘭的學位論文——營造「宜蘭學」基礎資料庫

為培養以宜蘭為研究對象的研究人才，推動以宜蘭為主體的研究風氣，落實本土研究，促進地方發展，充實文獻資料。仰山自 1991 年起辦理「贊助出版研究宜蘭之學位論文」專案計畫，期間共贊助一百三十八位研究生出版學位論文，其中博士八位，碩士一百三十位，贊助總經費合計三百五十七萬元。

1991 年辦理此計畫時，可謂開風氣之先，此後每年辦理一到兩次，鼓勵各大專院校研究生以宜蘭為研究對象進行學位論文，贊助其學位論文之出版印刷經費，博士論文每篇補助四萬元，碩士論文每篇補助兩萬五千元。此一創舉，後來結合宜蘭縣史館定期所舉辦的宜蘭研究研習營及學術研討會，逐步建立「宜蘭研究」的傳統。對於當時還沒有一所大學院校的宜蘭來說，確實有效地提升了宜蘭的學術研究風氣。

這項贊助出版研究學位論文計畫，經費大多由仰山自籌負擔，長期下

來也是一項財務負擔，加上宜蘭研究這個工作在縣史館已風風火火地開展，基於資源不應重復加被的原則，仰山自 2003 年起停辦。

回顧此計畫的發展歷程，已達成原先計畫之目標，各贊助學位論文所涵蓋的學門相當廣泛，對於後續研究者而言，都是重要的參考文獻來源。而多位曾接受贊助的研究生，也都成為重要的在地研究者，在各領域都有卓越貢獻。然而論文發表會也只有在剛開始的年度辦理，未建立專業的對話平台，與研究者未建立聯繫管道，鼓勵其繼續投入宜蘭研究工作，擴大其影響層面，實屬可惜。

3. 成立會屬團體——年輕的仰山

仰山除了前述的董事會、秘書處、基發會及企委會外，為擴大各年齡層、各不同領域的多元參與，在各個階段設置的會屬團體，則展現了仰山的活力及多元性，包括宜蘭縣大專青年服務隊、仰山合唱團、仰山籃球隊、仰山讀書會、仰山解說學會（後轉型為仰山志工學會）及仰山童學會。

(1)宜蘭縣大專青年服務隊

1994 年為了辦理「好山好水好兒童，噶瑪蘭兒童夏令營」，仰山先招募大專青年開辦「宜蘭縣大專生服務培訓營」，讓縣籍大專青年做好服務準備，也更認識宜蘭。活動結束後，仰山的第一個會屬團體宜蘭縣大專青年服務隊（簡稱大青隊），在同年 9 月 2 日正式成立。大青隊曾辦理多種營隊，例如深入探索宜蘭風土人情的「探訪蘭陽溪」。然而，1996 年宜蘭童玩節開辦後，原先在暑假返鄉服務的大專生，大多擔任童玩節的工讀生，大青隊的運作逐漸式微。惟大青隊也培育了一些人才，幾位隊員學成之後，轉而參與仰山秘書處的工作，成為仰山一股堅強的戰力。

(2)仰山合唱團

仰山合唱團成立於 1997 年 7 月 3 日，是由創辦人的夫人楊寶玉，邀請幾位熱愛歌唱的好友共同組成。這些團員來自不同的領域，各有所成，

但都喜愛歌唱，熱愛表演，希望藉由悅耳的歌聲，傳達合唱之美給愛樂者。合唱團定期舉辦音樂會，並邀請國內外的合唱團共襄盛舉。此外，他們也積極走入慈善機構及監獄等，團員們出錢出力，投身於公益活動。而仰山各項重大活動，例如：噶瑪蘭獎頒獎典禮、仰山募款餐會、仰山聯誼會總少不了合唱團的身影。

(3)仰山讀書會

仰山讀書會創立於 1998 年 5 月 4 日，當時的執行長張捷隆為推展終生學習理念，鼓勵閱讀風氣，籌組讀書會。會員數在全盛時期多達三十幾名，聚會時高朋滿座，人人發言踴躍。讀書會以四個月為一期，每兩週在仰山空間聚會一次，每期由帶領人與會員共同研討決定活動主題，除了文本閱讀討論之外，也會選播合適的影片進行研討，或辦理講座開放給其他民眾參與。參與仰山讀書會的會員，年齡多為中年，來自各行各業，能利用閒暇時間進行聚會討論，持續運作十餘年至今不衰，好學精神，實屬不易。

(4)仰山解說學會

因應宜蘭觀光休閒產業的發展，2001 年 3 月 26 日仰山主辦第一期義務解說員培訓計畫，吸引了一百七十五人報名參加甄選，經過了嚴格培訓課程，產生三十位第一期學員。為了永續經營義務解說員，在培訓中即安排規章座談會，朝向成立學會目標邁進，2002 年 1 月 1 日仰山解說學會成立。成立之後，協助團體導覽解說、為各國中小培訓小小解說員、擔任綠色博覽會展館解說。也因為解說學會的成員素質高，之後積極投入地方文史及自然生態資源調查工作。2008 年之後，因應解說員團體紛紛成立及仰山志工需求增加，解說學會轉型為仰山志工學會。

(5)仰山童學會

2004 年，為了讓宜蘭的孩子以「不一樣的方式」玩童玩節，仰山主動與縣府文化局合辦《童玩日報》發行計畫，招募縣籍小五至高三的學生擔任小記者，在童玩節期間進行採訪、報導及編輯。

　　《童玩日報》每天發行，除了讓童玩節更有「看頭」，也打開宜蘭孩子的國際視野。仰山在 2005 年持續辦理這項計畫，工作人員在童玩節結束前，與小記者們談起是否應該成立組織，在平時也能透過活動，讓小記者有更多學習成長的機會，「仰山童學會」因而誕生。童學會成立後除了辦理文學之旅、宜蘭人文營、仰山學堂等活動，也讓孩子擔任童玩節親善大使，協助接待國外團隊，並且有參與仰山工作的機會。

（二）保存、整理及發揚蘭陽文化

1. 推動宜蘭文化資產保存——重要的推手

　　仰山參與宜蘭文化資產保存工作的緣起，與幾位仰山企委的專業背景有關，周家安、陳進傳、楊欽年、陳財發、潘寶珠，這幾位資深企委，長期關注宜蘭的文化資產保存議題。因此，文化資產的保存與活用，一直都是仰山的工作焦點。

　　仰山歷年完成的工作成果，包括制訂宜蘭縣歷史空間政策綱領，規劃歷史空間解說系統，這兩項政策型的計畫，成為後來宜蘭縣執行文化資產保存工作的重要指導及規範文件。後續參與蘭城新月文化廊帶解說系統建置；昭應宮線上學習系統建置；南方澳漁村討海文化資產調查；宜蘭縣民俗文化資產普查；頭城老街區域型文化資產保存；羅東小鎮文化廊帶文化資產調查等計畫。

　　仰山於 1990 年代，率先提出以「歷史空間取代古蹟」的政策概念，打破原來中央由上而下的指定方式，保存標的更擴及與民眾生活相關、各歷史時期遺留與形塑的空間。這種符合時代潮流的概念，促成了《文資法》在 1996 年與 2001 年的兩次修法，將原屬中央的古蹟指定權力，下放給各縣市政府，並增列歷史建築，使地方可依其歷史文化與發展目標，更具彈性地保存地方傳統文化。

　　仰山不僅在關鍵時期，協助地方政府奠定文化資產保存工作的基礎，更在保存觀念與作為上，產生引領與示範的作用，是宜蘭文化資產保存的重要推手。

2. 補助大專蘭友會辦理「蘭陽週」活動──心有蘭陽

宜蘭縣全國大專院校校友會（簡稱大專蘭友會）成立於 1989 年，這個團體是由各大專院校的蘭陽子弟組成，也是全台第一個由學生自發成立的社團組織。

在大學之門還很窄的時代，能讀大學的蘭陽子弟，都是宜蘭未來的社會中堅。遠自民國五十三年（1964 年）第五屆、第六屆縣長陳進東創始，於每年大學聯考放榜後，縣府舉辦慶賀大會，由縣長親自主持盛會，鼓勵這些大學新鮮人，叮囑即將離鄉受「大人之學」的宜蘭子弟，務必修己勤學，學成後一定要返鄉服務。這個溫馨的活動，傳承陳定南、游錫堃、劉守成以降，歷經數十年，發展成遍布全國各大專院校的鄉誼組織「蘭友會」，並且成為獨特的傳統。

家鄉沒有大學的宜蘭人出外就學，蘭友會就成為聯絡鄉誼的重要社團。蘭友會設有總會，以串聯各校分會。而宜蘭人對於家鄉的「黏性」，也讓蘭友會成為各大專院校中向心力最強、活動力最佳的校友會。

各校蘭友會除了迎接來自家鄉的學弟妹，協助熟悉新環境外，每年會在校內舉辦「蘭陽週」活動，透過展演活動、美食推廣、專題講座等方式，在校園直接行銷宜蘭之美，有效提高宜蘭在大專生族群中的能見度。為了鼓勵各校蘭友會辦理這項活動，由仰山、宜蘭縣政府（教育處及文化局）、蘭陽文教基金會，共同補助蘭友會經費籌辦蘭陽週，同時輔以蘭陽百景、節慶活動、博物館家族等主題，製作展示資料，在全國各大專院校輪流展出。直至今日，蘭陽週仍是各大專院校具有「亮點」的活動。

（三）探索蘭陽文教趨勢、研究發展策略

1. 再造別有天──推動「蘭陽百景」票選

蘭陽古時雅稱「別有天」，山水美景獨樹一幟。從清代文人蕭竹友自評的蘭陽八景，到《噶瑪蘭廳志》及《噶瑪蘭志略》的蘭陽八景，乃至日治時期台灣十二勝，或是戰後《宜蘭縣志》的新蘭陽八景和蘭陽十八勝，這些勝景都是由文人墨客，乃至官方所指派。

　　然而滄海桑田、時移代遷，宜蘭的環境景觀變化甚大。為了讓居住於斯土的住民，以自己的心、眼與觀點，透過重新認識自己的家鄉，進而珍愛自己的家鄉，仰山企委會於 1993 年 2 月通過陳財發所提的「蘭陽百景票選企畫案」，在兼顧時空變遷及突顯全民參與的原則下，以「全民推薦→專家評選→民眾票選」流程，展開「蘭陽百景票選活動」。

　　票選活動於 1993 年 5 月 2 日，在宜蘭運動公園大草坪以園遊會的方式展開，期間約有五萬人參與票選，選出自然景觀類六十一點、生態景觀類十三點、人文景觀類二十六點。仰山成立「蘭陽百景圖冊」編輯小組，深入勝地撰述百景特色，還有攝影家隨行，專責拍攝勝景。歷經三年多的圖像篩選、重攝，與文本潤飾，終於在 1997 年 10 月，將「蘭陽百景」圖冊付梓刊行。

　　二十年過去了，就陳財發的反省來看，當初這項活動的規畫，僅止於縣內的活動，未能擴大對全國發表、行銷，為觀光立縣的宜蘭縣增加效益，算是未竟全功。不過這項票選活動的推展，就仰山及宜蘭縣政府而言，也有正面的影響；仰山展現了舉辦大型活動的能量，匯聚社會資源，具體落實了宜蘭縣政府「觀光立縣」的施政內涵，奠定「蘭陽百景」成為旅遊宣導的新標竿。

2. 寧靜的地景革命——興建「宜蘭厝」

　　宜蘭從陳定南擔任縣長後，以追求高品質的公共工程為目標，諸如宜蘭及羅東運動公園、冬山河親水公園、國小校園改建等。游錫堃接任後，賡續未竟的建設，並將文化、藝術、節能及本土色彩注入公共建築，像宜蘭縣政府、縣史館、演藝廳及泰雅大橋等橋梁的興建；縣議會、傳統藝術中心及蘭陽博物館的規劃；全縣各國中小學校園的整體規劃與改建等都是成功的案例。

　　順利推動公共工程景觀改造後，游錫堃也希望把焦點擴展到民居建築。這個想法，獲得時任仰山董事長的李添財支持。李添財在董事會議上提出，仰山應該為宜蘭的民居景觀改造盡點心力。於是仰山從 1993 年起，開始與宜蘭縣政府合作，啟動「宜蘭厝」推廣計畫。

　　宜蘭厝計畫包含多個面向，計畫進程從召開規劃座談會開始，邀請仰山董事、企委及建築師等交換意見，擬訂宜蘭厝的推廣與執行構想。宜蘭厝計畫於 1994 年 4 月 30 日辦理第一次學術研討會，邀請學者專家發表宜蘭建築相關的學術論文，並請宜蘭縣籍建築師進行專題報告。

　　緊接著是徵求建築計畫（基地及業主）與建築師，共有九位建築師與志願提供土地的業主配對成功。建築師訪談業主的生活需求，分析建築基地的區位環境，認真研究什麼是宜蘭厝？怎樣的建築設計才符合宜蘭的地理環境？為了讓參與計畫者更清楚了解宜蘭厝，仰山於 1995 年 5 月 7 日舉辦宜蘭厝鄉野之旅，由評選委員擔任專業解說導覽，帶領建築師、業主、媒體工作者等，參觀員山林朝英古宅、宜蘭葉宜興宅、壯圍天主堂等風土建築。經過多次討論及協調會議，終於完成第一期宜蘭厝的九件設計案，於 1995 年 12 月 30 日，舉辦宜蘭厝建築師設計成果說明會，讓建築師帶著模型現身說法，並邀請業主共同參與。由於入選的建築師多為國內的新銳建築師，有許多充滿創意的建築手法，台灣建築學界因此高度重視。

　　在建築師進行規畫期間，由林盛豐擔任召集人的評委會，也在 1995 年 10 月 17 日提出宜蘭厝的設計規準，包括敏銳的基地反應；高度的環保意識；融入地景的植栽規劃；簡單、主從分明的斜屋頂；自然樸素的本地建材；豐富的半戶外空間；有包被、有生活的戶外空間；位序合宜、有生活重心的室內空間；防颱窗；雙層牆；露明管線等十一項。而為了持續推廣宜蘭厝，仰山也出版了記錄第一期宜蘭厝活動過程與作品內容的《第 1 期宜蘭厝建築圖集》，還有以漫畫手法描述宜蘭厝起造經驗與相關大事的《起造一個家》。在 1997 年 7 月，008 號的三星黃宅首先完工入厝。

　　第一期計畫完成後，仰山將重點工作轉向社區營造，因此未持續推動宜蘭厝，直到 2000 年重組企委會後，才決議再次推動宜蘭厝。2000 年 11 月 19 日召開第一期宜蘭厝檢討會，召集曾參與第一期宜蘭厝的評委、建築師及業主等，檢討過去執行與合作的過程，藉此為第二期宜蘭厝暖身，探討未來的實施方向。經過半年的時間規劃籌備，陸續完成第二期宜蘭厝徵選活動的相關文件。

　　比照第一期宜蘭厝推動模式，在 2001 年 7 年 21 日先辦理宜蘭厝建築

參觀活動，再公開徵求建築師及業主。第二期宜蘭厝共選出十位建築師，與十組業主和基地進行初步配對，接著辦理四場宜蘭厝論壇，以及七場座談會或討論會，讓建築師能與業主進行意見溝通，協助完成更合適的建築設計。

在第二期宜蘭厝推動過程中，原先包括宜蘭市南門計畫區中，一個街屋六戶集合式住宅的規畫案，但因業主間意見不同，最後未能成功，相當可惜。第二期宜蘭厝在 2002 年 8 月 10 日召開確認設計定案會議，由評選委員會、第二期宜蘭厝工作小組、各組設計案建築師及起造人共同參與，審議各組設計案的內容，最後完成七戶的設計案。第二期宜蘭厝建築設計完成後，仰山於 2003 年在全台各地辦理第二期宜蘭厝巡迴展，積極推廣宜蘭厝的規畫設計理念，並出版《寧靜的地景革命：第二期宜蘭厝建築圖集》。2006 年仰山辦理第三期宜蘭厝研討會，然而因地方政府政黨輪替，爾後就沒有積極的推動計畫。

社區營造和宜蘭厝是仰山帶給外界的「鮮明印象」，仰山在十多年間，投入許多心力推動宜蘭厝，因此在籌建新會館時，當然也以宜蘭厝的建築規準為依歸。如今，在宜蘭可以看到很多「類宜蘭厝」的民居，運用了斜屋頂、紅磚、洗石子、明管線等建築元素，宜蘭人逐漸對建築有很高的要求水準，自己蓋自己想要的房子也成為一股風潮。這股運動擴大影響台灣的其他縣市，許多外縣市民眾前來購買第一期和第二期宜蘭厝的建築圖集。然而，這些出版品早已絕版，仰山卻常接到詢問宜蘭厝相關訊息的電話，因此特別在網站中成立宜蘭厝專區。宜蘭厝的推動除了仰賴民間的自主力量，縣政府是否支持，並在相關法規的制定及執行上予以配合，也影響到這項計畫能否長期推動。

3. 宜蘭教育不一樣——辦理「仰山教育改革論壇」

仰山是「文教」基金會，關注的議題涵蓋了文化與教育。台灣社會在 1990 年代掀起一波最大的教育改革風潮，行政院也在 1994 年「410 教改大遊行」後，成立「教育改革審議委員會」，游錫堃及陳其南都是其中的成員。

仰山從 1997 年 6 月 30 日起，不定期舉辦十幾場教育改革論壇，邀請學者、教育及學校行政人員、教師、家長，以及關心教育人士參與。論壇以座談會的方式進行，討論議題包括「搶救教科文預算——從憲法 164 條被國大修掉談起」、「教師聘約何處去」、「校長評鑑問題——從復興國中校長評鑑談起」、「小班小校？還是大班大校？從南屏國小與北成國小急速增班談起」等。

藉由舉辦仰山教改論壇，廣邀教育界菁英，建構宜蘭教改運動的對話平台，並且結合大眾媒體廣泛報導，在宜蘭形成一股教改的氛圍，同時也促使仰山與各教育團體開始合作。

4. 故鄉的河慢慢流——辦理冬山河及宜蘭河生命史討論會

宜蘭縣政府於 1987 年完成冬山河親水公園園區設計並開始施工，讓一條已完成整治、消除水患的河流，蛻變成可以親近的公園；用心的施作品質，將其開發成「水與綠」結合的開放空間。1991 年 3 月 23 日，冬山河親水公園在積極施工之際，仰山與宜蘭縣政府合作辦理「冬山河生命史討論會」，將河流視為一有機體，邀請各領域學者專家發表十篇學術論文，就自然、人文、空間等面向深入地進行討論，這也是宜蘭首次大型的學術討論會，是宜蘭研究的濫觴。

宜蘭縣政府在 2001 年開始規畫整治宜蘭河，並且比照冬山河的模式，在 2001 年 5 月 5 日，由仰山承辦兩天的「宜蘭河生命史討論會」，發表十篇學術論文，以及安排一個下午的宜蘭河知性之旅，由學者專家帶領參與者，從宜蘭河的上游走到匯入蘭陽溪的出海口，探訪沿途的自然與人文景觀。這樣的討論會，讓學術界有機會對一條河流的整治規畫提供建言，同時藉由活動，成功擾動地方輿論，讓更多民眾了解未來都市景觀及河流整治的圖像。

（四）結合各界力量共創蘭陽美景

1.「宜蘭縣社區防疫聯盟」——抗 SARS 大作戰

　　台灣在 2003 年爆發 SARS 疫情，剛開始大眾對於病毒傳播及發病症狀並不清楚，疫情的擴散速度卻很快，造成人心惶惶。仰山、宜蘭社大及宜蘭縣政府，共同成立「社區防疫行動聯盟」，邀請宜蘭縣近五十個社區發展協會加入，發動社區居民每天主動量體溫，同時招募關懷員關心社區中的獨居老人，促進社區居民的良性互動，縮短人際間的心靈距離。

　　社區防疫聯盟驗證了宜蘭扎實的社造成果，許多社區居民願意協助擔任關懷員，讓社區沒有防疫死角，也讓相關的防疫訊息進到每個家戶。抗 SARS 之後，促進社區健康也成為重要的社造議題，許多社區紛紛引進衛生醫療資源，重視社區福利服務的工作。

2.「搶救宜蘭生活品質行動聯盟」——反對放寬容積率及建蔽率

　　民進黨籍縣議員在 2004 年提案修正《宜蘭縣非都市土地建蔽率、容積率獎勵自治條例》，強制要求縣政府放寬游錫堃縣長於 1997 年訂定的建蔽及容積率，此舉將影響宜蘭的環境及生活品質。於是，仰山邀集宜蘭各 NPO 結盟（包括宜蘭縣博物館家族協會、台大城鄉基金會宜蘭工作室、宜蘭社大等），於成立大會時將連署書遞交當時的行政院長游錫堃。最後，劉守成縣長以強大民意反對為由提出復議，迫使提案的民進黨籍議員於開議時缺席，復議成功。

　　2006 年 12 月 19 日，國民黨籍呂國華縣長，宣布將調高宜蘭縣非都市計畫建築用地建蔽率及容積率，由原本的 50%及 120%調高為 60%及180%，「搶救宜蘭生活品質行動聯盟」再次發表聲明，前往縣府縣長室請願抗議造成縣長的決策很大的壓力，使其不敢「輕舉妄動」。

3. 「黃槿花行動聯盟搶救宜蘭童玩節」——就是愛童玩

在舉辦童玩節的冬山河畔，每年夏天總會開滿黃槿花，工作人員就以「期待黃槿花開」作為相約再見的代語。2007 年 8 月 7 日，當時的宜蘭縣長呂國華，以入園人數減少及嚴重虧損為由，宣布將於 2008 年起停辦已成為宜蘭重要資產的童玩節。

為了搶救宜蘭童玩節，仰山結合宜蘭各文教團體、文教工作者及關心童玩節的人士，成立「黃槿花行動聯盟」，舉辦記者會表達嚴正抗議，希望縣政府能持續舉辦童玩節，並且以一連串的行動，結合搶救宜蘭童玩節的力量。行動聯盟舉行文化論壇，廣邀各界研討童玩節的核心價值；製作黃色的「就是愛童玩」紀念 T 恤；2007 年 8 月 26 日童玩節閉幕當晚，在園區的對岸公園舉辦晚會，以火炬排出「I Love I.C.F.F.F」表達訴求。

仰山與幾個在地的 NGO，於 2008 年 11 月 8 日合辦「文化・地方・藝術節——以宜蘭縣辦理大型文化藝術活動的經驗與變遷為例」研討會；2009 年 10 月 24 日，仰山及宜蘭相關文教 NPO 辦理宜蘭縣文化政策對談會，邀請縣長候選人發表文化政策，童玩節成為關注的焦點。2009 年底的宜蘭縣長選舉，「復辦童玩節」成為競選的攻防議題；林聰賢當選縣長後，於 2010 年夏天重新辦理宜蘭國際童玩藝術節。

（五）社區營造，建構公民社會

游錫堃就任縣長後，推動文化立縣，一開始就參考日本的「造鎮」與「造村」政策，以區域振興的理念，把宜蘭縣當做一個大社區經營，推動宜蘭建設。例如以歷史省思為主軸舉辦 1991 年「開蘭 195 系列活動」；結合力與美，以鄉下人辦喜事的方式，舉辦 1992 年台灣區運動會，並首度將運動會場延伸到整個宜蘭市；1993 年勸說二結社區蓋新廟，應採競圖及耐久性建材，並保留王公舊廟，參考日本「造村」，營造特色、振興社區。文建會於 1994 年推出社區總體營造政策，開啟台灣社造的新視野；仰山也從社區營造入手，參與從宜蘭出發的社區營造運動。

仰山的社造工作，從 1996 年「宜蘭縣社區總體營造暨終生學習推廣案」起步，隨後參與籌辦「全國社區總體營造博覽會」、「千人移廟二結

埕」等活動，帶動社造風潮。仰山團隊初期投入白米社區營造，結合「蘇澳鎮白米社區產業文化特色推展輔導計劃」等資源，協助白米社區推展社區文化產業工作；之後開辦各類社區營造研習，積極培育社區營造人才，並推動各項縣內外社區營造計畫，如「宜蘭縣社區營造中心」、「宜蘭縣社區日曆」、「東區社區培力中心」等，協助各社區推展社區營造工作；而後開始拓展不同議題的社區營造工作，包括文資保存、農村再生、鄉鎮社造、社區學習等。

圖 11.2　2002 年宜蘭縣社區日曆成果展

1. 埋下宜蘭社區營造的種子

陳其南在 1996 年擔任仰山執行長，在宜蘭推動新故鄉運動，並成立社區總體營造暨終生學習部，積極投入社區營造工作。1997 年，全國社區總體營造博覽會在宜蘭展開，活動期間仰山參與負責宜蘭區的規劃執行。仰山將社造的經驗引入，連結了北成、白米、玉田、梅洲、二結、利澤簡、古結、下埔、梅花、尚德等社區共同參與，將社區內的各項議題，由社區人發揮創意，在展場呈現。

透過博覽會帶動議題的方式，讓這些社區重新發現自己。透過博覽會的活動，讓宜蘭更多民眾認識社區營造，在宜蘭的這片土地，埋下社造的種子，奠定日後社造工作發展的成功基礎。

2. 創意帶動社區新思維：千人移廟，保存歷史

二結王公廟位於大二結的核心區域，香火鼎盛，舊廟的空間早已不敷使用，於是乎開始討論興建舊廟的議題。當時大二結的社區夥伴們，認為舊廟是地方重要的資產，經過游縣長的勸說，經過多年充分的討論、溝通與努力，在「尊重傳統」、「還我歷史」呼聲下，終於說服信徒決定將保存舊廟。

1997 年，由這一連串王公廟重建所展開的社造議題，仰山也開始參與二結的社造工作，在居民決定採用平移方式保存後，大二結社區開始籌辦「千人移廟二結埕」活動。當天邀請在地的居民與全國的社區工作者共同參與，十二支隊伍隨著鼓聲，齊心合力將這座舊廟移動至新的基地。

千人移廟除了保存古蹟，也將居民的共同記憶留存，更展現了居民的集體意識，而遷移後的舊廟，也就是日後的二結庄生活文化館，轉變成地方推動社區營造的重要基地，產生更多元的力量。

3. 一本捨不得撕的日曆：社區說故事

一本由阿蘭城居民親自攝影、編輯的日曆《阿蘭城影像日誌》，於1999 年誕生了。這本別開生面的日曆，述說著阿蘭城三百六十五天的故事，社區居民發掘自己社區的美好，認識更多的鄰居，也發現自己的價值。這本捨不得撕下的日曆，也掀起宜蘭一場獨特的社區營造運動。

秘書長周家安在 2000 年認為，應該將阿蘭城社區日曆的概念擴展到全縣，於是啟動編輯 2002 年《宜蘭縣社區日曆》的想法，在當時文建會與宜蘭縣政府文化局的支持下，首度徵求了三民、中正、天送埤、羅東、碧候、白米、龜山島、珍珠、阿蘭城、崙埤、民負、大二結等十二個社區，共同參與編製，印製了第一本述說宜蘭社區在地故事的社區日曆。此後，由文化局委託仰山辦理，每年徵選十二個社區，由社區組成團隊透過

課程培力、家族會議等方式，帶領社區團隊進行資源調查、耆老座談、攝影撰稿等工作，直到編輯完稿。從 2002 年起至 2012 年，持續出版了十一年，帶動了一百三十二個社區的社區營造工作，更為宜蘭累積了四千餘篇的在地故事與圖像，建構了一個豐富的在地知識寶庫。

　　一百三十二個社區，這個數字已經超過宜蘭縣社區數的一半，因為社區日曆，宜蘭重新打下了遍地開花的社區營造初步工程。而這個共事過程，也成為很多社區的共同記憶。

4. 宜蘭社區營造的發動機

(1)新故鄉運動

　　游錫堃內閣在 2002 年將「新故鄉新社區營造計畫」列為國家重大建設，在全國各地積極推動，文建會除了設立區域型社造中心，更於各縣市成立社造中心，推動新故鄉社區營造計畫，以符合各縣市不同的特質與需求。

　　秘書長簡楊同邀請企委林奠鴻籌組團隊，參與宜蘭社造中心的招標委託經營，結合仰山各專業領域的企委，如陳財發、陳育貞、黃錦峰、朱堯麟等人，協助文化局建構宜蘭的社區營造平台與永續發展機制，透過常態性的課程、講座、輔導、家族會議等方式，持續協助各個社區推動社造工作。自 2004 年起，每年年底，文化局與社造中心共同籌辦的在地藝術節活動，更成為宜蘭縣內社區的重要大事之一。

　　2008 年，隨著社造議題轉變，繼任的秘書長林奠鴻與企委黃錦峰共同編寫《宜蘭縣社區總體營造政策白皮書》，希望為宜蘭社造發展建構一個操作模式。

　　爾後仰山也積極倡導社造中心轉化，投入不同的資源，提供藝術家與社區連結、改善社區空間、活化社區文化、鼓勵青年參與等，並連結其他非營利組織的資源，共同協助社區發展；同時協助蘇澳、五結、冬山、頭城等鄉鎮，推展社區營造工作，以鄉鎮為單位，針對不同鄉鎮設計對應的培力輔導機制，帶動各鄉鎮的社區發展。

(2)建構完整的培訓機制

　　仰山在 2002 年參與文建會的東區社造中心後，發現宜蘭的社區資源還是有限，因此建議縣府推展社區營造員培訓工作。2003 年起，由仰山、宜蘭社區大學、台大城鄉基金會宜蘭工作室等，共同推動宜蘭社區總體營造員培訓工作，以甄選、培力、輔導、補助、實作的模式，建構完整的培訓機制，輔以資源投入，從做中學，安排輔導老師以小組方式，帶領社區培訓一批戰力十足的社區營造員。這項計畫推展了兩三年，直到政黨輪替後中斷；之後這批營造員籌辦社區同學會及宜蘭縣社造永續協進會，持續為宜蘭社造工作而努力。

5. 宜蘭社造經驗的擴散

(1)台灣東區社區營造培力中心

　　文建會在 2002 年提出區域型社區營造中心的概念，於台灣北中南東設置四個跨縣市的社區營造培力中心，協助社區推動社區營造工作。當時的副秘書長簡楊同向秘書長周家安提議，推動社區營造多年的仰山，可以透過東區社區營造中心的計畫，將仰山在宜蘭的社造經驗向外推展到花蓮、台東，於是邀請企委林奠鴻擔任計畫主持人，結合花蓮的牛犁社區與台東的南島社大，設立花東駐地工作站，在團隊與社區夥伴一起努力下，打造出「太平洋左岸」的社造風格。

(2)激起太平洋左岸的社造浪花

　　然而東區幅員廣大，駐地工作站以貼近在地的輔導方式推動社造工作，創造機會，讓社區內、社區間開始對話。每週一次的家族會議，讓社區輪流主辦；社區訪視時則準備遊覽車，帶其他的社區夥伴同行；模擬計畫簡報則由社區夥伴當委員；陪伴社區的資深社造夥伴，則以貼近社區的語彙提供最直接的協助。

　　仰山推動東區社造中心工作，足跡北自宜蘭頭城，南至台東大武，從台灣頭跑到台灣尾，參與了很多社區發展，不論是頭城城北的大身尪；員山內城的鐵牛力阿卡；南澳多必優的部落文化；冬山大興的歌仔班；玉里

赤柯山的十三彎劇團；秀林文蘭的部落文化；長濱真柄的部落文化；太麻里拉勞蘭的小米文化等，都結合了在地運作，也發展出「檳榔＋小米酒」這類具有東區風格的社造語彙，帶動太平洋左岸的社造運動。

累積數年的社造能量後，在仰山、星火燎原工作室、吾鄉工作坊、高雄市公共事務學會等團隊倡導下，在 2006 年串連全國社區，共同籌組「台灣社造聯盟」，延續這得來不易的社造火花。

6. 打造社區生活教室

有人說，一個進步社會的最大特徵，就是落實全民的終身學習。而一個最棒的終身學習的場域，就是每一個人的生活環境與歷程，因此終身學習應該從日常生活做起。

2006 年起，在秘書長林奠鴻的連結下，仰山與縣內的非營利組織，包括宜蘭縣博物館家族協會、宜蘭社區大學，與宜蘭縣社造永續協進會等，共同推動「宜蘭縣社區教育深耕營造計畫」，協助社區以生活為主體，透過「在生活中學習」的模式，共同推動學習活動，建構「人人可學、時時可學、處處可學」的學習型社區體系。

仰山當時負責溪南社區學習中心，協助各個社區發掘學習資源與百工技藝達人，結合特色發展社區生活教室。隨後，南方澳港邊有了魚型燈籠製作課程；北成的自行車道旁有腳踏車維修課程；大隱轉動的水車下，有水車工藝製作課程；羅東的中藥店有了中藥知識課程……這些在地知識就在社區教室裡持續傳遞。

這項社區教育計畫結合社區創意與體驗學習，讓居民在人生的不同階段都能投入終身學習，地點可以在社區活動中心、在廟宇、在榕樹下，更可以在田野裡或山上林間。仰山以一種社區營造的精神，連結社區資源，建立終身教育體系，開啟宜蘭社區教育的新模式。

7. 與社區一起保存文化資產

仰山於 2007 年參與「文建會區域型文化資產環境保存與活化計畫──社區及民間組織輔導團」計畫，協助宜蘭、花蓮與台東的社區組

織，參與區域型文化資產保存工作；透過培力、參訪與輔導等方式，協助社區組織研提相關計畫。隨後，仰山與在地組織結合，參與 2007 年的「頭城老街活化經營計畫」，以及 2007-2009 年的「羅東小鎮文化廊道再造計畫」。

在頭城老街活化經營中，結合頭城文化協會設立工作站，推動鸞堂文化調查等各項工作，也讓媽媽動手製作大身尪的衣服；老街的木雕師也修復尪首，「尪仔會」則攜家帶眷來認識陣式；以不同議題帶動老街居民的參與，如尪仔會、木雕師、拼布老師、社區媽媽、社區組織等，使更多居民投入社造，也累積更多在地能量。

羅東小鎮文化廊道再造，則持續透過地方文化調查，累積社區資料，以增加文化廊道的內涵，並藉由培訓解說員，培植在地的再造人力；透過遊街說故事等活動，再造小鎮文化廊道。

8. 拉動農村社造的牛車

農村是宜蘭的基礎，為協助更多農村推動社造工作，仰山於 2006 年參與水保局「培根計畫」委辦案投標，未能得標；然而夥伴團隊「星火燎原工作室」，在 2007 年邀請仰山協辦北區培根計畫，擔任宜蘭駐地團隊，因緣際會下參與水保局鄉村營造培根計畫，推動農村社造工作。

2008 年政黨輪替，農委會推出「農村再生計畫」，引起國內很大的爭議，基於過去《農發條例》的錯誤，造成農舍興建泛濫等問題，許多人擔心農村再生計畫會重蹈覆轍。此時，仰山內部也經過多次討論與折衝，企委會最終考量到，「農村再生」這個案子將釋出龐大資源，若是未能妥適運用，反而是農村的一大災難。因此，仰山選擇持續參與培根計畫，與宜蘭的社區共同面對農村再生，並協助社區做好準備。

培根計畫的主軸之一，是培訓農村社區的人力。仰山在 2007 年到2011 年間，邀請企委及外聘的專家學者，共同建構輔導老師群，進入七十個農村社區，啟動基層培力工作。這是非常辛苦的過程，很多社區農民在仰山的陪伴下，第一次上台講話；第一次拿筆畫下社區的圖像；第一次拿起麥克風表達出自己的看法；或是寫出、或是畫下、或是談出自己對社

區的夢。透過眾人的集體努力，運用累積數十年的生活智慧，共同激盪出一個一個豐富有趣，也貼近地方的社區行動。

　　仰山一直以「宜蘭就是一個大社區」為概念，推動社區營造工作；大到宜蘭、花蓮、台東等區域，小至社區的歷史文化調查。由於仰山長久以來的輔助經驗，讓許多社區在面臨經營運作的問題時，就會到仰山尋求協助，甚至有社區稱呼仰山為「社區的後頭厝」。

　　仰山長期投入宜蘭的社造工作，協助社區從底層的公共事務做起，是為了「啟蒙公民」，而非忙著為政府代勞「計畫執行」；「社區參與」的積極意義，在於奠定未來「社會參與」的基礎，以培育更多自主自律的社區組織與公民，創造出一個日趨公平正義的社會。

▋三、未來展望：推動綠色生活，讓霍金預言失敗

　　進入二十一世紀，人類對於生活環境的變化，日益感到不安；氣候變遷、環境惡化、生化濫用等，在在影響人類健康，甚至危害生命。國際上為因應氣候變遷及生活環境惡化，早已有人推動節能減碳、綠色能源、有機農業、全面美善等綠色生活，為人類與地球和諧共生而努力。

　　被稱為「愛因斯坦第二」，當代最偉大的英國物理學家霍金（Stephen William Hawking），曾預言地球將在兩百年內毀滅。他說：「由於人類基因中攜帶的自私、貪婪的遺傳密碼，人類對於地球的掠奪日盛，資源正在一點點耗盡，地球將在兩百年內毀滅」。

　　仰山身為地球村的一份子，希望能預見未來，從更高的觀點、更廣的關懷，以全方位的視野，為人類找一條永續的安全之路，如同創辦人對仰山同仁的勉勵：「我們一起努力，讓霍金預言失敗。」而為了救地球、救人類，讓人類在地球存活萬萬年，只有盡速改變現在的生活方式，全面採取友善地球的綠色生活。節能減碳只是「減少破壞」，有機種植才能「復育大地」，綠色生活才能讓人類「永續發展」。因此，仰山希望推動「慣行農業」轉型成「有機農業」，由點、線、面做起，讓台灣成為有機國，為下一代留淨土，最終目標是全人類落實「綠色生活」。

　　2010 年，仰山啟動業務目標變革，召集各界人士，經多次思辨討論，認知到「綠色生活」是一條人類必然要走的路。為此，仰山在 2011 年特別舉辦「有機新宜蘭」研討會，邀請產官學界共同思考有機生活的發展課題，並舉辦募款活動，籌措「綠活台灣推動基金」。

| 圖 11.3　綠活台灣從宜蘭出發感恩募款餐會

　　其實，從這數十年來的媒體報導可知，台灣食物的化學藥劑使用及農藥殘留，幾乎都曾超出法定標準，尤其農產品的農藥殘留，甚至有蔬菜超標九十九倍、香蕉超標一百九十三倍的事件，以致消費者人心惶惶，「不知道有什麼能吃的」。為使社會大眾吃得安全、活得健康，台灣應趕緊從根本作起，將「慣行農業」轉型為「有機農業」，並推動「食衣住行育樂全面有機化」的綠色生活。

　　再從石油資源有限的角度來說，石油專家預測，地球上的石油將於數十年內耗盡，石油價格可能比現在高出一倍以上。高油價時代代表「四高」，就是「高藥價、高肥價、高運價、高糧價」。屆時，世界上將有許多國家要用高價才能買到糧食，甚至面臨就算有錢，可能也買不到糧食的狀況（因為糧田轉作生質能源作物，如南美洲）。糧食短缺會引起社會動

亂，基於國家安全，尤其是糧食自給率偏低的台灣，更未雨綢繆，及早因應。

　　所有行動需要一個起點，而宜蘭即是「綠活台灣」最適合的起點。宜蘭縣擁有長期以來，堅持環保理念的縣民及縣政府；山海阻隔，自成天地的地理環境，加上接近大台北市場這三種條件，有利於這項路途遙遠的先驅實驗。仰山擬以未來三十年的光陰，以蛙步至千里自我期許，努力推動「有機農業」。希望從「有機社區」開始，逐步擴及「有機鄉」、「有機縣」直至「綠活台灣」的終極實現。在政府有機政策未形成之前，仰山願意率先承擔有機業務「資源整合平台」的任務，結合地方與產官學界，積極推動有機農業。仰山擬定兩大策略，就是「立法」與「造村」。

　　在「造村」方面，仰山在 2012 年 9 月，由前農委會主委李金龍擔任召集人，與各領域專家共九人，組成評選委員會，徵求宜蘭縣內有意推行有機生產的社群參與評選，最終評選出四個有機種子社區。即五結鄉大吉村、冬山鄉中山村、三星鄉行健村及冬山鄉八寶村等。仰山除了在 2012 年籌措經費，帶領四個種子社區赴日本國觀摩有機農業外，2013 年起更結合專家學者成立輔導小組，每月召開會議積極輔導，並帶動學習、擴展通路、協助行銷。

　　在「立法」方面，仰山體認到現行制度跟不上時代需求，形成「你種有機，我嚴格管理；你做慣行農業，我大力補助」的現況。有機種植的農民遇到通路不便、消費者信心不足、病蟲害難以控制、轉型期欠收、遭受周邊慣行農法汙染等障礙，都要自己克服、負擔，嚴重影響農民轉型有機的意願。仰山認為，要去除種種制度帶來的阻礙，應該從「立法」著手，於是邀集專家學者，研擬《有機農業促進條例草案》，主要內容如下：

第一、訂定以三十年為目標，積極推動台灣成為一個有機國。
第二、行政院設立「國家有機農業促進委員會」，三個月開會一次，由行政院長親身主持；並且要求農委會，每四年就要重新檢討一遍，提出新的「有機農業促進方案」。
第三、採用零基預算方式，重新分配農業預算的用途。
第四、規範政府，要在全國推廣有機教育。

第五、設置「有機農業專區」種作有機作物。

第六、實行生態復育的補助與有機種作的補貼。

第七、實施綠色採購：政府應依法推廣學校、軍隊、機關團體或企業組織優先採購在地生產之有機農產品。

除了在基層社區積極操作外，仰山深信，只要朝野齊心協力，讓《有機農業促進條例》順利立法，完成台灣第一部有機農業法；農民作有機，政府挺有機。不但能在根本上讓農業轉型再生，更可以在三十年內，讓台灣成為一個有機的國家；台灣的農業也將成為進步，而且具全球競爭力的產業。

仰山文教基金會自 1990 年 3 月 31 日創會，由於董事會、企委會、基金發展委員會、秘書處、會屬團體以及捐助人全體，和衷共濟，積極熱忱的投入，得以建立今天的基業與形象。事實上，「仰山」也是台灣歷史生命的一部分，過去與未來，都不能自外於台灣整體環境的制約與發展。

台灣民主改革的浪潮，在 1970 年代一波接一波席捲全島各個角落，各種關照生命與環境的社會運動也此起彼落，一再牽動人心的反思與覺悟，進而化為更具體的行動力量。「仰山」的誕生和活力，多少也是源自這個潮流。

創會之初，基於台灣解嚴，社會力如山洪出谷，流竄不羈，固有的社會核心價值、家庭型態日益崩解，亂象叢生。社會劇變，仰山必需直接面對挑戰，積極作為家鄉再造運動的前驅；從培育人才、全面關懷鄉土與文化著手，建構以宜蘭為主體的歷史，並規畫種種喚起鄉土意識及環境關懷的活動，朝「再造別有天」，建設宜蘭成為台灣人心靈故鄉、兒童夢土的夢想前進。

然而，政治與社會改革運動，雖使台灣現代化的進程推進一大步，但仍未替台灣的再造與發展，鋪展出更富生機的新出路。我們依舊面臨不能安身立命的生活環境，還有社會與政治的亂象。

仰山作為再造運動的先驅，向來抱持「美善社會」的理想，從文化紮根、社區總體營造、新故鄉運動，到有機宜蘭、綠活台灣，不斷思索如何紮根鄉土、耕耘實踐。仰山從民間的立場，整合宜蘭縣內外各種不同型式

的資源，開發宜蘭地方整體發展的潛力，推動更新再造的軟體工程，肩負起仰山的地方與時代使命。

仰山——YoungSun——年輕的太陽，正積蛙步，一步步，夢想行致千里，期盼「綠活台灣」，能因「有機宜蘭」的實踐，得以及早實現，也期待人類共同努力，讓「霍金預言」不會實現。

｜參｜考｜文｜獻｜

台灣省諮議會編，2006，《台灣省參議會、臨時省議會暨省議會時期口述歷史訪談計畫——游錫堃先生訪談錄》，宜蘭：編者。

仰山文教基金會1990-2013，《財團法人仰山文教基金會董事會議手冊》，宜蘭：編者。

──，1991，《冬山河生命史討論會論文集》，宜蘭：編者。

──，1994-2013，《仰山空間會訊》，宜蘭：編者。

──，2009，《耕耘夢想——仰山 20 週年仰山空間落成紀念特刊》，宜蘭：編者。

──，2013.04.30，《財團法人仰山文教基金會——年輕的太陽》網站，http://www.youngsun.org.tw/。

──，2013，《有機新宜蘭研討會實錄》，宜蘭：編者。李綠枝、劉鎮豪，1997，《起造一個家》，宜蘭：仰山文教基金會。宜蘭縣政府文化局，2003，《故鄉的河 慢慢的流——宜蘭河生命史討論會論文集》，宜蘭：編者。

林志恆，1998，《蘭陽之子游錫堃》，台北：天下文化。

林芳怡編，2003，《寧靜的地景革命——第二期宜蘭厝建築圖集》，台北：田園城市文化。

──，2003，《蓋我自己的宜蘭厝學習手冊》，宜蘭：仰山文教基金會。

陳賡堯，1998，《文化‧宜蘭‧游錫堃》，台北：遠流出版。

游錫堃編著，1989，《民主路鄉土情》，宜蘭：編者。

潘兆禎編，1996，《第一期宜蘭厝建築圖集》，宜蘭：宜蘭縣政府、仰山文教基金會。

【臺灣第三部門研究叢書】

為「臺灣第三部門學會」所集結出版的叢書，學會的成立以促進公共利益為宗旨；從推動學術與實務的在地研究，到參與國際相關研究社群的全球連結，再到發揮實踐公共利益的集體倡議是本會組織成員共同努力的方向。叢書的總主編為蕭新煌教授，前此已出版5本專書。

非營利部門：組織與運作

臺灣迄今探討非營利組織最為全面與深入的參考書籍之一
集結多位長期致力於臺灣非營利組織領域的專家學者之研究成果，內容共包含5大部分、21章，從臺灣非營利組織發展過程、治理與管理模式、外部的經濟與政治脈絡、主要類型與具體功能的實踐、以及跨國比較等五個面向一一加以剖析和論述。

蕭新煌、官有垣、陸宛蘋 主編
CAB18-2｜9789577323200｜2009年2月｜512頁｜600元

非營利部門：組織與運作（精簡本）

精簡本為第2版的內容更新，並調整各篇章幅度，以更適合單學期的課程使用。

蕭新煌、官有垣、陸宛蘋 主編
CAB0054｜9789577324313｜2011年12月｜500頁｜500元

人民財團與信託社會

人民不但是最大的社團，人民也是最大的財團
乘著信託法的法律翅膀：信託、信任與信用，搭配國民信託的社會機制：一萬人每人的一元其力量大於一人的一萬元之一萬倍，企圖培力或引爆（empower）社會資本來累積「文化資本」與「自然資本」，促進關心文化與環境的公民社會與公益社會。

王俊秀 著
CAB0044 | 9789577324467 | 2012年3月 | 200頁 | 300元

社會企業：臺灣與香港的比較

「社會企業」基本上是一個私人性質、非以營利為目的之組織，致力於提供「社會財」，除了NPO的傳統經費來源之外，還有相當一部分的收入來自商業營利。本書作者官有垣、陳錦棠與王仕圖，於 2005 年起開始從事臺灣與香港的社會企業比較研究，先後完成多項研究議題，目的均在探索香港社會企業的組織特質與運作之異同，強調香港和臺灣雖然同為華人社會的兩地，但各自身處的政經結構、文化脈絡和社會環境卻有差異，兩地社會企業的特徵、功能、運作、管理與法規等，也多有不同。

官有垣、陳錦棠、陸宛蘋、王仕圖　　編著
CAF0020 | 9789577324566 | 2012年9月 | 354頁 | 480元

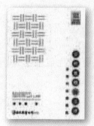

宗教團體與法律：非營利組織觀點

從臺灣非營利組織法規範的觀點，分析宗教團體的法律地位
為作者近20年來研究非營利組織與法律的部分成果。內容包括探討臺灣有關宗教團體與法律的研究現況、宗教與法律的關係、臺灣現階段跟宗教有關的法律、臺灣的宗教團體之組織型態，去分析不同型態的宗教團體，例如財團法人、社團法人、寺廟及神壇的法律地位，作者也嘗試從法律的角度分析宗教團體與信徒間的關係。本書透過分析行天宮、慈濟及臺灣基督長老教會等宗教團體說明法律與宗教團體的關係。最後探討臺灣「宗教團體法草案」的內容並分析宗教團體立法的必要性與宗教立法應該包含的範圍。

陳惠馨 著
CAA0110 | 9789577324726 | 2013年2月 | 240頁 | 320元

書寫台灣第三部門史（I）

要完整看1980年以來的臺灣社會變遷發展全史，絕不可遺漏本書。民國76年解嚴前後，臺灣民間社會力量已開始蓬勃發展，如今第三部門已經成為臺灣社會改革與進步不可或缺的動力，也直接或間接與臺灣民眾的生活產生連結。本書所介紹的均為歷史悠久之NGO，這些NGO為臺灣第三部門的發展開疆闢土，對社會具有重要貢獻。

※王俊秀、白秀雄、官有垣、紀惠容、徐世榮、蔡英文聯合推薦

蕭新煌　主編
CAB0060 | 9789577324863 | 2014年4月 | 517頁 | 650元

通識 PPT

非營利組織概論

針對非營利組織初學者所撰寫的，特別是非社會科學領域卻關心非營利組織的學習者。相較於多數非營利組織的相關書籍著重在理論的介紹，本書則以較少的理論和較多的實務分析來增加讀者對非營利組織的認識。因此，本書共分為三篇14章，分別從基礎概念、策略管理和實際運作3大面向來介紹非營利組織；尤其是第二篇策略管理部分，則從治理、課責、行銷、募款等議題來進行詳細介紹，以期加深讀者對非營利組織的瞭解。

林淑馨 著
CAB0051 | 9789577324153 | 2011年8月 | 296頁 | 380元

PPT

公共管理

共分為2大篇，「概念篇」分別論述公共管理、新公共管理、新公共服務等發展背景與相關理論，期望賦予讀者有較清晰的公共管理基礎概念；「工具篇」分別透過標竿學習、績效管理、目標管理、策略管理、公私協力等管理工具與方法的介紹，探討這些管理工具在公部門的運用情形與可能面臨的限制，並搭配本土個案，希望讀者們可以理解這些管理工具在我國公部門的實際運用。

林淑馨 著
CAJ003 | 9789577324627 | 2012年11月 | 664頁 | 620元

訂購方式 HOW TO ORDER

■門市購書
歡迎蒞臨麗文文化事業機構，我們備有全系列出版品展示及銷售服務。
◎高雄門市：高雄市 802 苓雅區五福一路 57 號 2 樓之 2
　服務時間：週一至週六 09:00~18:00
◎台北門市：台北市 116 文山區指南路二段 64 號（政治大學集英樓二樓）
　服務時間：週一至週五 08:30~21:30　六、日、寒暑假 10:00~20:00

■書局購書
您可至全台麗文校園書坊，地點請查詢麗文網站。
◎網址：http://www.liwen.com.tw

■校園及機關團購
詳情歡迎來電洽詢。
◎客服專線：(07)2265267/2261273 轉 236 或 237
◎服務時間：週一至週五 09:00~18:00
◎E-MAIL：order@blueocean.com.tw

■郵政劃撥訂購
請於劃撥單背面詳填：(1)書號 (2)書名 (3)購買數量 (4)購書金額明細
　　　　　　　　　　　(5)個人方便連絡資料及電話
我們將收到劃撥單後立即處理。（需開立三聯式發票者請註明抬頭與統一編號）
◎戶　　名：藍海文化事業股份有限公司
◎劃撥帳號：42240554

■傳真訂購
您亦可以將資料傳真給我們，並來電客服中心確認。
◎客服專線：(07)2265267/2236780 轉 236 或 237
◎傳真專線：(07)2233073
◎服務時間：週一至週五 09:00~18:00（傳真 24 小時服務）

■海外讀者訂購
麗文文化事業機構提供【國際快捷】與【國際包裹】兩種郵寄方式。
請於上班時間來電，或以傳真或 E-MAIL 留下您的資料，我們將請專人與您聯繫。
◎客服專線：886-7-2265267/2261273 轉 236 或 237
◎傳真專線：886-7-2233073
◎E-MAIL：order@blueocean.com.tw
◎服務時間：週一至週五 09:00~18:00（傳真 24 小時服務）